Bernhard Vogel

Erst das Land

Mein Leben als Politiker in West und Ost

HERDER

FREIBURG · BASEL · WIEN

MIX
Papier | Fördert gute Waldnutzung
FSC® C014496

www.herder.de

Satz: Carsten Klein, Torgau
Herstellung: GGP Media GmbH, Pößneck

Printed in Germany

ISBN Print: 978-3-451-39545-1
ISBN E-Book (EPUB): 978-3-451-83284-0

Inhalt

Vorwort

Am Ende meines Lebens möchte ich versuchen, Bilanz zu ziehen. Vom Ende des Zweiten Weltkrieges bis zum Angriff Russlands auf die Ukraine und zum Krieg in Israel. Von meiner Kindheit und Jugend in Gießen und München über mein Studium der Politischen Wissenschaft, der Geschichte und der Volkswirtschaft, als Assistent von Dolf Sternberger und als Lehrbeauftragter an der Universität Heidelberg bis zu meinem – so nicht vorauszusehenden – jahrzehntelangen Werdegang als Politiker in West- und Ostdeutschland.

Diese persönlichen Notizen können und wollen keine Geschichte der Bundesrepublik Deutschland sein. Ich möchte aber festhalten, was ich in meiner Kirche und in der Welt als Zeitzeuge erlebt habe und wem ich begegnet bin. Ich möchte einiges richtigstellen und anderes vor dem Vergessen bewahren.

Nicht zuletzt möchte ich Mut machen, auch, ja gerade in schwierigen und unruhigen Zeiten, das gesellschaftliche und politische Engagement nicht zu scheuen. Unser Land und unsere Gesellschaft brauchen Menschen, die bereit sind, Verantwortung zu übernehmen. Im Rückblick auf meine eigenen jahrzehntelangen Erfahrungen kann ich versichern: Es lohnt sich!

Speyer, im Februar 2024

Bernhard Vogel

KAPITEL I

Kindheit, Jugend, Studium (1932–1964)

Als der Zweite Weltkrieg zu Ende ging

Wer 1932 geboren wurde, hat die Bombennächte im Luftschutzkeller, aber auch das Ende des Zweiten Weltkriegs noch als Kind erlebt. Plötzlich herrschte ungewohnte Stille. Der Fluglärm, die Bombenabwürfe, der Kanonendonner, die Geschosseinschläge, die seit Monaten zum schrecklichen Alltag geworden waren, waren verstummt. Die Angst, mit der ich mich im Luftschutzkeller an meine Mutter geklammert hatte, schwand. Wir durften wieder im eigenen Bett schlafen. Es musste nicht mehr verdunkelt werden. Zum ersten Mal sah ich mit Bewusstsein eine nachts vom elektrischen Licht erleuchtete Stadt.

Amerikanische Truppen rückten am Mittwoch vor dem Ostersonntag 1945 kampflos in Gießen ein, wo ich damals zu Hause war. Als wir uns endlich aus dem zu unserem Schutz in einem Hohlweg in die Felswand gesprengten Bunker wieder ans Licht wagten, zogen Tausende freigelassene Zwangsarbeiter, die vom NS-Regime nach Deutschland verschleppt worden waren, zerlumpt und ausgemergelt, sich zum Teil aufeinander stützend, in Holzpantinen oder barfuß an uns vorbei.

Wir waren noch Kinder, ganz im Unterschied zu unseren Mitschülern aus den Oberklassen, die Jahrgang für Jahrgang in den Krieg hatten ziehen müssen und nun, wie mein knapp sieben Jahre älterer Bruder Hans-Jochen, der sich 1943 freiwillig zur Wehrmacht gemeldet hatte, um der Einberufung zur Waffen-SS zu entgehen, als Erwachsene zurückkehrten.

Sofern sie nicht zu den Millionen Gefallenen gehörten oder zu denen, die oft erst nach vielen Jahren aus der Gefangenschaft entlassen wurden. 1956 kamen die Letzten von ihnen – dank Adenauers Moskaureise im Jahr zuvor – aus der Sowjetunion nach Hause.

Der Krieg sei zu Ende, wurde uns gesagt. Wir seien auf Gedeih und Verderb den amerikanischen Soldaten ausgeliefert. Soldaten schwarzer Hautfarbe fuhren auf gepanzerten Fahrzeugen durch die Straßen. Ich war neugierig, aber ich kann mich nicht erinnern, Angst gehabt zu haben. Zumal sie uns mit Dingen beschenkten, die wir nicht kannten; mit Apfelsinen zum Beispiel, mit Kaugummi und mit Schokolade.

Wir, die Generation der Nachgeborenen, also derjenigen, die zumindest die letzte Kriegsphase bewusst miterlebt haben, ohne als Soldaten oder Flakhelfer noch in den Kampf ziehen zu müssen, mussten erst erwachsen werden, um uns langsam im Nachkriegsdeutschland zurechtzufinden.

Bis heute klingt mir die im Rundfunk übertragene und immer wieder wiederholte Reichstagsrede Adolf Hitlers vom 1. September 1939 im Ohr: »Seit 5:45 Uhr wird jetzt zurückgeschossen! Und von jetzt ab wird Bombe mit Bombe vergolten!« Und ich erinnere mich auch an jenen sonnigen Junitag 1940, als der Rundfunk die Einnahme von Paris meldete und meine Mutter zu mir sagte: »Im Ersten Weltkrieg hätten wir uns über diese Nachricht gefreut.« Auch die Rede von Joseph Goebbels am 18. Februar 1943 im Berliner Sportpalast – »Wollt ihr den totalen Krieg?« – und der anschließende frenetische Beifall sind mir im Gedächtnis geblieben. Meine Mutter sprach von den vielen früheren jüdischen Mitschülerinnen, von denen keine Nachricht mehr kam, und während der Prozesse gegen die Mitglieder der »Weißen Rose« in München gebot sie uns, niemandem zu sagen, dass der ebenfalls zum Tode verurteilte und später hingerichtete Professor Kurt Huber, Mentor der Geschwister Scholl und ihrer Freunde, ein entfernter Verwandter von uns war. Von Konzentrationslagern wie Buchenwald oder gar Vernichtungslagern wie Auschwitz und Treblinka hatte ich hingegen nichts gehört. Wie viel Furchtbares wirklich geschehen war, wussten wir noch nicht. Und was wir wussten, konnten wir noch nicht einordnen und beurteilen.

Als der Zweite Weltkrieg begann, äußerte mein Vater seine Überzeugung, Hitler werde den von ihm mutwillig vom Zaun gebrochenen Krieg nicht gewinnen. Nach dieser Niederlage würden wir, die wir auf dem zum Lehrstuhl meines Vaters gehörenden Versuchsgut, dem Oberen Hardthof, lebten, kein Auto mehr haben, und dann sei der Schulweg für die beiden Söhne zu weit, also zogen wir 1940 in die Stadt. Er sollte mit seiner Voraussage recht behalten. Nur mit den Bomben, die im Dezember 1944 in drei schweren Luftangriffen auch die Stadt Gießen fast völlig zerstörten und das historische Stadtbild für immer auslöschten, hatte er nicht gerechnet. Nachdem dadurch auch unser Haus unbewohnbar geworden war, begann für uns eine jahrelange Wanderschaft durch die Stadt.

Ich habe bis heute nicht verstanden, dass der Bombenkrieg, das Leid und der Tod so vieler Menschen, die Zerstörung vieler deutscher Städte erst so spät eine Rolle in der zeitgeschichtlichen Diskussion gespielt haben und dass eines der ersten Bücher zu diesem Thema, das eine breite Diskussion auslöste, erst 2002 erschienen ist – Jörg Friedrich: *Der Brand*. Hat der Bombenkrieg das Ende des nationalsozialistischen Terrorregimes tatsächlich beschleunigt?

Mein Vater Hermann Vogel, 1895 in München geboren, entstammte einer fränkischen Familie. In Rothenburg ob der Tauber hatten seine Vorfahren über viele Generationen eine Bäckerei betrieben. Sein Vater – mein Großvater Leonhard Vogel – durfte als Erster aus seiner Familie studieren und brachte es in München zu hohem Ansehen. Er war Tierarzt und Landesinspektor für Tierzucht in Bayern und im Staatsministerium verantwortlich für das bayerische Veterinärwesen. 1913 wurde er Professor an der Technischen Hochschule, später an der Universität München und zum Geheimen Hofrat ernannt. Als Kind war ich ihm besonders zugetan. Er starb 1942. Heute glaube ich, dass ich ihm nachgeschlagen bin, während mein Bruder viele Eigenschaften der Mutter meiner Mutter geerbt hat.

Mein Vater meldete sich 1914 als Kriegsfreiwilliger, stand bis Kriegsende ohne Unterbrechung an der Front und wurde mit dem Eisernen Kreuz Erster Klasse ausgezeichnet. Als Mitglied eines Freikorps war er 1919 an der Niederwerfung der Münchner Räterepublik beteiligt. Er studierte Landwirtschaft und promovierte und habilitierte sich an der Universität Göttingen. Als junger Assistent trat er dort schon im Mai 1932 der NSDAP und 1933 auch der SS bei und beteiligte sich an der Gleichschaltung der Universität im nationalsozialistischen Sinne. Er empfand den Versailler Friedensvertrag als Unrecht und litt gegen Ende der Weimarer Republik unter der heraufziehenden Weltwirtschaftskrise. Schon sehr früh allerdings erkannte er seinen Irrtum und begann sich aus allen Aktivitäten zurückzuziehen und sich vom Nationalsozialismus zu distanzieren. Ende 1935 attestierte ihm die Kreisleitung Göttingen der NSDAP, es fehle ihm »an kämpferischem Einsatzwillen und revolutionärem Schwung«. Bereits 1936 beantragte er »aus weltanschaulichen Gründen und dienstlichen Differenzen« – so wörtlich in seiner Austrittserklärung – das Ausscheiden aus der SS. Ein für die damalige Zeit mutiger und höchst ungewöhnlicher Schritt. Die SS wiederum bescheinigte ihm »nicht genügende weltanschauliche Klarheit«, zog eine »Entlassung wegen Ungeeignetheit« in Erwägung, akzeptierte aber schließlich die Austrittserklärung.

1934 folgte mein Vater dem ersten an ihn ergangenen Ruf auf einen Lehrstuhl für Tierzucht und Milchwirtschaft an die Universität Gießen. 1935 übersiedelte die Familie daher von Göttingen – wo mein Bruder und ich geboren sind – nach Gießen. Wir bezogen ein großes herrschaftliches Haus auf dem erwähnten Hof, auf dem es von Versuchstieren aller Art, von Kühen, Pferden, Schweinen und vor allem von vielen Hunderten Hühnern wimmelte. Dort auf dem Lande habe ich eine wohlbehütete und auch nach dem Beginn des Krieges zunächst friedliche, von meinen Eltern liebevoll begleitete, glückliche und unbeschwerte Kindheit erlebt, in einem dem Nationalsozialismus gegenüber sehr kritisch eingestellten bürgerlichen Elternhaus. Mit verblüffender Offenheit, oft mit sarkastischen Worten wurde über Hitler und seine Helfershelfer gesprochen, auch uns Kindern gegenüber. Das Hitlerbild wurde im Wohnzimmer aufgehängt, wenn der Besuch des Blockwarts drohte, verschwand aber danach sofort wieder.

1945 wurde mein Vater wegen seiner frühen NSDAP-Mitgliedschaft verhaftet und bis Mai 1947 festgehalten, erst in Gießen, später in einem Internierungslager in Darmstadt und schließlich in Ludwigsburg. Eine Spruchkammer stufte ihn zunächst als »Mitläufer« und schließlich als »Entlasteter« ein. Auf seinen inzwischen wiederbesetzten Lehrstuhl konnte er nicht zurückkehren. Diesen Schicksalsschlag hat er bis zum Ende seines Lebens nicht überwunden. 1947 erhielt er einen Ruf an die Universität Greifswald, den er aufgrund des Widerspruchs meiner Mutter und angesichts der Entwicklungen in der Sowjetisch Besetzten Zone ablehnte. Er wurde verschlossen, skeptisch und pessimistisch und blieb doch seiner Frau und seinen Söhnen liebevoll zugewandt, wenn er auch mitunter wegen ihres nicht ganz alltäglichen Lebensweges besorgt war.

Meine Mutter Caroline, eine geborene Brinz, ebenfalls 1895, allerdings wegen der dienstlichen Verwendung ihres Vaters in Bayreuth und nicht in München zur Welt gekommen, entstammte einer angesehenen, eng mit Bayerns Hauptstadt verbundenen Juristenfamilie. Ihr Vater, mein Großvater, starb wenige Wochen vor der Geburt meines Bruders. Ihre Mutter erwarb in der Inflationszeit einen Einödhof in der Nähe von Miesbach. »Ratzenlehen« wurde zum Hof, auf dem wir unsere Ferien verbrachten, und im Krieg – um den Bombenangriffen auf die bayerische Hauptstadt zu entgehen – zum Zufluchtsort meiner Münchner Verwandten. Großmutter Brinz war eine strenge, aber tüchtige Frau und wurde für uns alle zum Vorbild. Wenn nach dem Krieg gewählt wurde, erschien sie als Erste im Wahllokal und wählte bei Bundestagswahlen Konrad Adenauer.

Meine Mutter traf das frühe Ende der beruflichen Karriere meines Vaters ebenfalls schwer. Auch sie hat den damit verbundenen Ansehensverlust nicht verwunden. Der Erziehung ihrer beiden Söhne hat sie sich mit großer Hingabe gewidmet. Von ihr vor allem haben wir gelernt, dass wir uns beherrschen sollten und fleißig, aber auch ehrgeizig zu sein hätten. Von ihrer Sorge während des Krieges um ihren älteren Sohn an der Front sprechen unzählige Feldpostbriefe, die zum Teil erhalten geblieben sind. Ich, wir haben unseren Eltern viel zu verdanken. Dass mein Bruder und ich unserer politischen Verpflichtungen wegen 1978 in der Sterbestunde meiner Mutter nicht an ihrer Seite waren, schmerzt mich bis heute.

Der 8. Mai 1945 war für uns der Tag, an dem endlich die Waffen schwiegen und das Morden in Europa endete. Dass es nicht nur der Tag der deutschen Niederlage, sondern auch der Tag der Befreiung war, habe ich erst später begriffen. Um aus dem, was geschehen war, die notwendigen Schlussfolgerungen zu ziehen und daran unser Handeln und unsere Entscheidungen auszurichten, war es für mich und meine Altersgruppe noch zu früh. Anders die eigentliche Kriegsgeneration, der mein Bruder noch zuzuordnen ist. Unmittelbar nach Kriegsende nach Hause zurückgekehrt, setzte er, so bald das möglich war, sein juristisches Studium fort. Er ging dazu nach Marburg, wo Kriegsteilnehmer aller Altersjahrgänge aufeinandertrafen, unter ihnen auch Alfred Dregger, der später viele Jahre die CDU in Hessen führen und von 1982 bis 1991 Vorsitzender der CDU/CSU-Bundestagsfraktion sein sollte. Mein Bruder und er wurden Freunde für ein jahrzehntelanges Neben-, Mit- und Gegeneinander.

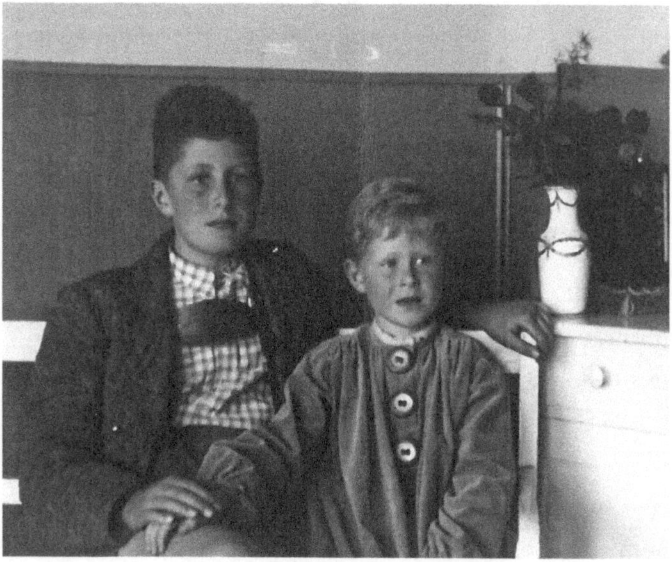

Hans-Jochen und Bernhard Vogel.

Ein täglicher Gedankenaustausch, etwa am gemeinsamen familiären Mittagstisch, war uns schon seit 1943, dem Jahr seiner Einberufung zur Wehrmacht, nicht mehr möglich gewesen. Vielleicht erklären sich auch damit, wenigstens zum Teil, die unterschiedlichen politischen Wege, die wir später eingeschlagen haben. Hans-Jochen begegnete schon während seiner Referendarzeit im Mai 1949 zum ersten Mal Kurt Schumacher, dem von Leid und fast zehnjähriger KZ-Haft gezeichneten Vorsitzenden der SPD, der bei ihm einen bleibenden Eindruck hinterließ. Eine wichtige Rolle spielte für ihn auch Wilhelm Hoegner, der spätere bayerische SPD-Vorsitzende und Ministerpräsident 1945/46 und von 1954 bis 1957, der ihn in die Staatskanzlei berief. 1950 trat mein Bruder nach eingehender Prüfung der Programme aller politischen Parteien in die SPD ein: mit 24 Jahren. Als ich dieses Alter erreichte – 1956 –, war Konrad Adenauer bereits seit sieben Jahren Bundeskanzler. In der deutschen Politik herrschten, was etwa die Fragen der Wiedervereinigung, der Westpolitik oder die Soziale Marktwirtschaft betraf, klare Fronten. Die Positionen, die Konrad Adenauer hier vertrat und als Bundeskanzler durchsetzte, überzeugten mich. Und sie veranlassten mich – wenn auch erst 1960 –, der CDU beizutreten.

Meine Gießener Schulzeit war zwischen Volksschule und dem Besuch eines humanistischen Gymnasiums durch den Bruch zwischen Hitlerzeit und Nachkriegszeit gekennzeichnet. Mit zehn Jahren – 1943 – kam ich zum Jungvolk, der seit 1939 verpflichtenden NS-Jugendorganisation für

10–14-jährige Jungen. Aber meine Eltern erwirkten ein Attest, aufgrund dessen ich nicht zum »Antreten« musste. Für mich damals kein Grund zur Freude, sondern zur Ausgrenzung. Ich durfte nicht dabei sein, ich konnte am Montag in der Klasse nicht von den gemeinsamen Erlebnissen des Wochenendes berichten.

Ich war – und blieb auch später – ein schlechter Schüler. Es gab Fächer wie Deutsch und Geschichte und mitunter sogar Mathematik, in denen ich Gutes leistete, und andere, in denen ich sauschlecht abschnitt. Das führte bei manchen meiner Gießener Lehrer, die zum Teil auch schon meinen Bruder unterrichtet hatten und seine hervorragenden Leistungen kannten, zu völligem Unverständnis. Ihr häufiger Verweis auf die so viel besseren Leistungen meines älteren Bruders wies sie nicht gerade als Pädagogen mit Fingerspitzengefühl aus. Sitzen geblieben bin ich nie, aber mehrmals nur sehr knapp an der Wiederholung einer Klasse vorbeigeschrammt. Vielleicht hat das aber auch dazu beigetragen, dass ich mich später nur selten überschätzt habe.

Erfolgreicher verlief mein kirchliches Engagement. Ich war 1942 zur ersten heiligen Kommunion gegangen und im selben Jahr gefirmt worden. Meine Beziehung zur Kirche ist wesentlich geprägt worden durch einen Schulkameraden, Otto Brenner, der mich nach dem Krieg eng mit meiner Pfarrei in Verbindung gebracht hat, und durch die Söhne der Familie Andreae. Diese Familie wohnte gleich neben der Pfarrkirche, der Vater Wilhelm Andreae war Professor für Volkswirtschaft in Gießen, die Mutter schrieb Romane, Erzählungen und

Hörspiele. Sie hatten sieben Kinder, darunter drei Söhne – Clemens, Bernard und Stefan –, die wie mein Bruder und ich das Gymnasium in Gießen besuchten. Alle drei sind mit mir zur Erstkommunion gegangen und gefirmt worden. Erstaunlicherweise hat sich auch ihr Vater mit ihnen firmen lassen, was dazu führte, dass er als politisch unzuverlässig galt, kurze Zeit später als Professor entlassen wurde und seine Frau fortan durch das Schreiben von Romanen für die *Gießener Tageszeitung* den Lebensunterhalt verdiente. Clemens Andreae wurde später Professor in Innsbruck, und Franz Josef Strauß hatte zeitweilig den kühnen Plan, bei ihm zu promovieren. Clemens Andreae stürzte leider 1991 mit seinem Seminar bei einem Flug mit der Lauda Air in Asien ab und kam dabei zu Tode. Sein Bruder Bernard war von den drei Söhnen der Begabteste und wurde später unter anderem Direktor des Deutschen Archäologischen Instituts in Rom. Der dritte Bruder, Stefan, wurde Geistlicher, war außerplanmäßiger Professor in Bonn, gab in fortgeschrittenem Alter das Priesteramt auf und heiratete.

Wir haben damals Theater gespielt, beispielsweise das *Große Welttheater* von Calderon. Stefan spielte den Bettler, Clemens den Gottvater und ich das Ungeborene Kind, das zu meinem großen Bedauern kaum Text zu sagen hatte, weil es ja noch nicht geboren war. Diese Familie, mein Klassenkamerad Otto Brenner und die wenigen anderen katholischen Schulkameraden waren für meine religiöse Sozialisation von großem Einfluss. Eine Rolle spielte auch die Diasporasituation, die ja oftmals die in ihr lebenden Katholiken wacher, lebhafter und engagierter machte. Wir waren nur etwa vier, fünf katholische Schüler in der Klasse. Den Religionsunterricht gab Pfarrer Joseph Deuster. Viel Theologie haben wir bei ihm nicht gelernt, aber die Freude an unserem Glauben und an unserer Kirche hat er uns vermittelt. Sie sollte uns prägen und ein Leben lang begleiten, auch dadurch, dass er uns in jeder Religionsstunde in das Leben der damals einzigen katholischen Gießener Pfarrei St. Bonifaz einbezog.

Ich wurde Messdiener und trat einer katholischen Schülergemeinschaft – dem Bund Neudeutschland (ND) – bei. So kam ich in regelmäßigen Kontakt zur Kirche. Eines Tages besuchte mich auf dem Schulhof ein für den ND auf Bundesebene verantwortlicher Geistlicher – Regens Gottfried Kuch aus Hadamar – und drückte mir das »Hirschberg-Programm« in die Hand. Das Programm des Bundes Neudeutschland, der 1919 auf dem Höhepunkt der Jugendbewegung vom Kölner Kardinal von Hartmann gegründet und von den Jesuiten zum Teil im Verborgenen auch durch die nationalsozialistische Zeit begleitet worden war, lud zu strenger, an christlichen Grundsätzen orientierter Lebensführung ein (»Lebensgestaltung in Christus«). Dieser Geistliche verpflichtete mich, auch in Gießen eine Gruppe zu gründen. Beim Versuch, seinen Auftrag zu erfüllen, habe ich – außer Singen – vieles gelernt: Gruppenstunden vorzubereiten, Fahrten und Zeltlager zu organisieren, die Meute zusammenzuhalten, Eltern zu beruhigen, Theater zu spielen, erste Reden zu entwerfen, Zeitschriftenbeiträge zu verfassen. Wie gut ich manches davon später würde brauchen können, ahnte ich damals nicht.

Die ersten Jahre nach dem Krieg wurden für viele in Deutschland und Europa zu Jahren der Not, der Obdachlosigkeit und des Hungers. Viele Frauen mussten sich beim Broterwerb und zu Hause in der Erziehung ihrer Kinder allein behaupten. Für Millionen von ihnen stand die Sorge um das Überleben ihrer Kinder und Männer im Mittelpunkt. Nachrichten beschränkten sich auf das Hörensagen. Post und Telefon gab es kaum. In der amerikanischen Zone erschien anfangs eine einzige deutschsprachige Zeitung, und zwar zweimal wöchentlich. Das Hamstern entwickelte sich zur Überlebensnotwendigkeit: Samstag für Samstag fuhren wir in überfüllten Zügen aufs Land und tauschten alles, was wir entbehren konnten, für einen Laib Brot, für ein paar Eier, für einen Liter Milch. Der Schwarzmarkt blühte. Nicht die noch in Umlauf befindliche Reichsmark, amerikanische Zigaretten waren die eigentliche Währung. Der Schüler wurde zum Gärtner: Kartoffeln und Zuckerrüben wurden angebaut, wo immer ein Quadratmeter dafür zu sichern war. Ich zog in einem Bombentrichter, in dem ich windgeschützte Terrassen anlegte, Tomaten. Die Trümmer der zerbombten Häuser wurden zu Fundgruben. Erhalten gebliebene Dachziegel, nicht verbrannte Fensterrahmen oder Türblätter, jeder Nagel fanden neue Verwendung. Das Steineklopfen wurde zur Alltagsbeschäftigung. Glas war besonders wertvoll, um die eigenen kaputten Fenster nicht mit Pappe oder Packpapier vernageln zu müssen.

Von Schule sprach zunächst niemand, die Schulgebäude waren zum großen Teil zerstört, die Lehrer noch nicht aus der Gefangenschaft zurück. Die, die überlebt hatten, mussten erst entnazifiziert werden, bevor sie wieder lehren durften. Nur kleine Gruppen und nur in ihrer Privatwohnung durften sie unterrichten. Also zogen wir zu fünft oder sechst – ohne schuldhafte Eile – vom Lateinlehrer zum Mathematiklehrer und von dort weiter zum Deutschlehrer. Diese Wege nahmen mehr Zeit in Anspruch als der Unterricht. Schulbücher gab es nicht. Die aus der NS-Zeit waren verboten und neue weder geschrieben noch gar gedruckt.

Nur langsam normalisierte sich der Alltag. Nur langsam fanden wir uns in der amerikanischen Besatzungszone, wo es uns besser ging als in den drei anderen, und im Nachkriegsdeutschland zurecht. Die amerikanisch-britische Bizone entstand, aus der schließlich mit der französischen die Trizone wurde.

Theaterstücke wie Carl Zuckmayers *Des Teufels General* oder Wolfgang Borcherts *Draußen vor der Tür* und Bücher wie Eugen Kogons *SS-Staat* begannen mir die Augen zu öffnen. Ich fing an, die *Frankfurter Hefte*, später auch die Zeitschrift *Hochland* und – bis heute – die *Herder-Korrespondenz* zu lesen. Das ganze furchtbare Ausmaß der nationalsozialistischen Verbrechen erschloss sich mir allmählich.

Als *Des Teufels General* im Gießener Stadttheater gegeben wurde, verführte ich meine Klasse – ohne die Lehrer zu fragen –, eine Vorstellung während der Schulzeit zu besuchen. Ich wurde dafür mit vier Stunden Arrest bestraft. Ein offensichtlich weitblickender Lehrer verlangte von mir, einen Aufsatz über das Stück zu schreiben. Dieser füllte ein ganzes Schulheft. Jahrzehnte später – er war inzwischen aus dem Exil in Vermont nach Europa, nach Saas-Fee, zurückgekehrt – bin ich Carl Zuckmayer wiederholt begegnet. Er las (mit Schmunzeln) meinen jugendlich-kritischen Versuch. Zum Gedenken an ihn habe ich später den Zuckmayer-Preis zur Pflege der deutschen Sprache gestiftet. Er wird mit der Carl-Zuckmayer-Medaille und einem Fass Wein aus seinem Geburtsort, dem rheinhessischen Nackenheim, von meinen Mainzer Nachfolgern bis heute verliehen.

Wer auf die Anfangsjahre der Bundesrepublik zurückblickt und wer zu einem einigermaßen gerechten Urteil kommen möchte, sollte für die nach 1930 Geborenen bedenken, dass unsere Kindheit und frühe Jugend nicht so sehr durch die Kriegszeit als durch die ganz anderen, aber ebenfalls gänzlich ungewöhnlichen Umstände der ersten Nachkriegsjahre geprägt worden sind. Der Alltag hat uns viel mehr als heute üblich in Anspruch genommen. Weder der Blick zurück noch der nach vorne standen zunächst im Mittelpunkt unseres Lebens. Und das keineswegs aus Desinteresse, schon gar nicht an der Politik. Wir mussten uns vielmehr erst zurechtfinden. Am Parlamentarischen Rat, der das Grundgesetz ausgearbeitet hat – die Mehrzahl seiner Mitglieder war vor 1900 geboren –, an den Regierungen von Adenauer, Erhard, Kiesinger, Brandt und Schmidt – die Kriegsgeneration begann in die Kabinette einzuziehen – waren die nach 1930 Geborenen noch nicht beteiligt. Unsere Nachkriegsgeneration ohne eigene Fronterfahrung erreichte erst mit der Wahl von Helmut Kohl zum Bundeskanzler 1982 das Bundeskabinett. Er selbst – Jahrgang 1930 – und mit ihm sechs weitere Kabinettsmitglieder waren in den frühen 1930er Jahren zur Welt gekommen. Der Jüngste war Norbert Blüm, Geburtsjahr 1936. Nach dem Abitur, in den ersten Berufsjahren, unter dem Eindruck des Eichmann-Prozesses und den NS-Prozessen in der Bundesrepublik in den 1960er Jahren gewannen für uns Vergangenheit wie Zukunft an Bedeutung.

Im Sommer 1949 erfüllte sich der Wunsch meiner Eltern: Wir zogen nach München. Kein Abschied ist mir schwerer gefallen als dieser Abschied von Gießen – von meiner Klasse, von meiner Jugendgruppe, von meinen Freunden, von meiner Pfarrei. Es war der Abschied von meiner Kindheit.

Abitur machen hieß studieren

In München fand ich mich allerdings erfreulich rasch zurecht. Obwohl wir nicht im unserer Familie altvertrauten Schwabing wohnen konnten, sondern nach Bogenhausen ziehen mussten, meldeten mich meine Eltern im Schwabinger Max-Gymnasium an, einem humanistischen Gymnasium, an dem schon mein Vater und der Vater meiner Mutter ihr Abitur gemacht hatten. Eine sehr gute, aber auch strenge Schule, in der natürlich die alten Sprachen dominierten. Einige meiner Lehrer – sie wurden mit »Professor« angesprochen, und sie nannten uns bei unseren Nachnamen – sind mir zum Vorbild geworden. Nicht wegen des Fachwissens, das sie uns vermittelten, sondern weil sie uns das Lernen gelehrt haben und weil sie uns halfen, mit Schwierigkeiten fertigzuwerden. Dass ich mich später als Kultusminister oft auf die Seite der Lehrer stellte, ist ihr Verdienst. Und ebenfalls ihr Verdienst ist es, bei mir über die alten Sprachen und über den Geschichts- und Sozialkundeunterricht das Interesse für Gesellschaft, Staat und Politik geweckt zu haben.

Das schriftliche Abitur mussten wir in fünf Fächern ablegen: Deutsch, Latein, Griechisch, Mathematik und auch in Religion – Matthäus 16,8: »Du bist Petrus, und auf diesem Felsen will ich meine Kirche bauen« war das Thema. In der mündlichen Prüfung in Griechisch hatte ich einen Abschnitt aus der *Politik* des Aristoteles zu übersetzen. Sie sollte mich seitdem durch mein ganzes Leben begleiten.

Ein früherer Schüler spendete unserer Schule die Einrichtung eines Schulfunks. Alle Klassenzimmer konnten, wenn der Schulleiter – oder der Hausmeister – es erlaubten, Rundfunksendungen empfangen. Auch Bundestagsdebatten konnten übertragen werden. Je häufiger ich durchsetzen konnte, dass wir die großen Redeschlachten im Bundestag, etwa zur Europa- oder zur Verteidigungspolitik, in der Klasse mitverfolgen konnten, umso gesicherter war meine Wiederwahl als Klassensprecher und später auch als Schulsprecher. Ein Teil der Schüler wollte die Debatten tatsächlich mitverfolgen, der andere – größere – Teil begrüßte es, dass der reguläre Unterricht ausfiel.

Meine eigentliche geistige Heimat fand ich bald in der traditionsreichen Gruppe München-Nord des Bundes Neudeutschland. Unter der schützenden Hand eines mit dem ND auch während der NS-Zeit eng verbunden gebliebenen Ehepaares und begleitet von zwei jungen Redemptoristen-Patres sowie einem jungen Hochschuldozenten – Fritz Paepcke – bildete sich ein Freundeskreis, der es mit dem schon erwähnten »Hirschberg-Programm« und der dort geforderten »Lebensgestaltung in Christus« ernst meinte. Eine intensive Befassung mit dem Neuen Testament, sogenannte Christuskreise, neue Formen der Messfeier, regelmäßige Gruppenstunden, Zeltlager, Fahrten quer durch Deutschland, aber 1950 auch nach Rom prägten unseren Alltag.

Gruppenfoto auf dem Petersplatz während einer Pilgerfahrt des Bundes Neudeutschland nach Rom.

Diese Romfahrt war für die meisten von uns die erste Auslandserfahrung. Wir fuhren mit dem Zug, am Vierwaldstättersee von Luzern auch ein Stück mit dem Schiff, übernachteten zum ersten Mal auf italienischer Seite, aßen zum ersten Mal Spaghetti und kamen nach Rom, besichtigten die Stadt und den Vatikan. Papst Pius XII. lud uns ein, nach Castel Gandolfo, seiner Sommerresidenz, zu kommen, wo wir zum Erstaunen aller anderen Audienzteilnehmer den Kanon »Ich armes, welsches Teufli« sangen. Skeptisch wurden wir gefragt, wie wir denn vor dem Papst ein solches Lied singen könnten, und konnten antworten, dass der Papst sich das ausdrücklich gewünscht hatte.

Im Bund Neudeutschland entstanden Freundschaften, die mich nachhaltig beeinflussten und zum Teil Jahrzehnte halten sollten. Weniger die aktuelle Tagespolitik als vielmehr Grundfragen der katholischen Soziallehre beschäftigten uns. Die beiden großen Sozialenzykliken *Rerum Novarum* und *Quadragesimo Anno* wurden gemeinsam gelesen. Oswald von Nell-Breuning, weniger der ebenfalls bedeutende Sozialethiker Gustav Gundlach, wurde zu unserer Leitfigur.

Auf die Idee, in eine Partei einzutreten, kam damals keiner von uns. Es hat uns auch niemand angesprochen. Einem Professor der Medizin, der in München eine zweite medizinische Fakultät einrichten wollte und darum für die CSU zum Münchner Stadtrat kandidierte, halfen wir im Wahlkampf, weil er wie wir ein NDler war.

Je näher das Abitur rückte, umso bedrängender wurde von allen Seiten die Frage nach dem künftigen Studienfach und nach einem möglichen Berufsziel gestellt. Dass man nach dem Abitur zu studieren hätte, stand außer Frage. Nicht nur die Sorge, ob ich das Abitur überhaupt bestehen würde, machte mich ratlos. Den katholischen Religionslehrer, der an unserem Gymnasium eine beherrschende Rolle spielte und der erpicht darauf war, jedes Jahr wenigstens einen Theologiestudenten vorweisen zu können, ließ ich wissen, ich wolle Soziologie studieren. Seine Antwort: »Bei der Soziologie fängt es an, bei der Societas Jesu wird es enden.« Fritz Paepcke, der schon erwähnte junge Hochschuldozent, war im Begriff, von München an das Dolmetscherinstitut der Universität Heidelberg zu wechseln. Er machte mir das damals in Mode kommende Fach Soziologie mit dem zusätzlichen Argument schmackhaft, es könne eigentlich nur oder jedenfalls am besten in Heidelberg belegt werden. Das lockte mich, denn ich wollte auf jeden Fall von zu Hause weg und darum nicht in München studieren. Also entschied ich mich für dieses Fach, von dem damals niemand so genau wusste, was es eigentlich beinhaltete. Mein Vater, der mich angesichts meiner recht bescheidenen schulischen Leistungen nach der Mittleren Reife gedrängt hatte, das Gymnasium zu verlassen, und mich an einer Hotelfachschule anmelden wollte, bezweifelte, dass man mit Soziologie später sein Brot verdienen könne, und verlangte darum, dass ich »wenigstens« zusätzlich Volkswirtschaft studieren sollte. Ich habe auch hier alle für die Zulassung zur Prüfung erforderlichen Leistungsnachweise erworben, aber dann, als ich zur Überraschung meines Vaters die Promotionsurkunde vorweisen konnte, erreicht, dass mir ein Examen in Volkswirtschaft erspart blieb.

Im Jahr meines Abiturs 1953 erstritten Konrad Adenauer und die CDU/CSU mit 45,2 Prozent einen fulminanten Wahlerfolg bei der zweiten Bundestagswahl. Es folgten weitere ereignisreiche, die Bundesrepublik nachhaltig prägende Jahre.

Der Gewinn der Fußballweltmeisterschaft 1954 – das »Wunder von Bern« – wurde in ganz Deutschland einschließlich der DDR bejubelt. Die Bilder von den zehn Jahre nach Kriegsende – als Folge der legendären Moskaureise Adenauers vom September 1955 – aus sowjetischen Lagern zurückkehrenden Kriegsgefangenen bewegten ebenfalls ganz Deutschland. Nach Frankreich wurden Brücken der Versöhnung geschlagen. Das Ansehen der Bundesrepublik in der Welt stieg, und Ludwig Erhards Soziale Marktwirtschaft bescherte uns ein so nicht erwartetes »Wirtschaftswunder«. Die fünf Jahre nach Ende des Zweiten Weltkrieges begonnene Politik der Wiederbewaffnung beherrschte die öffentliche Diskussion und bescherte der Bundesrepublik mit der »Ohne mich«-Bewegung eine Art erste außerparlamentarische Opposition.

Die Auseinandersetzung mit dem aggressiven sowjetischen Kommunismus stand im Zentrum unseres politischen Denkens, nicht der Rechtsradikalismus. Er schien mit dem Tod Adolf Hitlers endgültig zu Grabe getragen worden zu sein. Das Bundesverfassungsgericht hatte 1952 die rechtsradikale Sozialistische Reichspartei als verfassungsfeindlich verboten. Angesichts der Entwicklung in der DDR und des heraufziehenden Kalten Krieges fühlten wir unsere Demokratie vor allem von der KPD, dem verlängerten Arm der DDR, bedroht.

Einen Numerus clausus gab es zu meiner Studentenzeit noch nicht. Aber Studiengebühren waren zu bezahlen und Hörgeld für jede belegte Vorlesungsstunde. Die Hilfe der Eltern reichte auch bei mir nicht aus. Also verdingte ich mich zunächst in einem Kinderhort zur Hausaufgabenkontrolle am Nachmittag.

Eine in der SPD engagierte Studienkollegin und ich diskutierten auf Einladung der Heidelberger Volkshochschule alle zwei Wochen die aktuelle politische Lage. Im Rahmen des Studium generale erforschten wir die Lebensbedingungen in der Heidelberger Altstadt und in der in den Notzeiten der 1920er Jahre entstandenen Siedlung im Heidelberger Pfaffengrund.

Meinen Eltern zuliebe wechselte ich 1955 für zwei Semester an die Münchner Ludwig-Maximilians-Universität und hörte Vorlesungen in Geschichte und Volkswirtschaft sowie in Betriebswirtschaft, der damals noch kleinen Schwester der Nationalökonomie, bei Guido Fischer, dem damaligen Bundesmeister des ND. Romano Guardini, der christliche Weltanschauung und Religionsphilosophie lehrte, begeisterte mich – seine Vorlesung und seine sonntägliche Predigt in Sankt Ludwig. Um Geld zu verdienen, rechnete ich zusammen mit meinem Freund Paul-Adolf Müller Hagelpolicen aus; natürlich von Hand. Wirklich wohlgefühlt habe ich mich an der Münchner Universität nicht.

Nach der Rückkehr nach Heidelberg erfuhr ich von meinem Freund Peter Molt, der sich später um die internationale Arbeit der Konrad-Adenauer-Stiftung und um die deutsche Entwicklungspolitik insgesamt große Verdienste erwarb und dem ich bis heute eng verbunden bin, das Heinrich-Pesch-Haus in Mannheim suche einen Jugendbildungsreferenten, eine halbe Stelle sei noch zu besetzen. Ich griff dankbar zu und nahm dort meine Arbeit Anfang 1956 auf. Das Heinrich-Pesch-Haus – benannt nach dem Lehrer von Gustav Gundlach und Oswald von Nell-Breuning, der durch sein fünfbändiges Werk über den Solidarismus wesentlich zur Entwicklung der christlichen Soziallehre beigetragen hatte – war von dem Jesuitenpater Felix zu Löwenstein gegründet worden. Es sollte in der Tradition des zu Ende des 19. Jahrhunderts begründeten »Volksvereins für das katholische Deutschland« Arbeitnehmern, vor allem Betriebsräten großer Mannheimer und Ludwigshafener Unternehmen, die Grundzüge der christlichen Staats- und Gesellschaftslehre, der Volkswirtschaft, des Arbeits- und des Betriebsverfassungsrechts vermitteln. Der Stoff wurde in zweijährigen abendlichen Seminaren am Wohnort der Teilnehmer vermittelt sowie in fünf Wochenendseminaren, die zum Teil im geteilten Berlin stattfanden. Daran und an Wochenkursen und Wochenendseminaren zur politischen Bildung für Jugendliche aus den Industriebetrieben, aber auch für Primaner mitzuwirken, ließ sich mit dem Studium gut vereinbaren.

In Verbindung mit einer meiner dadurch häufigen Berlinfahrten nahm ich am 1. Mai 1958 im »Paradies der Werktätigen« an der Ostberliner Maiparade vor Walter Ulbricht teil. Und im Sommer 1959 auf Wunsch des Bundesministeriums für gesamtdeutsche Fragen auch an den kommunistischen Weltjugendfestspielen in Wien, den ersten, die in einem westlichen Land stattfanden. Ich hatte Mühe, mich an den mir vom Ministerium verliehenen Decknamen Peter Pinto zu gewöhnen, und die Fragen nach meinen antifaschistischen Aktivitäten in der Bundesrepublik brachten mich regelmäßig in die größte Verlegenheit. Als ich in der Nacht nach dem Bau der Berliner Mauer am 13. August 1961 von Westberlin zurückfahren wollte, erleichterte mir am Kontrollpunkt Drei Linden das von mir zum Erstaunen der Kontrolleure mitgeführte Drehbuch des Propagandafilms *Ernst Thälmann – Sohn seiner Klasse* die Weiterreise. Als wir diesen Film in Westdeutschland Seminarteilnehmern vorführten, stellte uns übrigens der bundesdeutsche Verfassungsschutz peinliche Fragen.

Die Arbeit am Heinrich-Pesch-Haus wurde zunehmend umfangreicher. Vor allem führte sie zu einer intensiven Beschäftigung mit der katholischen Soziallehre und dem Werk des hochbetagten Paters Oswald von Nell-Breuning, dem Nestor der katholischen Soziallehre, den ich in Frankfurt-Sankt Georgen aufsuchte und dem ich zu seinem 75. Geburtstag 1965 eine Festschrift widmete (*Normen der Gesellschaft*). Die von ihm maßgeblich beeinflusste Sozialenzyklika *Quadragesima Anno* Papst Pius' XI. und Nell-Breunings Kommentar dazu gehören zu meinem sozialpolitischen Handgepäck. Dass meinem Bruder und mir 2009 der Oswald-von-Nell-Breuning-Preis der Stadt Trier verliehen wurde, hat mich sehr geehrt und erfreut.

Peter Molt und ich begründeten die Schriftenreihe *Freiheit und Ordnung*. Auf jeweils wenigen Seiten sollten einem breiten Publikum sozialpolitische und volkswirtschaftliche Fragen, aber auch aktuelle politische Themen vermittelt werden. Es erschienen 40 Hefte mit zum Teil sehr hohen Auflagen. Zugleich begannen Vorarbeiten für ein 1962 zum ersten Mal publiziertes wissenschaftliches Jahrbuch für christliche Gesellschaftsordnung mit dem Titel *CIVITAS*, von dem 15 Bände erschienen sind. Der Politologe Hans Maier, später bayerischer Kultusminister und Präsident des Zentralkomitees der deutschen Katholiken, gehörte zu unseren ersten Autoren. Auch ein eigener Verlag wurde gegründet.

Je mehr die Arbeit am Heinrich-Pesch-Haus zunahm, umso mehr musste es zu einem Konflikt zwischen meinen Tätigkeiten in Heidelberg und in Mannheim kommen, zumal Dolf Sternberger, bei dem ich in Heidelberg studierte, und Felix zu Löwenstein nichts voneinander wussten und sich beide selbstverständlich für konkurrenzlos hielten. Wie sollte es weitergehen? Politische Bildung oder Wissenschaft? Schweren Herzens entschied ich mich 1961/62 für Heidelberg, wenn auch voller Zweifel, ob mir eine Habilitation tatsächlich gelingen würde und ob ich zum Professor taugte. Für meinen späteren Lebensweg sollte sich das Heinrich-Pesch-Haus als eine gute Schule erweisen.

Homo heidelbergensis

Am 1. November 1953 traf ich in Heidelberg noch am alten Kopfbahnhof ein und bezog in der Römerstraße bei einem pensionierten Lokomotivführer ein möbliertes Zimmer ohne Heizung und ohne fließend Wasser für 40 DM im Monat. Von BAföG war in den 1950er Jahren noch keine Rede, und auch die politischen Stiftungen vergaben noch keine Stipendien.

Es ist erfreulich, dass es heute BAföG gibt. Die Studienstiftung des Deutschen Volkes, sechs politische und zwei kirchliche Stiftungen vergeben Stipendien. Mit dem 2008 gegründeten Ernst Ludwig Ehrlich Studienwerk e. V. und dem 2012 entstandenen Avicenna-Studienwerk gibt es inzwischen auch Förderwerke für jüdische und muslimische Akademiker. Die Stiftungen fördern derzeit rund 35 000 Studentinnen und Studenten. Inzwischen studieren etwa 70 Prozent aller Abiturienten, und die Hochschulen haben sich dem zweiten Bildungsweg geöffnet. Die Universitäten haben sich verändert. Ihr Ausbildungsauftrag, nicht mehr die Forschung dominiert. Bologna hat sein Ziel nicht erreicht. Nur wenige gehen nach dem Bachelor in den Beruf. Mit dem Master abzuschließen, ist zur Regel geworden. Dadurch hat sich die Studienzeit verlängert, und der Wechsel von Universität zu Universität ist seltener geworden. Die Abschaffung des national wie international hochgeschätzten Diploms erweist sich meines Erachtens immer deutlicher als Fehler.

Ich schrieb mich an der Philosophischen Fakultät für Soziologie, Geschichte und Volkswirtschaft ein und belegte Vorlesungen in Soziologie beim genial-kauzigen Hans von Eckardt, bei Alexander Rüstow, dem Lehrstuhlnachfolger Alfred Webers, dessen dreibändige, im türkischen Exil entstandene *Ortsbestimmung der Gegenwart* mich intensiv beschäftigte, bei Erich Preiser, dessen Schrift *Zukunft unserer Wirtschaftsordnung* zum Bestseller werden sollte und der leider bald nach München ging. In Geschichte hörte ich ab 1957 Werner Conze, der das Ziel verfolgte, den Schwerpunkt der Geschichte auf die Sozialgeschichte zu verlagern, dessen nationalsozialistische Vergangenheit aber erst viel später zum Thema wurde, und in Philosophie Hans-Georg Gadamer, der Karl Jaspers nachgefolgt war, sowie Karl Löwith, der sich bei Heidegger habilitiert hatte, aus Japan und den USA nach Deutschland zurückgekehrt war und dessen Vorlesung »Von Hegel zu Marx« mich beeindruckte.

In der Universität war noch etwas vom liberalen Atem früherer Jahrzehnte zu spüren, als Heidelberg Antipodin der preußisch-deutschen Humboldt-Universität zu Berlin gewesen war. Vor allem die Philosophische Fakultät war von dem Bemühen geprägt, nach dem Ende des Nationalsozialismus an ihre demokratische und liberal-protestantische Tradition anzuknüpfen. In ihr vollzogen sich der Wiederaufbau der Politischen Soziologie und die Etablierung der Politischen Wissenschaft. In diesem Sinne wirkte vor allem der damals vielen als Nestor der Nachkriegssoziologie geltende Alfred Weber, der die NS-Zeit nach seiner Entlassung aus dem Hochschuldienst in einer kleinen Mansardenwohnung im Stadtteil Neunheim in der Bachstraße 24 in der inneren Emigration überlebt hatte. Nach dem Zweiten Weltkrieg trug er entscheidend zum Wiedererstehen der Universität Heidelberg bei. Er förderte maßgeblich die Etablierung des Faches Politische Wissenschaft. Als ich zu studieren begann, hielt er ein auf wenige Teilnehmer begrenztes Seminar »Demokratie und Sozialismus«. Mittwochnachmittags, »pr. et gr.« – privat und gratis. Unerfahren wie ich war, ging ich zu Beginn meines 3. Semesters in seine Sprechstunde. Nach Scheinen oder Zwischenprüfungen fragte er nicht. Zu meiner Überraschung wurde ich aufgenommen und verpflichtet, ein Referat über den von ihm geprägten, nur schwer zu definierenden Begriff der »Lebensaggregierung« zu halten und später eines über die Bantuphilosophie. Es sollte 30 Jahre später dazu beitragen, dass wir Ruanda als rheinland-pfälzisches Partnerland wählten.

Mein Freund Peter Molt versah bei Weber assistentische Hilfsdienste, die er bald auf mich übertrug. So wurde ich Alfred Webers allerletzter Hilfsassistent – für 20 DM im Monat, die der alte Herr, wenn seine Lebensgefährtin Else von Jaffé ihn nicht daran erinnerte, allerdings meistens zu zahlen vergaß. Keine einfache, zudem eine zeitraubende Aufgabe. Unmengen von Büchern mussten in die Bachstraße gebracht werden. In die Sprechstunde war er zu begleiten. Jede Seminarsitzung war Monate im Voraus vorzubereiten. Die eingereichten Referate fanden erst nach langen, mühsamen Debatten seine Zustimmung. Die Referenten waren zu trösten, wenn Weber zu heftige Kritik an ihren Elaboraten übte. Im März 1954 traf ich auf einen empörten, fassungslosen Alfred Weber. Im Rundfunk war gemeldet worden, die KPD habe ihn, der nach dem Krieg der SPD beigetreten war, ohne ihn zu fragen und gegen seinen Willen zum Bundespräsidenten vorgeschlagen. Zwölf Stimmen seien auf ihn in der Bundesversammlung entfallen. Im Mai 1958, kurz vor seinem 90. Geburtstag, haben wir Alfred Weber zu Grabe getragen. Nicht auf dem Heidelberger Bergfriedhof, wo sein Bruder Max begraben ist, sondern im oberbayrischen Irschenhausen fand er seine letzte Ruhestätte.

Dolf Sternberger

Oswald von Nell-Breuning

Alfred Weber in seinem Seminar im Palais Weimar. Links neben ihm am Tisch Bernhard Vogel (im Profil), links daneben Peter Molt.

Von Semester zu Semester rückten die neue Geschichte und die Politische Wissenschaft und damit Dolf Sternberger, Carl-Joachim Friedrich und Werner Conze mehr und mehr in den Mittelpunkt meines Interesses. Dass Conze 1933 der SA beigetreten und auch NSDAP-Mitglied geworden war und dass einige seiner frühen Arbeiten auch antisemitische Aussagen enthielten, war uns zwar bekannt, minderte aber seine Bedeutung für uns nicht.

Bereits 1947 war Dolf Sternberger in Heidelberg ein Lehrauftrag für Politik übertragen worden. Aber erst 15 Jahre später, 1962, wurde er nach quälend langen und zähen Verhandlungen zum Ordinarius berufen. Schon 1950 hatte er seine später legendär gewordene »Forschungsgruppe Sternberger« begründet, die immer freitags von 15 bis 18 Uhr stattfand. Sie wurde zu einer Keimzelle der wieder begründeten Wissenschaft von der Politik. Ihre Mitglieder kamen aus den unterschiedlichsten Disziplinen: Historiker, Soziologen, Philosophen, Juristen und eben Politische Wissenschaftler. Die Vielfalt war erwünscht und machte den besonderen Reiz dieses Seminares aus. Es ging nicht ohne Aristoteles, Augustinus und Machiavelli, es ging nicht ohne Thomas von Aquin und Kant, Herodot und Tacitus, nicht ohne Theodor Mommsen und Jacob Burckhardt, wenn man der Frage nachgehen wollte, ob und was man aus der Vergangenheit für die Zukunft lernen könne. Heute erscheint das Seminar wie eine ferne Idylle. Der Kreis der Teilnehmer war klein und überschaubar. Man befasste sich mit dem Verfassungsstaat, mit dem Parlamentarismus, mit Fragen der Repräsentation, der Parteien, des Wahlrechtes. Ausführliche Grundsatzreferate wurden gehalten, Zwischenbilanzen eigener Forschungsarbeiten wurden vorgetragen, Promovenden hatten über den Fortgang ihrer Arbeit zu berichten. Empirische Studien wurden angeregt und ihre Durchführung begleitet. Nach Scheinen und Zwischenprüfungen wurde nicht gefragt. Von Zeit zu Zeit wurden gelehrte Gäste eingeladen: Theodor Eschenburg, Wilhelm Hennis, Karl Dietrich Bracher, Eric Voegelin, Alfred Grosser, Elisabeth Noelle-Neumann, Carl J. Friedrich. Mehrfach kam auch Hannah Arendt, die in den 1920er Jahren bei Karl Jaspers in Heidelberg promoviert hatte und seit dieser Zeit Dolf Sternberger freundschaftlich verbunden war.

Sternberger hatte viele Schüler, die seine Botschaft weitergetragen haben, in Universitäten, Redaktionen, Parlamenten und Regierungen, obwohl er im Gegensatz zu Arnold Bergstraesser keine Schule begründet hat. An seinem Tisch saßen spätere Professoren (Erwin Faul, Rudolf Wildenmann, Rupert Breitling, Jürgen Domes, Peter Molt, Peter Haungs, Udo Bermbach, Dieter Nohlen, Franz Nuscheler), zwei künftige Hochschulpräsidenten (Klaus Landfried, Arnd Morkel), zukünftige Herausgeber und Chefredakteure großer Tageszeitungen (zum Beispiel Bruno Dechamps, Hans Heigert, Günther Nonnenmacher), außerdem spätere Abgeordnete fast aller Fraktionen in Landtagen und im Bundestag, Oberbürgermeister, Minister, auch zwei künftige Ministerpräsidenten (Kohl und Vogel) und ein Bundeskanzler (Kohl).

Im Mai 1957 wurde ich in die Forschungsgruppe Sternberger aufgenommen. Von ihr sollte entscheidender Einfluss auf mein weiteres Studium ausgehen. Sternberger wurde zu meinem prägenden akademischen Lehrer. Seine Grundüberzeugungen haben mich auf meinem ganzen weiteren Lebensweg begleitet. Er hat mir zu eigenständigem Denken gegenüber dem Zeitgeist und der aktuellen Politik verholfen und es mir ermöglicht, 50 Jahre lang einer beruflichen Spezies anzugehören, die von der deutschen Öffentlichkeit bis heute mit wachsender Skepsis, zum Teil gar mit purer Verachtung betrachtet wird.

Dolf Sternberger war ein Meister der Sprache – ein Publizist, Schriftsteller und Gelehrter. Er war einer der Wieder- und Mitbegründer der Wissenschaft von der Politik und er hat die junge Bundesrepublik mitgeprägt. Er hatte in den 1920er Jahren in Heidelberg vor allem bei Karl Jaspers studiert und 1932 in Frankfurt bei Paul Tillich promoviert (»Der verstandene Tod«). Die Politik spielte für Sternberger und seinen Freundeskreis zunächst keine Rolle. Sie habe man nicht bei Jaspers gelernt, sondern erst »durch Hitler, e contrario«, meinte er fast 60 Jahre später. Nach seinem erzwungenen Ausscheiden aus der liberalen *Frankfurter Zeitung*, die schließlich 1943 verboten wurde, überlebte er in Heidelberg-Neuenheim in der Weberstraße 13 zusammen mit seiner jüdischen Frau Ilse, einer geborenen Rothschild, die er bis zum Ende des Krieges verborgen hielt. Notdürftig war er in dieser Zeit bei der Firma Stotz-Kontakt im Heidelberger Pfaffengrund beschäftigt. Nach dem Zusammenbruch des Naziregimes begründete er mit Karl Jaspers, Alfred Weber und dem Romanisten Werner Krauss, dem bald darauf Marie Luise Kaschnitz folgte, die damals viel beachtete, wenn auch kurzlebige Monatszeitschrift *Die Wandlung* (erschienen 1945–1949) und übernahm die Schriftleitung. Später folgte die Zeitschrift *Die Gegenwart* (1950–1958), bei der er ebenfalls als Herausgeber fungierte. 1957 erschien seine aus Beiträgen in der *Wandlung* zusammengestellte weithin beachtete Publikation *Aus dem Wörterbuch des Unmenschen*, herausgegeben zusammen mit Wilhelm E. Süskind und dem späteren baden-württembergischen Kultusminister Gerhard Storz, deren Ziel Sternberger wie folgt umriss: »Es soll uns diese Sprache [des Nationalsozialismus] fremd machen«, denn »der Verderb der Sprache« sei »der Verderb des Menschen«. Seine umfangreichen wissenschaftlichen und publizistischen Schriften sind in zwölf Bänden zusammengefasst, die von 1977 bis 1996 im Inselverlag erschienen. Seine

Heidelberger Antrittsvorlesung über den »Begriff des Politischen«, sein Buch über Grund und Abgrund der Macht und sein Heine-Buch *Heinrich Heine und die Abschaffung der Sünde* gehören wohl zu seinen bedeutendsten Hinterlassenschaften.

Als kämpferischer Befürworter des englischen Mehrheitswahlsystems und entschiedener Gegner des in Deutschland bei Bundestagswahlen angewandten Verhältniswahlrechts hatte er schon 1947 die Deutsche Wählergesellschaft begründet und für sie eine eigene Zeitschrift *(Der Wähler)* herausgegeben. Die von mir erwartete Mitarbeit habe ich anfangs aus Überzeugung gern wahrgenommen. Später allerdings kamen mir Bedenken. Einem Parlament, das ausschließlich aus »Wahlkreisabgeordneten« besteht und in dem »Listenabgeordnete« fehlen, droht zu viel regionale und zu wenig gesamtstaatliche Ausrichtung. Bei einem Verhältniswahlrecht wäre es zum Beispiel in Großbritannien wohl nicht zum Brexit gekommen. Dennoch habe ich es bedauert, dass die SPD 1966 bei der Bildung der ersten Großen Koalition aus Union und SPD ihre in den Koalitionsvereinbarungen auf Drängen von Erwin Scheuch gegebene Zusage, das Mehrheitswahlrecht einzuführen, gebrochen und Innenminister Paul Lücke zum Rücktritt veranlasst hat. Die Entwicklung der deutschen Parteienlandschaft wäre anders verlaufen. Die in der jüngeren Vergangenheit immer wieder notwendig gewordenen großen Koalitionen der beiden Volksparteien wären uns erspart geblieben. Kleine, vor allem linke und rechte Parteien hätten keine Chance bekommen. Wenn inzwischen bis zu sechs Parteien dem Bundestag angehören und die Zahl der notwendig werdenden Überhang- und Ausgleichsmandate zunimmt, scheint es dringend geboten, dem weiteren Anwachsen der Zahl der Mitglieder des Bundestages durch eine Wahlrechtsreform Einhalt zu gebieten. Das im Frühjahr 2023 von der Ampelkoalition verabschiedete neue Wahlrecht soll das bewirken. Weil es aber Regionalparteien wie die CSU benachteiligt, dürfte es vor dem Bundesverfassungsgericht keinen Bestand haben.

Dolf Sternberger bevorzugte die parlamentarische Demokratie nach englischem Vorbild, also auch nicht das amerikanische Präsidialsystem. Er wollte allerdings – natürlich aufgrund der leidvollen Erfahrungen von Weimar – einen starken, vom Parlament gewählten Kanzler. Dass die Bundesrepublik eine »Kanzlerdemokratie« wurde, entsprach seinen Vorstellungen. Mit dem sich entwickelnden bundesdeutschen Parteiensystem hat er hingegen nie seinen Frieden geschlossen. Parteien mochte er nicht und betrachtete ihre zentrale Rolle in der bundesdeutschen Demokratie mit Skepsis.

Der Friede, nicht der Streit war für Sternberger Gegenstand und Ziel der Politik: »Frieden herzustellen, Frieden zu bewahren, zu gewährleisten, zu schützen und freilich auch zu verteidigen.« Zur Verteidigung des Friedens gehörte für ihn der bedingungslose Kampf gegen die Feinde der Freiheit. »Keine Freiheit für die Feinde der Freiheit«, lautete ein auch von ihm häufig benutztes Schlagwort.

Mit einer Leitglosse in der *Frankfurter Allgemeinen Zeitung*, der er mehr als 30 Jahre eng verbunden war und deren wöchentliche Redaktionskonferenz er seltener als seine Vorlesungen und seine Seminare versäumte, im Jahr 1959 und dann erneut 1979 zum 30. Jahresstag der Verabschiedung des Grundgesetzes prägte Sternberger den später häufig falsch verstandenen und missbrauchten Begriff »Verfassungspatriotismus«. Er bleibt bis heute mit seinem Namen verbunden und fand zunächst viel Zustimmung. Politiker wie Bundespräsident Richard von Weizsäcker, Publizisten und Wissenschaftler – auch Jürgen Habermas und die Frankfurter Schule – machten sich den Begriff zu eigen. Der Mangel an eigener Identität, die schwindende Hoffnung auf Wiedervereinigung, die 68er-Revolte linker Studenten und Intellektueller waren Anlass, die Frage nach Verfassung und Patriotismus neu zu stellen. Die Verfassung, das Grundgesetz, war für Sternberger die Grundlage für einen friedlichen Zusammenhalt. Der Patriotismus, die Liebe zum Vaterland, die nicht auf einer irrationalen Bindung an eine verklärte Nation gründen dürfe, sondern auf der Vernunft und Verantwortung der Bürger, ihr Vaterland als Aufgabe zu verstehen, war somit gleichzeitig ein Bekenntnis zur Freiheit. Der Staat, dem die Liebe der Bürger gebühre, sei der Verfassungsstaat, der die Freiheit sichert. Erst durch eine republikanische Verfassung und das darauf gründende Zugehörigkeitsgefühl der Bürger werde der Staat zum Vaterland. Das Grundgesetz sei in diesem Sinne Symbol eines freien deutschen Vaterlandes und die Grundlage für einen deutschen demokratischen Patriotismus.

Mit dem Begriff »Verfassungspatriotismus« füllte Sternberger ein Vakuum, indem er die »deutsche Identität« angesichts der

Teilung Deutschland auf die geschriebene Verfassung und nicht mehr auf das Volk als »vorpolitische Schicksalsgemeinschaft« bezog.

Erst nach der Wiedervereinigung, mit der Deutschland seine volle Souveränität erlangte, meldete sich Widerspruch. Der Verfassungspatriotismus sei ein Notbehelf für das geteilte Deutschland gewesen, jetzt sei es an der Zeit, auch für Deutschland wieder ein »normales« Bekenntnis zum Nationalstaat und zur nationalen Identität zu verlangen. Verfassungspatriotismus dagegen sei ein postnationaler Begriff, der die Tatsache negiere, dass der Nationalstaat weiterhin das politische Ordnungsprinzip für Europa sei. Er sei – so etwa Günther C. Behrmann – sozial, räumlich und geschichtlich indifferent. Verfassungspatriotismus sei außerdem geschichtsvergessen und als nationales Identifikationselement bzw. Identifikationsgrundlage irreführend – ein »Scheinkonzept« (Rupert Scholz). Es gehe nunmehr um ein neues sinnvolles Nationalbewusstsein. Es gelte, den Stolz auf das eigene Land und die Einheit der Nation auf ein gesundes Geschichtsbewusstsein zu gründen. Dem ist in dieser Schlichtheit entschieden zu widersprechen. Diese Kritik missachtet nämlich Sternbergers Kerngedanken. Er wollte keinen Ersatz für den nationalen Patriotismus schaffen. Er wollte vielmehr verdeutlichen, dass Patriotismus in Europa schon immer, ursprünglich und im Wesentlichen Verfassungspatriotismus gewesen sei. Diese Diskussion ist nicht zu Ende, weil es sich nicht um ein kurzfristiges Modethema, sondern eine Grundsatzfrage handelt. Die immer wieder aufflammenden Debatten, ob Deutschland eine Leitkultur brauche und worin sie bestehen solle, ob der Islam zu Deutschland gehöre, ob es einen europäischen Patriotismus geben könne und werde, beweisen: Sternbergers Begriff bleibt aktuell.

Den 9. November 1989 hat Sternberger nicht mehr erlebt. Er starb am 27. Juli 1989 in Frankfurt. Obwohl er seine Kirche, die ihn in seiner Jugendzeit geprägt hatte, verlassen hatte, wünschte er sich ein christliches Begräbnis. Auf dem Heidelberger Bergfriedhof hat er seine letzte Ruhe gefunden.

Neben Sternberger war Carl Joachim Friedrich von beträchtlichem Einfluss auf mich. Er war seinerzeit einer der weltweit bedeutendsten und profiliertesten Gelehrten seines Faches, der seit 1950, zunächst als Gastprofessor und schließlich als persönlicher Ordinarius, immer im Sommersemester in Heidelberg Politische Wissenschaft lehrte. Sein *Verfassungsstaat der Neuzeit* steht bis heute griffbereit neben meinem Schreibtisch. Ich habe Friedrich hochgeschätzt und bewundert, bin ihm aber stets mit ein wenig ehrerbietiger Distanz begegnet. Er hatte bei Alfred Weber promoviert und war schon Mitte der 1920er Jahre nach einem Forschungsaufenthalt in den USA geblieben und Professor in Harvard geworden. 1945 kam er in der Uniform eines amerikanischen Offiziers als maßgeblicher Berater der ersten beiden Hohen Kommissare der USA nach Deutschland zurück.

Friedrich und Sternberger respektierten sich, aber jeder hielt sich für den Bedeutenderen, und wir profitierten von ihrer freundschaftlich-kritischen Rivalität.

Für meine beiden Assistentenkollegen Reinhart Koselleck bei Werner Conze und Klaus von Beyme bei Carl Joachim Friedrich, der diesem später auch auf dem internationalen wissenschaftlichen Parkett nachfolgte, habe ich großen wissenschaftlichen Respekt empfunden. Vielleicht wäre von Beyme auch ein guter Ministerpräsident geworden, dann wohl auf dem Ticket der SPD. Zu einem mit ihm konkurrenzfähigen Wissenschaftler hätte ich es hingegen mit Sicherheit nicht gebracht.

Als ich in das Sternberger-Seminar aufgenommen wurde, war eine von der Deutschen Forschungsgemeinschaft unterstützte Beobachtung der Bundestagswahl von 1957 in Auftrag gegeben worden. Karlheinz Kaufmann, Peter Molt und Helmut Kohl sollten in Nordbaden und der Pfalz speziell die Aufstellung der Bundestagskandidaten verfolgen. Die entstandenen Texte blieben unvollständig und passten nicht zusammen. Mir wurde die Aufgabe übertragen, sie neu zu fassen. Es ist meine einzige Veröffentlichung, in der mein Name nicht erwähnt wird.

Helmut Kohl gehörte seit dem Sommersemester 1957 für drei Semester dem Forschungsseminar Sternbergers an. Wie selbstverständlich übernahm er an dem langen schwarzen Tisch, an dem wir in hierarchischer Ordnung platziert waren, das Kontrapräsidium und breitete seine umfangreiche Tasche mit vielen Pfeifen aus, die er in der Sitzung nacheinander zu rauchen pflegte. Zu einem dauerhaften Einvernehmen mit Sternberger sollte es nicht kommen. Beider Charaktere und Interessen waren zu unterschiedlich. Sternbergers theoretischer Politikansatz blieb Kohl fremd, Kohls aktives parteipolitisches Engagement blieb Sternberger fremd.

Es lag nahe, im Anschluss an die Wahlstudie von 1957 auch den heraufziehenden Wahlkampf 1961 zu untersuchen. Dies wurde von mir und vier jungen Mitarbeitern Sternbergers – Peter Haungs, Horst Jaeckel, Adolf Leisen, Gerhard Weygandt – erwartet. Als Ergebnis legten Peter Haungs und ich schließlich ein mühsam erarbeitetes, sehr dickleibiges Opus *Wahlkampf und Wählertradition* vor. Die damals am Beispiel des Bundestagswahlkreises Heidelberg gewonnene Erkenntnis, dass das Wahlverhalten über Generationen hinweg vergleichbar bleibt und dass ein bestimmter Prozentsatz der Wähler vor allem Protest ausdrücken will und darum extreme Parteien wählt, sollte ich über 30 Jahre später in Thüringen erneut bestätigt finden. Die gemeinsame Arbeit an dieser Studie hat meine enge Freundschaft mit Peter Haungs begründet. Sein umfassendes Wissen, seine kritische, skeptische Gewissenhaftigkeit, seine Gründlichkeit und Verlässlichkeit wurden mir zum Vorbild. Und sie waren die Voraussetzungen dafür, dass ich ihn später an die neu gegründete Universität Trier-Kaiserslautern nach Trier berufen habe. Allzu früh ist er dort schon im Mai 1994 einer heimtückischen Krankheit erlegen.

Auch über meine inzwischen begonnene Promotionsarbeit über die Unabhängigen in den westdeutschen Ländern musste ich mehrfach im Seminar berichten. Ich brachte sie schließlich zum Abschluss, nachdem mir bewusst geworden war, was promovieren heißt – zumindest an der philosophischen Fakultät. Nämlich ein Thema zu behandeln, gründlich und intensiv, aber die Arbeit auch eines Tages zum Abschluss zu bringen. Am Faschingsdienstag 1960 bestand ich die mündliche Prüfung bei Alexander Rüstow und bei Werner Conze, der mich eine lateinische Urkunde aus der Zeit der Ottonen übersetzen ließ. Mein positiv überraschter Vater verzichtete daraufhin, wie erwähnt, auf seinen Wunsch, ich solle auch noch mein Volkswirtschaftsdiplom ablegen. Die in dieser Disziplin erworbenen Kenntnisse sollten sich gleichwohl später bei der Aufstellung von Haushaltsplänen und in der Wirtschaftsförderung als nützlich erweisen.

Die langjährige und intensive Befassung mit Wahlrechtsfragen ließ bei Sternberger den Wunsch entstehen, den »Braunias« fortzuschreiben. Karl Braunias hatte schon 1932 ein inzwischen natürlich veraltetes Handbuch über die Bildung der gesetzgebenden Körperschaften in Europa vorgelegt. Unser hochgestecktes Ziel war es, am Ende für alle Länder der Welt das Vordringen der Wahl als Mittel der Bestellung von Repräsentationsorganen darzustellen. Am ersten Band habe ich noch aktiv mitgewirkt, später konnte ich nur noch als Mitherausgeber dienlich sein. Es ist das Verdienst von Dieter Nohlen, dass das Werk viele Jahre später tatsächlich vollendet wurde. Aus dem Band über Europa ging im Übrigen die viel beachtete Publikation *Wahlen in Deutschland* hervor, die ich 1970 zusammen mit Dieter Nohlen und Rainer-Olaf Schultze – einem Promovenden von Hans-Joachim Arndt – veröffentlicht habe. Dieter Nohlen war mir schon in meinem Proseminar, das ich seit 1961 in jedem Semester meist zu Wahlrechtsfragen anbot, zum getreuen und unentbehrlichen

Helfer geworden. Er blieb dies, als ich mich Jahre später zunächst als Bundestagsabgeordneter und dann als Kultusminister mitunter vertreten lassen musste.

Mit Nohlens Unterstützung fuhren wir im Anschluss an ein Seminar über »Die politische Struktur des Staates Israel« im Februar 1966 nach Jerusalem, und es kam zu einem der ersten Kontakte mit Professoren und Studenten der Hebräischen Universität Jerusalem. Der Besuch fand in beiden Ländern erfreuliche Beachtung. Ein Jahr später erfolgte der Gegenbesuch in Heidelberg. Zum ersten Mal nach dem Holocaust besuchten israelische Studenten Deutschland. Für mich war es der Beginn einer engen Beziehung zu dem Staat, dessen Existenzsicherung bis heute deutsche Staatsräson sein muss. Unzählige Male habe ich danach Israel besucht, auch als die Konrad-Adenauer-Stiftung in Jerusalem eine Außenstelle eröffnete und dort später das Adenauer-Zentrum initiierte.

Dieter Nohlen, der bei Sternberger promoviert und sich bei von Beyme in Tübingen habilitiert hat, sollte dem Heidelberger Institut für Politische Wissenschaft in der Nachfolge von Gerhard Lehmbruch durch sein großes Interesse an der empirisch-vergleichenden Analyse politischer Institutionen und eine Vielzahl von Handbüchern und Lexika Ehre machen. Das Institut wurde dank seiner Arbeit zu einem internationalen Zentrum der Wahlrechtsforschung.

Ebenfalls einer Anregung Sternbergers folgend, begann ich mich nach meiner Promotion mit der Kontrollfunktion der Fragestunde im Deutschen Bundestag zu beschäftigen und legte im Wintersemester 1961/62 eine erste Skizze dieses

Forschungsprojektes vor. Um mich mit der Arbeitsweise der Mutter aller Parlamente und ihrer Fragestunde vertraut zu machen, verbrachte ich einige Monate in London, in der dortigen Nationalbibliothek und im Unterhaus. Winston Churchill war noch dessen Mitglied und erregte, wenn er erschien, allgemeine Aufmerksamkeit. Aus dem Themenkomplex des britischen Regierungssystems hätte meine Habilitationsschrift entstehen sollen, wenn es nicht ganz anders gekommen wäre. Der heraufziehende Sturm, der bald die deutschen Universitäten heimsuchen sollte und besonders in Heidelberg schwere Schäden angerichtet hat, hat mich dort nicht mehr erreicht. Noch mein letztes Seminar im Wintersemester 1967/68 verlief ohne jede Störung. Die Heidelberger Universität sollte aber bald nicht mehr wiederzuerkennen sein. Das Institut für Politische Wissenschaft wurde für einige Zeit zum Schlachtfeld, ein geregeltes Forschen und Lehren unmöglich. Einige standen die täglichen Auseinandersetzungen, die Schmähungen und die oft auch physischen Bedrohungen tapfer durch, andere resignierten. Dolf Sternberger nahm tief enttäuscht Abschied von »seiner« Universität. Im August 1972 wurde er emeritiert.

Auf die Idee, Politiker zu werden, kamen wir nicht

Auf die Idee, mich der Politik zuzuwenden, bin ich bis zum Abschluss meines Studiums nie gekommen. Schon gar nicht habe ich je beschlossen, Politiker zu werden. Auch deswegen nicht, weil sowohl Dolf Sternberger als auch Carl Joachim Friedrich meinten, dass ich mich von Parteien fernhalten solle. »Wenn Sie sich als Wissenschaftler mit Politik befassen wollen, sollten Sie sich keiner Partei anschließen«, so Sternberger. Aber dann kam Alois Link, ein gleichaltriger Heidelberger Handwerksmeister. Er hat mich überredet, für den Stadtrat zu kandidieren und folglich auch einer Partei beizutreten. Dass dies die CDU sein würde, war für mich schon aufgrund meines aktiven Engagements in der katholischen Kirche und meiner Verbundenheit mit der katholischen Soziallehre und der Sozialen Marktwirtschaft unzweifelhaft. 1960 trat ich in die Partei ein, 1962 kandidierte ich für den Stadtrat und fiel durch. Trotz einer sehr guten Platzierung auf der Liste wurde mir das in Baden-Württemberg bei Kommunalwahlen mögliche Panaschieren und Kumulieren der Stimmen zum Verhängnis. Erst ein paar Monate später konnte ich nachrücken. Noch war dies nur eine lässliche Sünde, die ich Sternberger natürlich beichtete, nicht der Abschied von der Wissenschaft. Dieser vollzog sich erst danach und nur schrittweise. Ich übernahm den Vorsitz meines Ortsverbandes und wurde schließlich geschäftsführender Kreisvorsitzender, um Eduard Wahl zu entlasten. Eduard Wahl – ein anerkannter Völkerrechtler an der Universität – gehörte seit 1949 dem Bundestag an und entschloss sich von Wahlperiode zu Wahlperiode, erneut zu kandidieren. Ich hatte zwar bereits mit dem Gedanken gespielt, mich gegebenenfalls um seine Nachfolge zu bemühen. Konkrete Pläne hatte ich aber nicht.

KAPITEL II

Von Erhard zu Kiesinger (1965–1967)

Bundestagsabgeordneter

Auf die Idee, in der Pfalz, in Rheinland-Pfalz, für den Bundestag zu kandidieren, war ich nicht gekommen. 1964 kamen Betriebsräte aus der BASF und anderen Ludwigshafener und Mannheimer Großbetrieben, die mich von meiner Tätigkeit im Heinrich-Pesch-Haus her kannten, zu mir. Sie sagten sinngemäß: Wir brauchen Sie! In der Pfalz wird ein neuer, zusätzlicher Wahlkreis Neustadt-Speyer eingerichtet. Wir suchen einen Kandidaten. Ob ich bereit sei, in diesem neu gebildeten Wahlkreis zu kandidieren? Man müsse allerdings noch Helmut Kohl fragen, zu der Zeit Fraktionsvorsitzender im rheinland-pfälzischen Landtag und Bezirksvorsitzender der CDU der Pfalz. Kohl kannte mich ja aus unserer gemeinsamen Studienzeit in Heidelberg und stimmte zu.

Als ich mich zu dieser Kandidatur bereiterklärte, dachte ich – reichlich blauäugig, wie ich heute weiß –, vier Jahre politische Praxis könnten eigentlich nicht schaden und mit dann 36 Jahren könne man sich ja anschließend immer noch habilitieren. Aus den geplanten vier Jahren in Bonn sollten dann allerdings nur reichlich anderthalb Jahre werden, weil mich im Frühjahr 1967 Helmut Kohl aufforderte, Kultusminister in Rheinland-Pfalz zu werden und in das Kabinett Peter Altmeiers einzutreten. Wer schlägt schon mit 34 Jahren ein solches Angebot aus? Endgültig Abschied von der Wissenschaft habe ich eigentlich erst genommen, als ich 1976 Ministerpräsident in Mainz wurde.

Bis 1974 habe ich mich nie selbst um ein politisches Amt beworben, sondern bin stets aufgefordert worden, zu kandidieren und eine neue Aufgabe zu übernehmen. Zur ersten Schlacht, in der ich mit Leidenschaft um ein politisches Amt gekämpft habe, kam es, als 1974 die Nachfolge von Helmut Kohl als Landesvorsitzender der CDU von Rheinland-Pfalz anstand. Jedem war klar, dass damit zugleich die Vorentscheidung auch um seine mögliche Nachfolge im Amt des Ministerpräsidenten fiel. Dennoch schrieb mir ein Onkel, ein bodenständiger Miesbacher Amtsrichter, noch zu meinem 50. Geburtstag – 1982 –, als ich bereits seit sechs Jahren Ministerpräsident war, ob ich nicht doch lieber einen richtigen Beruf anstreben und an die Universität zurückkehren wolle.

Am 21. März 1965 nominierten mich die Delegierten der beiden Landkreise und der beiden kreisfreien Städte Neustadt und Speyer in einer stürmischen Versammlung mit 44 zu 33 Stimmen zum Bundestagskandidaten. Helmut Kohl leitete die Sitzung und unterband energisch den Versuch von Unterstützern meines aus Neustadt stammenden Gegenkandidaten, unter Hinweis auf meinen sozialdemokratischen Bruder – seit 1960 Oberbürgermeister von München – meine christlich-demokratische Loyalität infrage zu stellen.

Nach der Nominierung ging es für mich, den in der Pfalz niemand kannte und der die Pfalz nicht kannte, in einem langen und intensiven Wahlkampf vor allem darum, mit Land und Leuten vertraut zu werden, das Weintrinken zu lernen und mich gegen die populäre, überall bekannte und allgemein nur »Unser Luis« genannte sozialdemokratische Abgeordnete

Luise Herklotz durchzusetzen, die schon seit 1956 dem Bundestag angehörte und zuvor Mitglied des Landtags von Rheinland-Pfalz gewesen war. Im Gegensatz zu mir war sie durch einen aussichtsreichen Platz auf der Landesliste ihrer Partei abgesichert.

Wahlbroschüre Bundestagswahlkampf 1965.

Dass ich erfolgreich war, verdanke ich vor allem Ludwig Erhard. Er war knapp zwei Jahre vor der Bundestagswahl zum Bundeskanzler gewählt worden und stand im Zenit seiner Popularität. Einen sonnendurchfluteten Herbsttag lang begleitete er mich entlang der Weinstraße von Rathausplatz zu Rathausplatz. Die örtlichen Weinprinzessinnen reichten ihm große Weinpokale, denen er kräftig zusprach. Sein freundlicher Schlusssatz – »Wenn zwei Männer sich so lange kennen, können sie füreinander zeugen!« – ging ihm von Mal zu Mal leichter von der Zunge. Auch viele andere prominente Unionspolitiker unterstützten mich, so die Ministerpräsidenten Kurt Georg Kiesinger (Baden-Württemberg) und Alfons Goppel (Bayern) sowie der Fraktionsvorsitzende im Deutschen Bundestag, Rainer Barzel.

Ludwig Erhard bestand die Bundestagswahlen 1965 mit Bravour. Sein Sieg über Willy Brandt, damals noch Regierender Bürgermeister von Berlin, war eindeutig. Mit 47,6 Prozent der Zweitstimmen erreichte die Union fast die absolute Mehrheit. Ich selbst wurde in meinem Wahlkreis mit gut 48 Prozent der Erststimmen gewählt und übersiedelte folglich in die Pfalz, nach Speyer. Das Telegramm des Fraktionsvorsitzenden Rainer Barzel »Herzlichen Glückwunsch, Herr Kollege« machte mich stolz. Jetzt wollte ich umsetzen, was ich monatelang meinen Wählern versprochen hatte.

Die erste Fraktionssitzung in Bonn am auf die Wahl folgenden Donnerstag wurde allerdings zur ersten Enttäuschung. Nach wenigen Minuten war sie mit der Bemerkung, alles Weitere hänge von den Koalitionsverhandlungen ab, man werde später wieder von sich hören lassen, beendet.

Dank des guten Wahlergebnisses wurden 47 junge Abgeordnete von CDU und CSU in den Bundestag gewählt. 25 Prozent seiner Mitglieder gehörten ihm zu ersten Mal an. Unter ihnen Manfred Abelein, Heiner Geißler, Alo Hauser, Heinrich Köppler, Walther Leisler Kiep, Carl Otto Lenz und Manfred Wörner. Egon Klepsch, seit 1963 Bundesvorsitzender

der Jungen Union, versammelte uns zu regelmäßigen Strategiegesprächen, um gemeinsame Initiativen abzustimmen, zu koordinieren und in der Fraktion zur Geltung zu bringen. In Anspielung auf die von deutschen Literaten 1947 gegründete Gruppe nannten wir uns selbstbewusst »Gruppe 47«.

Alterspräsident war der inzwischen 89-jährige Konrad Adenauer. Der Bundesrat hatte ihm Büroräume zur Verfügung gestellt. Dorthin lud er regelmäßig junge Abgeordnete zum Tee. Bei einem dieser Teegespräche 1966 bat ich ihn unter Verweis auf mein jugendliches Alter um seinen Rat, wen ich zum Nachfolger Ludwig Erhards wählen solle. Ich bekam zur Antwort: »Herr Vogel, Sie glauben, Sie seien jung. Das will ich Ihnen sagen: Die Jungen von heute sind wesentlich jünger als Sie.« Adenauer sollte recht behalten. Zwei Jahre später schallte uns von den »68ern« entgegen: »Trau keinem über dreißig …«

Im Bundestag wurde ich – auf ausdrücklichen Wunsch von Helmut Kohl – Mitglied im Ausschuss für Sozialpolitik und auf eigenen Entschluss stellvertretendes Mitglied im Ausschuss für Wissenschaft, Kulturpolitik und Publizistik. Dort leitete der geistreiche, eigenwillige, nicht immer präsente Gießener Arzt Berthold Martin die Verhandlungen, und dort fand ich mein eigentliches Aufgabenfeld. Außerdem wurde ich als einer der jüngsten Abgeordneten dem Petitionsausschuss zugeteilt. Hunderte von Petitionen mussten bearbeitet werden – im Rückblick eine gute, lehrreiche Schule. Im Plenarsaal war mein Platz in der letzten Reihe, unter der Besuchertribüne.

Kanzlerkrise und Große Koalition

Sehr bald beherrschte die heraufziehende Kanzlerkrise die Diskussion. Ludwig Erhard hatte Schwierigkeiten, seinen Wahlsieg zu nutzen, ja er verspielte ihn schon in den ersten Monaten. Er war ein überaus erfolgreicher Wirtschaftsminister gewesen. Als Bundeskanzler wirkte er unentschlossen und unsicher, zögernd und entscheidungsschwach. Die Spannungen in der Koalition mit der FDP wuchsen, die Unruhe in der CDU/CSU-Fraktion nahm zu. Der in einer stürmischen Fraktionssitzung auf Vorschlag Rainer Barzels gefasste Beschluss »Ludwig Erhard ist und bleibt Bundeskanzler!« war nur Beleg für unsere Hilflosigkeit.

Aber wer sollte Erhard nachfolgen? Der Fraktionsvorsitzende Rainer Barzel, Bundesaußenminister Gerhard Schröder, Bundestagspräsident Eugen Gerstenmaier? In einer Bundesvorstandssitzung ließ Helmut Kohl zum ersten Mal den Namen Kurt Georg Kiesinger fallen. Ich meinerseits unterrichtete Kohl jeden Abend telefonisch vom Fortgang der Beratungen in Bonn.

Meine Zuneigung galt zunächst Eugen Gerstenmaier, dem Mann des Widerstandes gegen Adolf Hitler, dem Mitglied des Kreisauer Kreises, der mit knapper Not dem Todesurteil durch den Volksgerichtshof unter Roland Freisler entkommen war. Ein schwieriger, sehr selbstbewusster, oft zum Widerspruch neigender evangelischer Theologe. Als die Kandidatur Kiesingers immer mehr in den Mittelpunkt der Diskussion rückte, verzichtete Gerstenmaier, selbst Baden-Württemberger, zugunsten des baden-württembergischen Ministerpräsidenten.

In der entscheidenden Abstimmung votierte ich für Kurt Georg Kiesinger. Er war mir schon während meiner Schulzeit als glänzender Debattenredner in den großen deutschland- und außenpolitischen Redeschlachten aufgefallen. Ich kannte ihn auch aus meiner Zeit als CDU-Kreisvorsitzender in Heidelberg: omnipräsent, überzeugend argumentierend, sehr freundlich, gleichwohl auf Distanz bedacht, immer ein wenig unnahbar. Ich hielt ihn für einen sachkundigen, wortmächtigen Mann. »König Silberzunge« war sein Spitzname. Willy Brandt nannte ihn in seinen Memoiren den »europäischen Reichsschwaben«.

Immer wieder ist Kiesinger vorgeworfen worden, dass er – wie übrigens auch sein Wirtschaftsminister Karl Schiller (SPD) – der NSDAP angehört hatte. Er war schon vor dem Reichstagsbrand Mitglied geworden und hatte sich 1940 durch seine Zuweisung zur »Kulturabteilung Rundfunk« im Außenministerium seiner Einberufung entzogen. Günter Grass sprach – in einem offenen Brief an Willy Brandt – vom »Obernazi« und meinte, mit der von ihm gebildeten Großen Koalition werde eine »miese Ehe« geschlossen.

Wir wussten, dass Kiesinger Mitglied der NSDAP gewesen war, wir wussten aber auch, dass er keine aktive Rolle gespielt hatte. Insofern hatte das für die meisten von uns bei der Entscheidung für ihn als Bundeskanzler keinen Einfluss.

Dass Kiesinger erwog, eine Große Koalition zu bilden, wussten wir zum Zeitpunkt seiner Nominierung nicht. Nach der Abstimmung in der Fraktion am 10. November 1966, einem Donnerstag, kündigte er an, über das Wochenende

Gespräche führen zu wollen. Die Mehrheit der Fraktion rechnete wie ich selbst mit einer baldigen Erneuerung der Koalition mit der FDP, obwohl wir wussten, dass sich das Verhältnis zu den Freien Demokraten in den letzten Monaten der Regierung Erhard deutlich verschlechtert hatte. Dennoch war ich völlig überrascht, als am folgenden Montag Kiesinger die Bildung einer Großen Koalition ankündigte. Und ich empfand zunächst großes Unbehagen. Als Schüler Dolf Sternbergers war ich grundsätzlich gegen Große Koalitionen. Sie sollten vermieden werden, denn in der Regel sind sie von Übel. Sie passen nicht zu unserem parlamentarischen Regierungssystem. Große Koalitionen erschweren den Wechsel, und dem Parlament fehlt eine Opposition, die sich als Regierung von morgen versteht. Sie schwächen das Profil der beiden Partner und drohen Parteien am linken und rechten Rand zu stärken.

Meine kritische Einstellung zu Großen Koalitionen hat in den letzten Jahrzehnten nicht nachgelassen, auch wenn ich einsehen musste, dass sie nicht immer vermeidbar sind. So etwa nach der Bundestagswahl von 2017, als sich die FDP der Beteiligung an der Regierung Merkel versagte und die SPD sich nur mit Mühe – und durch den Einsatz des Bundespräsidenten – zur erneuten Bildung einer Großen Koalition mit der CDU/CSU bereitfand.

1966 sollte sehr bald deutlich werden, dass auf beiden Seiten in aller Stille schon lange Vorarbeit für eine Koalition von CDU/CSU und SPD geleistet worden war. Johannes Schauff, jüngster Abgeordneter der Katholischen Zentrumspartei im

Reichstag am Ende der Weimarer Republik, seit Studententagen mit Herbert Wehner befreundet, 1947 aus Brasilien nach Deutschland zurückgekehrt, erwies sich als tatkräftiger Vermittler. Insbesondere Wehner, der starke Mann der SPD, wollte die Große Koalition, um seine Partei aus der Daueropposition – seit 1949 – herauszuführen und ihre Regierungsfähigkeit unter Beweis zu stellen. In der Union gehörten Heinrich Krone, Karl Theodor zu Guttenberg, aber auch Paul Lücke, Bruno Heck und nicht zuletzt Bundespräsident Heinrich Lübke zu den Befürwortern. Sie hofften, in einer Großen Koalition mit ihrer verfassungsändernden Zweidrittelmehrheit anstehende Reformen in Angriff nehmen zu können.

Die Absicht, das Wahlrecht zu ändern und nach englischem Vorbild ein Mehrheitswahlrecht einzuführen, fand meine volle Unterstützung. Um künftig keine Große Koalition mehr bilden zu müssen, sollte man sie daher, so meine Position damals, dieses eine Mal eingehen. Dass die SPD dann nicht zu ihrer Zusage stand und Paul Lücke als Innenminister schließlich im März 1968 die Konsequenzen zog und zurücktrat, gehört zu den Enttäuschungen meines politischen Lebens. Das Verhältniswahlrecht, das eine absolute Mehrheit für eine Partei im Bundestag praktisch ausschließt, zwingt zu Koalitionsbildungen. Zu Recht nahm Helmut Kohl nach seiner Wahl zum Bundeskanzler 1982 bei der Festlegung des Termins für die Bundestagswahl im Frühjahr 1983 auf die FDP Rücksicht und vermied dadurch die Bildung einer Großen Koalition.

Kultusminister in Mainz

Wenige Tage nach dem Tod Konrad Adenauers (19. April) fanden am 27. April 1967 in Rheinland-Pfalz Landtagswahlen statt. Deutschland trauerte. Der Wahlkampf wurde eingestellt, und die rheinland-pfälzische CDU erreichte ein unerwartet gutes Ergebnis. Sie erzielte 46,7 Prozent der Stimmen und 49 von damals 100 Mandaten im neuen Landtag und vergrößerte den Abstand zur SPD wieder auf zehn Prozent. Die NPD kam auf 6,9 Prozent und zog mit vier Sitzen zum ersten und einzigen Mal in den rheinland-pfälzischen Landtag ein. Da sie als Koalitionspartner für keine Fraktion infrage kam, war ohne die CDU keine Regierungsbildung möglich. Die Koalition mit der FDP konnte fortgesetzt werden, die schon seit 1951 mit der CDU die Regierung gebildet hatte. Der seit 1947 amtierende Peter Altmeier blieb Ministerpräsident. Seine Ablösung durch Helmut Kohl allerdings war nur noch eine Frage der Zeit. Kohl nahm daher massiven Einfluss auf die Besetzung des Kabinetts und setzte ungewöhnlicherweise durch, dass in der Fraktion nicht nur über den Ministerpräsidenten, sondern über jeden Minister einzeln abgestimmt wurde. Als er zwei Jahre später zum Ministerpräsidenten gewählt wurde, blieben daher alle Minister im Amt.

Helmut Kohl rief mich in Bonn an, um mir das Amt des Ministers für Kultus und Unterricht anzutragen. Ich sei doch Mitglied im Kulturausschuss. Ich war völlig überrascht. Noch war ich voller Stolz, das Bundestagsmandat gewonnen zu haben, und außerdem hatte ich ja die Absicht, nach vier Jahren »Praxis« nach Heidelberg und zur Wissenschaft zurückzukehren.

Außerdem wollte Kohl wissen, ob ich einen gewissen Heiner Geißler, Bundestagabgeordneter von Tübingen-Reutlingen und Vorsitzender der Jungen Union in Südwürttemberg-Hohenzollern, kenne und was ich von ihm hielte. Ich solle ihn zu ihm schicken. Ein ebenfalls völlig überraschter Heiner Geißler kehrte aus Ludwigshafen zurück: Helmut Kohl habe ihm das Amt des Sozialministers angetragen!

Erst jetzt begriff ich: Nach Kohls ursprünglichem Plan sollte Gerhard Schreeb Kultusminister werden, der als Vorsitzender des Bundes der Deutschen Katholischen Jugend und des Deutschen Bundesjugendrings schon weithin bekannt und eine der Zukunftshoffnungen der rheinland-pfälzischen CDU war. Mich hatte Kohl für das Sozialressort vorgesehen. Darum sein Wunsch, ich solle mich im Bundestag im Sozialpolitischen Ausschuss engagieren. Erst nachdem Gerhard Schreeb im November 1965 bei einem Autounfall ums Leben gekommen war, änderte Kohl seinen Plan.

Bei der Abstimmung in der Fraktion schlug die Gruppe um Peter Altmeier für das Sozialressort den bisherigen Koblenzer Regierungspräsidenten Dr. Walter Schmitt vor, Helmut Kohl aber Heiner Geißler. Heiner Geißler obsiegte mit 35 zu neun Stimmen (drei Enthaltungen). Als Kultusminister lautete der Vorschlag Altmeiers Prof. Dr. Konrad Mohr, der Vorschlag Helmut Kohls Bernhard Vogel. Ergebnis: 37 zu acht für Bernhard Vogel (zwei Enthaltungen).

Geißler und ich suchten den Bundestagspräsidenten auf, um unser Bundestagsmandat niederzulegen. Eugen Gerstenmaier war damit nicht einverstanden: »Man gibt doch sein Bundestagsmandat nicht auf, um Landesminister zu werden.« Aber wir blieben konsequent. Hans Filbinger, Ministerpräsident von Baden-Württemberg, kommentierte unsere Berufung bei einer Pressekonferenz in Stuttgart mit der Bemerkung: »In Mainz werden jetzt Lausbuben Minister.«

In meinem Wahlkreis fand mein Wechsel von Bonn nach Mainz nur sehr geteilte Sympathie. In einem Brief an die CDU-Mitglieder betonte ich, dass mir die Entscheidung nicht leichtgefallen sei: »Die Überzeugung, daß in den nächsten Jahren den kulturpolitischen Fragen im Rahmen unserer Gesellschaftspolitik besonderer Vorrang zukommt, hat mich den Ruf annehmen lassen.« Die Prognose sollte sich schon bald als zutreffend erweisen.

1. Kabinett Kohl, 19. Mai 1969: von links Bernhard Vogel (Kultus), August Wolters (Inneres), Fritz Schneider (Justiz), Otto Meyer (Landwirtschaft), Heiner Geißler (Soziales), Helmut Kohl (Ministerpräsident), Hermann Eicher (Finanzen), Hanns Neubauer (Wirtschaft).

KAPITEL III

Kultusminister in stürmischer Zeit (1967–1976)

Als ich zum ersten Mal das Kultusministerium in Mainz betrat, wurde ich, den niemand kannte, neugierig, aber mit großer Skepsis erwartet. Ich kam mit viel gutem Willen, aber ohne jede Vorkenntnis. Ich verfügte über keinerlei Verwaltungserfahrung, auch Öffentliches Recht hatte ich bedauerlicherweise nicht studiert. Von einem Freund ließ ich mir am Vorabend auf einem Briefumschlag die Beamtenleiter aufschreiben: Regierungsrat, Oberregierungsrat, Ministerialrat – A13, A14, A16 …

Es sollte sich als äußerst hilfreich erweisen, das Büro meines Vorgängers, der nur sehr widerstrebend aus seinem Amt geschieden war, unverändert zu übernehmen. Ernst Maurer, Ursula Renker, Irmgard Keim, später Irmgard Elzner, haben mich über viele Jahre treu begleitet, meiner Aufgabe und mir große Dienste erwiesen. Als Staatssekretär stand mir – wie in der Koalition vereinbart – der der FDP angehörende Klaus-Berto von Doemming zur Seite, das Muster eines korrekten Beamten. Alle Vorlagen pflegte er mir mit dem in roter Tinte geschriebenen handschriftlichen Vermerk »Herrn Minister erg. [für ergebenst] vorgelegt« zuzuleiten. Ich selbst hatte meine Bemerkungen mit grünem Stift anzubringen. Reformfreude und Führungsstärke allerdings gingen nicht von ihm aus. Das sollte sich ändern, als ich zwei Jahre später auf einem Kongress in Wien Hanna-Renate Laurien kennenlernte, Schulleiterin an einem Kölner Gymnasium. Ihr Referat beeindruckte mich. Auf dem gemeinsamen Rückflug übergoss sie mitgeführte Hefte mit Schulaufsätzen mit roter Tinte. Ich lud sie nach Mainz ein und bot ihr an, die Leitung der Hauptabteilung Schulen im Kultusministerium zu übernehmen. Sie sagte zu, und mein nordrhein-westfälischer SPD-Kollege gab sie widerwillig frei. Nach den Landtagswahlen von 1971 wurde sie Staatssekretärin und 1976, nach meiner Wahl zum Ministerpräsidenten, meine Nachfolgerin. Prinzipientreue, fundierte Kenntnisse, pädagogische Leidenschaft und eine unerschöpfliche Leistungsfähigkeit zeichneten sie aus. Die rheinland-pfälzische Bildungspolitik und ich persönlich haben ihr viel zu verdanken. Als Richard von Weizsäcker 1981 Regierender Bürgermeister von Berlin wurde, war sie eines der »Notopfer Berlin«, die wir zu erbringen hatten. Dort ist sie heimisch geworden, in der Großstadt sollte sie sich am Ende noch wohler fühlen als im ländlichen Rheinland-Pfalz. Auch dort hat sie als Senatorin, als Stellvertreterin des Regierenden Bürgermeisters Eberhard Diepgen und vor allem als Präsidentin des Abgeordnetenhauses in der Zeit der Wiedervereinigung Großes geleistet.

Der Kampf gegen die »Bildungskatastrophe«

Die Zuständigkeit des Kultusministers umfasste in Rheinland-Pfalz zur damaligen Zeit wie in den meisten Ländern die Bereiche Schule, Hochschule und Kultur. Es war ein Fehler, dass später, erstmals 1970 in Nordrhein-Westfalen, Schule und Hochschule häufig getrennten Ressorts zugewiesen wurden. Abitur und Studium sollte man nicht trennen. Hans Maier zog in Bayern zu Recht die Konsequenzen und trat zurück, als Franz Josef Strauß 1986 sein Ministerium teilen wollte.

Es gab viel zu tun. Die ersten beiden Jahrzehnte nach dem Ende des Zweiten Weltkriegs hatten in Rheinland-Pfalz dazu gedient, die auf Befehl eines französischen Generals aus der Retorte zusammengeführten Landesteile mühsam zu verbinden und die Trümmer des Krieges zu beseitigen. Spätestens mit der Wahl Helmut Kohls zum Ministerpräsidenten begann ein neues, durch Reformen geprägtes Jahrzehnt. Es ging nicht darum, dem Zeitgeist nachzugeben, mit der Tradition zu brechen und möglichst viele Veränderungen um ihrer selbst willen durchzuführen, sondern es ging darum, mit der Gegenwart Schritt zu halten und unser Land für die Zukunft stark zu machen. Die Bildungspolitik, die Schul- und Hochschulpolitik wurde zum beherrschenden Thema, nicht nur in Rheinland-Pfalz. Georg Picht hat diese Entwicklung mit dem von ihm 1964 geprägten Schlagwort von der deutschen »Bildungskatastrophe« beflügelt. Alle bildungspolitischen Probleme sollten in der sechsten Legislaturperiode des rheinland-pfälzischen Landtags möglichst auf einmal gelöst werden.

Eine durchgreifende Reform des rheinland-pfälzischen Schulwesens stand an. Bereits in der vorausgehenden Legislaturperiode war damit begonnen worden, eine Altlast endgültig aufzuarbeiten. Schon in der Beratenden Landesversammlung, die die Verfassung des Landes auszuarbeiten hatte, hatte die Frage »Bekenntnisschule oder christliche Simultanschule« eine besondere Rolle gespielt. Die einen hatten gehofft, dass jetzt die von den Nationalsozialisten zerstörten Konfessionsschulen wiederhergestellt würden, die anderen gemeint, es sei an der Zeit, die konfessionelle Trennung in der

Schule zu überwinden. Beim Referendum über den Entwurf der Verfassung von Rheinland-Pfalz vom 18. Mai 1947 wurde über den Artikel 29, der die Gleichstellung von Simultan- und Bekenntnisschule vorsah, gesondert abgestimmt. Nur 52,9 Prozent der Wähler stimmten für seine Annahme.

Die Diskussion über dieses Thema fand auch in der Folgezeit kein Ende. Nach den Landtagswahlen von 1963, die der CDU erhebliche Verluste gebracht hatten (von 48,4 auf 44,4 Prozent), kam eine erneute Koalition mit der FDP nur zustande, nachdem die CDU eine Änderung des Artikels 29 zugesagt hatte. Zu ihr kam es unmittelbar vor Ende der Legislaturperiode. Der neue Artikel 29 sah erstmals die Schaffung von Hauptschulen vor, band aber die Errichtung einer Hauptschule als Konfessionsschule an die Zustimmung der Erziehungsberechtigten von zwei Drittel der Gesamtzahl der Schüler. Das bedeutete, dass sich die Zahl der Konfessionsschulen erheblich verringerte. Erst eine erneute Verfassungsänderung vom 8. Juli 1970 sollte eine endgültige Klärung bringen. Artikel 29 lautete jetzt: »Die öffentlichen Grund-, Haupt- und Sonderschulen sind christliche Gemeinschaftsschulen.«

Ohne Frage war dies ein bedeutsamer Einschnitt und für manche ein schmerzlicher Verlust. Es kam zu heftigen Auseinandersetzungen, vor allem mit der Kirche von Speyer und Trier. Manche betrachteten die Gemeinschaftsschule als »Weg zur Zerstörung von Glaubenskraft«, einige sahen gar die »Schoßkinder Lucifers« am Werk. Dabei ging es uns nicht vorrangig um eine Entkonfessionalisierung, sondern um eine zeitgemäße Modernisierung des Schulwesens, was einen Verzicht auf die zahlreichen kaum lebensfähigen konfessionellen Zwergschulen erforderte. Noch Ende 1969 gab es in Rheinland-Pfalz rund 1400 Schulen, die nur aus einer oder zwei Klassen bestanden. Eine deutliche Mehrheit im Land war für die christliche Gemeinschaftsschule. Den Gegnern wurde die Akzeptanz der Reform durch ein großzügiges Privatschulgesetz erleichtert, das den Kirchen verbesserte Möglichkeiten bot, Schulen in eigener Trägerschaft zu errichten. Bei der Verabschiedung der entsprechenden Gesetze im Landtag kam die einzige ablehnende Stimme von Peter Altmeier.

Schon im Dezember 1967 kam es im Landtag zur ersten Lesung eines Gesetzes über die öffentlichen Grund-, Haupt- und Sonderschulen. Am 30. April 1968 wurde es verabschiedet. Wie sollte das Schulwesen künftig gegliedert sein, welche Aufgaben sollte welche Schule übernehmen, welche Abschlüsse sollte sie haben, wie sollten die Lehrer künftig ausgebildet werden? Die Schaffung einer eigenständigen Sonderschule erwies sich als eine der Voraussetzungen für die Neukonzeption der Hauptschule.

Die alte Volksschule wurde aufgelöst. Auf die vierjährige Grundschule für alle baute ein gegliedertes allgemeinbildendes Schulsystem auf. Die Hauptschule sollte im Wettbewerb mit Realschule und Gymnasium stehen. Sie sollte mit der Berufsreife abschließen, die den Zugang zu weiteren Bildungswegen eröffnete. Dabei sollte ein freiwilliges zehntes Schuljahr begabten Hauptschülern den Übergang zum Gymnasium erleichtern. Zur gleichen Zeit forderte Helmut Kohl erstmals und dann immer wieder – vergeblich – eine Verkürzung der Schul- und Ausbildungszeit und darum das achtjährige Gymnasium. Schulversuche, auch mit neuen Formen wie der Gesamtschule, sollten unsere Reform begleiten, sie sollten wissenschaftlich betreut und vor allem ergebnisoffen sein.

Die Reform des Schulwesens und die Einführung der christlichen Gemeinschaftsschule in Rheinland-Pfalz verlangten logischerweise eine Reform der Lehrerbildung. Sie setzte zunächst eine Änderung des Artikels 36 der Landesverfassung voraus, der auch die Ausbildung der Lehrer in nach Bekenntnis getrennten Lehrerbildungsanstalten vorsah. Hierzu mussten intensive Verhandlungen mit beiden Kirchen geführt werden.

Mein Ziel war es, die bestehenden sechs Pädagogischen Hochschulen zu schließen und eine Erziehungswissenschaftliche Hochschule mit unterschiedlichen Fächerschwerpunkten an zwei bis drei Standorten zu schaffen.

Aufruhr an den Universitäten

Neben der Schule nahm mich die Hochschulpolitik vom ersten Tag an voll in Anspruch. Vier Wochen vor meinem Amtsantritt, am 2. Juni 1967, war der Student Benno Ohnesorg in Berlin während des Schahbesuches von dem Polizisten Karl-Heinz Kurras – einem, wie wir heute wissen, SED-Mitglied und Stasimitarbeiter – erschossen worden.

Vier Wochen nach meinem Amtsantritt wurde ich vom RCDS an die Universität Mainz eingeladen. Ein brodelndes Auditorium erwartete mich. Heiner Geißler hatte mich freundlicherweise begleitet und saß in der ersten Reihe. Gleich zu Beginn der Veranstaltung wurde mir ein Pantoffel an den Kopf geworfen, den ich auffing und zurückschleuderte. Das verschaffte mir Respekt und wenigstens für kurze Zeit eine gewisse Aufmerksamkeit. Unzählige stürmische Versammlungen an nahezu allen deutschen Universitäten, meist auf Einladung des RCDS, folgten. Ich nahm sie, wenn irgend möglich, alle an. Ich wollte den »revolutionären Kadern« nicht das Feld überlassen und wenigstens den Versuch machen, mit jenen Studenten ins Gespräch zu kommen, denen es um offene, gewaltfreie Diskussionen und nicht um brachiale Konfrontationen ging. Ich gewöhnte mich daran, dass mein eigens für diese Gelegenheit vorgehaltener »Eieranzug« nahezu allabendlich mit Eiern und Tomaten beworfen wurde, und ich akzeptierte schließlich, wenn auch widerwillig, wie etwa an der Freien Universität Berlin nur unter Polizeischutz zu Wort zu kommen. Entscheidend war es zu erreichen, dass die Neugierde zu hören, was ich zu sagen hatte, über den Lärm der Störer obsiegte. In der Regel ist mir das unter großer Kraftanstrengung und gelegentlich mittels eines Megafons, einer sogenannten Flüstertüte, auch gelungen. Nur ausgerechnet in meiner Geburtsstadt Göttingen musste ich fluchtartig den Hörsaal räumen, weil gewalttätige Studenten das Mikrofonkabel durchschnitten und mich unmittelbar körperlich bedrohten.

An den Universitäten herrschten zum Teil chaotische Zustände. Offene Rechtsbrüche waren an der Tagesordnung. »Go-ins«, »Teach-ins«, »Sit-ins« störten jeden geregelten Vorlesungsbetrieb. Viele Professoren wussten nicht mehr ein noch aus. Manche verhielten sich höchst ungeschickt, manche stellten sich dem Kampf, manche resignierten. Andere versuchten ihren Lehr- und Forschungsauftrag zu retten und wichen auf »ruhige« Universitäten aus. Ernst Fraenkel, einer der Väter der Politischen Wissenschaft – ein deutscher Jude, der zunächst nur ungern wieder nach Deutschland zurückgekehrt war –, wandte sich, nachdem seine Vorlesungen monatelang gestört worden waren, resigniert ab. Nervenzusammenbrüche waren an der Tagesordnung. Hochschulen wie die Verwaltungshochschule in Speyer oder die Katholisch-Theologische Fakultät in Regensburg profitierten davon, dass Rufe, die an Professoren aus Berlin, Marburg oder Tübingen ergingen, dankbar angenommen wurden. Hans Maier gründete zusammen mit Kollegen aus dem Umfeld der Union, aber auch mit Sozialdemokraten wie Richard Löwenthal, Hermann Lübbe oder Hermann Schmitt-Vockenhausen, zur Verteidigung der bedrohten Lehr- und Forschungsfreiheit den »Bund Freiheit der Wissenschaft«, um der Zerstörung der deutschen Universität durch Extremisten zu begegnen und sich für sachgerechte Reformen des Hochschulwesens einzusetzen. Weil ich meine Gesprächsbereitschaft nicht gefährden wollte und weil ich manche Forderung der Studenten, wie zum Beispiel ihre Mitwirkung in den Leitungsgremien der Hochschulen, als durchaus berechtigt empfand, schloss ich mich der Initiative meines Freundes Hans Maier nicht an.

Zum ersten Mal seit 1949 waren wir gezwungen, den Rechtsstaat zu verteidigen. Wir haben damals viel gelernt. Vieles von dem, was im Rückblick als Verdienst der »68er« erscheinen mag, war in Wahrheit das Ergebnis der Kritik an ihnen. Dass Studenten sich engagiert und sich engagiert zu Wort gemeldet haben, dass sie die Erneuerung der Universität und dass sie gesellschaftliche Reformen zu ihrem Thema gemacht haben, wird das Verdienst dieser Studentengeneration bleiben. Dennoch sollte nicht vergessen werden, was radikale Minderheiten angerichtet haben, wie beispielsweise die im August 1968 von Andreas Baader und Gudrun Ensslin zu verantwortenden Brandanschläge auf zwei Frankfurter Kaufhäuser. Die Bundesrepublik geriet trotzdem nicht an den Rand einer Staatskrise.

1968 war eine Revolte, keine Revolution. Die Nachkriegszeit war zu Ende. Zum ersten Mal zogen Angehörige einer Generation, die den Zweiten Weltkrieg nicht mehr selbst miterlebt hatten, in die Parlamente und Regierungen ein. Ein weltweiter Aufbruch vollzog sich, der von den USA seinen Ausgang nahm und zu einem so bisher nicht gekannten Generationenkonflikt führte. Der Wunsch, anders zu leben, anders zu sprechen, sich anders zu kleiden, der Wunsch nach größerer sexueller Freizügigkeit brach sich Bahn. Der Wille, überkommene Ordnungsvorstellungen infrage zu stellen, Autoritäten zu hinterfragen, erzeugte Verunsicherung.

Der Vietnamkrieg erregte die Gemüter, aber 1968 war auch das Jahr des Prager Frühlings. Panzer des Warschauer Paktes rückten am 21. August in Prag ein und beendeten das Experiment eines »Sozialismus mit menschlichem Antlitz«. In Deutschland ging die »68er«-Bewegung von der Freien Universität in Westberlin aus und griff sehr schnell unter Führung des Sozialistischen Deutschen Studentenbundes, auf die Universitäten in ganz Westdeutschland über. Nicht die Wahrheitssuche, sondern die politische Auseinandersetzung beherrschte die Diskussion. Es gelang den revolutionären studentischen Gruppen jedoch nicht, breite Bevölkerungsgruppen, etwa die Arbeiterschaft, für ihre Ziele zu mobilisieren. Zu einem Schulterschluss zwischen SDS und DGB ist es nicht gekommen. Allerdings sollten die »68er« auch zum Ausgangspunkt einer bedrohlichen Radikalisierung werden.

»68« hat uns gelehrt, was auf dem Spiel stehen kann, wenn Mängel zu spät erkannt, Reformen zu spät in Angriff genommen werden. Die Revolte von 1968 ist gescheitert, aber sie hat uns – hoffentlich – für die Zukunft wachsamer gemacht.

Die Zeit großer Reformen

Schon im Oktober 1969 brachte ich den Entwurf eines Gesetzes über die Fachhochschulen in den Landtag ein. Die Fachhochschule sollte nicht eine Universität zweiter Klasse für Minderbegabte werden, sondern sie sollte eine Hochschule sui generis in Konkurrenz zur Universität sein.

Als wohl schwierigste Vorlage dieser Legislaturperiode sollte sich die Novelle des Universitätsgesetzes erweisen – nicht zuletzt, weil uns zugleich die beginnende heftige Debatte um ein Hochschulrahmengesetz des Bundes in Atem hielt. Ende 1969 legte ich zunächst Thesen zum Hochschulgesetz vor, die zu einer intensiven, oft sehr erregten Diskussion führten.

Am 25. Juni 1970 brachte ich schließlich den Entwurf eines neuen Hochschulgesetzes im Landtag ein. Es sollte die Eigenständigkeit der Hochschulen stärken, dem wissenschaftlichen Mittelbau Verantwortung übertragen und doch die Letztverantwortlichkeit der Professoren nicht infrage stellen. Die SPD und auch der Koalitionspartner FDP hatten eigene Gesetzesentwürfe erarbeitet. Als es schließlich am 16. Dezember 1970 zur Verabschiedung kommen sollte, wollte die FDP nicht zustimmen, sondern forderte eine Vertagung, um das Rahmengesetz des Bundes abzuwarten. Die NPD dagegen stimmte zu, und ihr Sprecher sprach deshalb triumphierend vom »Tag der NPD«. Natürlich war diese Behauptung falsch und ging ins Leere. 49 CDU-Stimmen gegen 47 Stimmen von SPD und FDP! Wir brauchten also die NPD nicht. Ein zentraler Punkt des Gesetzes war die Aufwertung der Stellung der Studentenschaft und des Mittelbaus in der universitären Selbstverwaltung, ohne die Verantwortung der Professoren und des Staates infrage zu stellen. Unser Gesetz galt lange Zeit als das modernste Hochschulgesetz der Bundesrepublik.

Gleichzeitig hatten die Vorbereitungen für die Gründung einer zweiten Landesuniversität begonnen. Vor allem der gravierende und ständig zunehmende Lehrermangel verlangte so schnell wie möglich nach Abhilfe. Die Abiturienten aus der Region Trier und aus der Westpfalz studierten in Mainz oder an anderen Universitäten, waren aber nach dem Abschluss ihres Studiums häufig nicht bereit, in ihre Heimatregion zurückzukehren. Vieles sprach dafür, die in der napoleonischen Zeit geschlossene Universität Trier wieder zu gründen. Aber würden dem die pfälzischen Abgeordneten zustimmen? Würden die Abgeordneten aus dem Trierer Raum der Gründung einer Universität Kaiserslautern zustimmen? Die pädagogischen Hochschulen in Trier und Kaiserslautern waren im Zuge der erwähnten Neuordnung der erziehungswissenschaftlichen Hochschulen geschlossen worden, und beide Städte verlangten nach Ersatz.

Auf einer Frankreichreise hatte ich unter anderem die Städte Orléans und Tours besucht; trotz 100 Kilometer Distanz war dort eine Doppeluniversität entstanden. Für mich die rettende Idee: So konnten die Pfälzer und die Trierer Abgeordneten gemeinsam für die Zustimmung gewonnen werden. Nur die Universität Mainz widersprach heftig. Man fürchtete die Konkurrenz. Aber entziehen Eltern dem ersten Kind ihre Zuneigung, wenn ein zweites geboren wird? Der Tradition beider Städte entsprechend sollte der Schwerpunkt in Trier auf den Geisteswissenschaften, in Kaiserlautern auf den technisch-naturwissenschaftlichen Fächern liegen. Im Juni 1970 wurde das Landesgesetz über die Errichtung der Doppeluniversität im Landtag einstimmig verabschiedet – und die notwendigen, zunächst sehr bescheidenen Haushaltsmittel wurden bewilligt. Nach einer Rekordzeit von nur wenigen Monaten begann am 15. Oktober 1970 der Lehrbetrieb. Dass das gelungen ist, ist in erster Linie dem umsichtigen, aber auch energisch zupackenden Leiter der »Dienststelle für die Vorbereitung der Errichtung der Universität Trier-Kaiserslautern«, Martin Graßnick, zu verdanken und den Professoren Karl Buchheim und Helmut Ehrhardt, die sich als erste Präsidenten bzw. Vizepräsidenten zur Verfügung stellten.

Über Schule und Hochschule durfte die Kultur, die dem Ressort seinen Namen gab, nicht vernachlässigt werden. Die Beziehungen zu den beiden christlichen Kirchen blieben wichtig. Regelmäßige Begegnungen mit den drei evangelischen Kirchenpräsidenten und den fünf katholischen Bischöfen in Rheinland-Pfalz waren selbstverständlich.

Schon 1968 hatte ich der Bitte von Professor Friedrich Wetter, der zum Bischof von Speyer bestellt worden war, entsprochen und die Berufung des noch blutjungen Doktors der Philosophie und der Theologie und Schülers Karl Rahners, Dr. Karl Lehmann, zu seinem Nachfolger an der Universität Mainz unterstützt. Es schmerzte uns, dass er schon drei Jahre später einem Ruf an seine Heimatuniversität Freiburg folgte, aber er sollte zwölf Jahre später – 1983 – nach Mainz zurückkehren und die Nachfolge des hochgeachteten, populären Bischofs Hermann Volk antreten. Im Frühjahr 1983 legte er den Eid auf die Landesverfassung ab. Karl Lehmann wurde, nachdem er in einer Kampfabstimmung gegen den inzwischen zum Münchner Erzbischof ernannten und zum Kardinal erhobenen Friedrich Wetter obsiegt hatte, 1987 für über 20 Jahre Vorsitzender der Deutschen Bischofskonferenz. Er blieb Professor der Theologie, für ihn die aufregendste Wissenschaft.

Karl Lehmann wurde zum bedeutendsten Repräsentanten der deutschen katholischen Kirche. Ein Mann klarer Worte, immer gesprächsbereit, weltoffen, ohne Pomp und falsches

Pathos treu seiner Kirche verpflichtet, auch wenn er – zum Beispiel im Konflikt über den Verbleib der katholischen Kirche in der gesetzlichen Schwangerschaftskonfliktberatung – häufig zum »Prellbock zwischen Rom und der deutschen Kirche« (Hans Maier) wurde. Er war dem Zentralkomitee der deutschen Katholiken, dem wir beide über Jahrzehnte angehörten, stets ein guter Ratgeber. Zum Gelingen der gemeinsamen Synode der Bistümer in der Bundesrepublik (1971–1974) hatte er einen wesentlichen Beitrag geleistet. Dem zunächst nur mühsam in Gang kommenden Brückenschlag über die Gräben, die die beiden christlichen Kirchen seit Jahrhunderten trennten, hat er sich mit leidenschaftlicher Hingabe gewidmet. Dass es 1999 zur gemeinsamen Erklärung des Lutherischen Weltbundes und des päpstlichen Rates zur Förderung der Einheit der Kirchen über die Rechtfertigungslehre kam, ist wesentlich ihm zu verdanken. Sie hält fest, dass die Lehre von der Rechtfertigung nicht kirchentrennend ist. Dass Johannes Paul II. Karl Lehmann erst 2001 zum Kardinal erhob, hat er tapfer ertragen. Für seine persönliche Freundschaft bin ich ihm zu herzlichem Dank verpflichtet. Die Jahrzehnte später gegen ihn erhobenen Vorwürfe, gegen Missbrauchsfälle in seiner Diözese nicht entschieden genug vorgegangen zu sein oder manche gar vertuscht zu haben, schmerzen und verdunkeln sein Bild, können aber seine großen Verdienste um unsere Kirche in Deutschland nicht infrage stellen.

1970 gelang es uns, für die Kulturabteilung des Kultusministeriums den Kunsthistoriker Berthold Roland zu gewinnen. Von ihm gingen bedeutsame Impulse aus. Auch Helmut Kohl hat er während dessen Kanzlerschaft erfolgreich beraten. Das Schloss »Villa Ludwigshöhe« – eine von König Ludwig I. von Bayern in der »schönsten Meile meines Königreiches« erbaute Sommerresidenz – wurde vom Wittelsbacher Ausgleichsfonds erworben und zur Heimstätte des Nachlasses – 121 Bilder – von Max Slevogt, des bedeutenden Impressionisten, der in unmittelbarer Nähe auf dem »Slevogthof« gelebt hatte und dessen Erbe wir uns nach schwierigen Verhandlungen aus der Hand seiner Enkeltochter sichern konnten.

Nachdem Bundespräsident Gustav Heinemann sich für Rastatt und nicht für Hambach als »Erinnerungsstätte für die Freiheitsbewegungen der deutschen Geschichte« entschieden hatte, beschlossen wir, auch mit Blick auf die 150. Wiederkehr des Hambacher Festes von 1832, das Hambacher Schloss oberhalb von Neustadt an der Weinstraße auf eigene Initiative aus seiner Verfallenheit zu neuem Leben zu erwecken und als Tagungsstätte und Ausstellungsort nutzbar zu machen.

Den traditionsreichen Bahnhof Rolandseck erwarben wir von der Bundesbahn im Tausch gegen Grundstücke in der Südpfalz und begannen ihn zu einem rheinland-pfälzischen Kunst- und Kulturzentrum vor den Toren Bonns auszubauen, ein Fenster, das erst mit dem Umzug der Bundeshauptstadt nach Berlin wieder geschlossen werden musste.

So viele Töpfe zugleich unter Feuer zu halten, verlangte die Unterstützung von Kabinett und Fraktion und vom Koalitionspartner. Obwohl Peter Altmeier mich gegen seinen

Willen in sein letztes Kabinett hatte berufen müssen, entwickelte er relativ bald ein sachlich-korrektes Verhältnis zu mir. Später wurde daraus eine achtungsvolle Beziehung. In der Auseinandersetzung um den Landesvorsitz 1974 ergriff er für mich Partei. Der stets zum Streit und zur Auseinandersetzung bereite Heiner Geißler tat sich schwerer mit ihm. Als Altmeier 1977 starb, haben wir ihm selbstverständlich ein Staatsbegräbnis ausgerichtet. Er ist der Landesvater, dem es Rheinland-Pfalz verdankt, dass aus seinen preußischen, rheinhessischen und (bayerisch-)pfälzischen Teilen ein selbstbewusstes Land der Bundesrepublik Deutschland wurde. Seine Verdienste um das Entstehen der Bundesrepublik (Rittersturz-Konferenz), um die Rückkehr der Saar, um die Gründung des ZDF in Mainz wirken bis heute nach.

Helmut Kohls Rat, die eigene Fraktion von Anfang an in alle bedeutsamen Entscheidungen einzubinden, habe ich als Minister wie als Ministerpräsident stets befolgt; nicht nur in Mainz, sondern auch später in Erfurt. Die Fraktionsvorsitzenden Kurt Böckmann, Johann Wilhelm Gaddum und später Rudi Geil haben mir dabei sehr geholfen. Von den Abgeordneten kam vor allem Albrecht Martin als profiliertem Repräsentanten der Protestanten in der CDU das Verdienst zu, mich in jeder Phase vorbehaltlos und durch dick und dünn unterstützt zu haben. Der Koalitionspartner, die FDP, war nicht immer pflegeleicht. Hermann Eicher, Landesvorsitzender der FDP und Finanzminister, war ein selbstbewusster Mann, der uns stets auf Augenhöhe begegnete, mit dem man aber reden und sich fast immer auch verständigen konnte. Auch zur SPD entwickelte sich trotz aller Meinungsverschiedenheiten eine durchaus angemessene Beziehung. Nicht nur, weil sie bei Verfassungsänderungen zustimmen musste, sondern vor allem weil uns in deren Landtagsfraktion mit den Parlamentarischen Geschäftsführern Jockel Fuchs, dem langjährigen Oberbürgermeister von Mainz und auch kurzzeitigen Fraktionsvorsitzenden, sowie Karl Thorwirth zwei im politischen Alltagsgeschäft erfahrene Männer gegenüberstanden.

Helmut Kohl ließ seinen Ministern weitgehend freie Hand. Er nahm die Eigenverantwortung jedes Ressortchefs ernst. Nur am Montagmorgen musste man mit seinem Anruf rechnen: weil ihm das ZDF-Programm vom Sonntagabend nicht gefallen hatte und er mich, den für die Medien Zuständigen, dafür verantwortlich machte oder weil seine Frau Hannelore klagte, dass Lehrer ihrer Söhne ihren Vater für Stundenausfälle und neue Lehrpläne in die Pflicht nähmen.

Hohe Bedeutung kam der von Alois Hundhammer begründeten Kultusministerkonferenz zu. Alle ihre Mitglieder kamen zu meiner Zeit entweder aus der SPD oder der Union. Ihre Verweildauer war extrem kurz. Wir waren ständiger Kritik von allen Seiten ausgesetzt und fühlten uns nicht zu Unrecht als die Prügelknaben der Nation. Alle bindenden Beschlüsse, für die Einstimmigkeit erforderlich war, waren nur sehr schwer und meist erst nach monatelangen Verhandlungen zu erzielen. Bei einer unserer Konferenzen – in Frankenthal 1970 – wurde die Unterscheidung von A-Ländern (SPD-regiert) und B-Ländern (CDU- bzw. CSU-regiert) erfunden. Weil wir getrennt tagen, das aber der neugierigen Presse gegenüber verschweigen wollten, hefteten Johannes Rau und ich ein großes A bzw. ein großes B an die jeweilige Tür.

Unserer CDU/CSU-Minderheit stand eine Mehrheit von Sozialdemokraten unter den Kultusministern gegenüber. Hans Maier, der 1970 in Bayern von Alfons Goppel berufen worden war und 16 Jahre im Amt blieb, Wilhelm Hahn, der von seinem Amtschef Paul Harro Piazolo tatkräftig unterstützte baden-württembergische Kultusminister, und ich bildeten den Kern, die Kultusminister im Saarland und in Schleswig-Holstein wechselten dagegen relativ häufig. Die Gegenseite repräsentierten vor allem zwei sozialdemokratische Adlige: Ludwig von Friedeburg für Hessen und Peter von Oertzen für Niedersachsen. Im Bund ging das Amt des zuständigen Bundesministers nach dem Ende der Großen Koalition 1969 von Gerhard Stoltenberg auf Hans Leussink über, einen parteilosen Karlsruher Professor für Tunnelbau, der uns eines Tages durch ein Telegramm aus dem fernen Brasilien mit der Botschaft seines Rücktritts überraschte. Ihm folgte Klaus von Dohnanyi und mit ihm seine Staatssekretärin Hildegard Hamm-Brücher. Klaus von Dohnanyi sollte überraschenderweise später – 1979 – in Rheinland-Pfalz gegen mich als Ministerpräsidentenkandidat antreten. Er zog sich aber nach seiner Niederlage postwendend wieder aus dem Land zurück und wurde schließlich für sieben Jahre Hamburger Bürgermeister. Anfangs tat ich mich mit ihm sehr schwer, weil er lieber selbst sprach als anderen zuhörte. Erst als Koordinatoren für Medienpolitik kamen wir uns näher. Heute bewundere ich seine souveräne, selbstsichere und unabhängige Position. Seine Haltung zum Ukrainekrieg allerdings erschließt sich mir nicht.

Im Mittelpunkt unserer Auseinandersetzungen in der Kultusministerkonferenz stand der Streit um die Gesamtschule, die wir entschieden ablehnten, und um die vom hessischen Kultusminister von Friedeburg 1972 vorgelegten neuen Rahmenrichtlinien für Gesellschaftslehre. Die Fächer Sozialkunde, Geschichte und Erdkunde sollten zum Lernbereich Gesellschaftslehre zusammengefasst werden. Die Rahmenrichtlinien lösten einen Sturm der Entrüstung nicht nur in Hessen, sondern auch in Rheinland-Pfalz aus.

Mit der durch eine Verwaltungsvereinbarung 1970 geschaffenen Bund-Länder-Kommission für Bildungsplanung und Forschungsförderung entstand erstmals ein von Bund und Ländern gemeinsam getragener ständiger Gesprächskreis. Er war paritätisch besetzt, sein Vorsitz wechselte jährlich. Er sollte Empfehlungen für die Regierungschefs des Bundes und der Länder vorlegen. Mit großer Mühe und unter heftigem Widerstand Bayerns gelang uns die Verabschiedung eines Bildungsgesamtplanes.

Helmut Kohl hat sehr frühzeitig die wachsende Bedeutung der Bildungspolitik erkannt. Im pfälzischen Deidesheim kam es unter seinem Vorsitz und unter Beteiligung auch der Bayern zu mehreren intensiven Konferenzen mit langen Beratungen, aber auch mindestens ebenso ausdauernden feuchtfröhlichen Abenden, die entscheidend dazu beitrugen, auch die heftigsten Kontroversen schließlich zu überwinden. Während die

Bayern, gestützt auf ihre absolute Mehrheit im eigenen Land, die reine Lehre vertraten, hatten wir, aber auch die Baden-Württemberger, die Saarländer und die Schleswig-Holsteiner auf ihre jeweiligen Koalitionspartner Rücksicht zu nehmen.

Eine wichtige Koordinierungsfunktion in der CDU fiel dem vom Bundesvorstand eingesetzten Bundeskulturausschuss zu. Bis zum Ende meiner Amtszeit als Kultusminister wurde mir der Vorsitz übertragen. Wir trafen uns häufig und konnten mit unseren Ergebnissen deutlichen Einfluss auf die Beratungen im Bundesvorstand der Partei nehmen.

Aus heutiger Sicht hat die Union die Jahre des bildungspolitischen Umbruchs alles in allem gut bestanden. Aber die Lage hat sich gewandelt. Ich halte es für einen Fehler, dass die CDU später dazu neigte, der Bildungspolitik – dem »Krongut der Länder« – immer weniger Aufmerksamkeit zu schenken, ja dass sie in einigen Ländern geradezu zur Flucht aus der Schul- und Hochschulpolitik neigte. Immer häufiger überließ man die zuständigen Ressorts dem kleineren Koalitionspartner.

Die Gesamtschule haben wir lange verhindert, aber wir haben daran mitgewirkt, dass aus den Gymnasien die Gesamtschule der Zukunft wurde. Wenn bei Gymnasien der Zugang allen offensteht, verlieren Realschulen und Hauptschulen ihre Bedeutung, sie werden zu Restschulen. Die duale Berufsausbildung – der einzige Exportschlager des deutschen Bildungswesens – droht vor die Hunde zu gehen. Auch die Fachhochschulen sind keine Alternative zur Universität mehr, sondern haben sich ihnen so angenähert, dass jeder Unterschied schwindet. Die Forschung droht aus den Universitäten auszuwandern, sie sind dabei, mehr und mehr nur noch zu Einrichtungen zur Berufsvorbereitung zu werden.

Landesvorsitzender

Mit meinem Wechsel 1965 von Baden-Württemberg nach Rheinland-Pfalz und von Heidelberg nach Speyer wurde ich vom geschäftsführenden Kreisvorsitzenden wieder zum einfachen Parteimitglied. Aber Helmut Kohl, zu der Zeit noch Vorsitzender des CDU-Bezirksverbandes Pfalz, legte Wert darauf, dass ich als pfälzischer Bundestagsabgeordneter an den regelmäßig, etwa alle sechs Wochen stattfindenden, sehr ausführlichen Vorstandssitzungen teilnahm. Auch dort spielte die Bildungspolitik damals eine zentrale Rolle. So bald wie möglich kandidierte ich auf sein Betreiben hin als Beisitzer und wurde auf dem Bezirksparteitag 1965 auch mit sehr gutem Ergebnis gewählt. Nach Kohls Wahl zum Landesvorsitzenden wurde ich sein Nachfolger als Bezirksvorsitzender und blieb es auch, als im Zuge der Gebietsreform die Pfalz und Rheinhessen zum Regierungsbezirk Rheinhessen-Pfalz zusammengelegt wurden, bis ich Helmut Kohl 1974 als Landesvorsitzender nachfolgte.

Für den für Schule und Hochschule zuständigen Minister war die enge Verbindung zur Partei (über-)lebensnotwendig. In keinem anderen Bereich der Landespolitik war die Beziehung der Parteimitglieder und der ganzen Bevölkerung enger. Jede und jeder war Schüler gewesen, fast jede und jeder hatte Kinder,

Neffen oder Enkel in der Schule oder wollte nach der Schule eine Lehre oder ein Studium beginnen. Jede und jeder hielt sich für einen Fachmann oder eine Fachfrau. In den Wahlkämpfen kam der Bildungspolitik eine herausragende Bedeutung zu. Viele hielten sie für wahlentscheidend. Das hieß für mich, zunächst der Partei, aber auch der ganzen Wählerschaft Rede und Antwort zu stehen und sie von der Notwendigkeit und der Richtigkeit der anstehenden Reform zu überzeugen. Hunderte von Versammlungen im ganzen Land waren zu besuchen, jede Schuleinweihung war zu nutzen. Der Einsatz sollte sich auszahlen, als nach der Wahl Helmut Kohls zum Bundesvorsitzenden seine Nachfolge als Landesvorsitzender anstand.

Helmut Kohl hatte auf dem Bundesparteitag von Saarbrücken 1971 zum ersten Mal für den Bundesvorsitz kandidiert, aber haushoch gegen Rainer Barzel verloren. Nur Richard von Weizsäcker, Hanna-Renate Laurien und ich hatten in der vorausgehenden Diskussion offen für ihn gestritten. Erst nach der verlorenen Bundestagswahl von 1972 wurde er auf dem Mainzer Parteitag 1973 mit einem überragenden Ergebnis gewählt. Weil er beide Ämter für unvereinbar hielt, wollte er auf dem 1974 anstehenden Landesparteitag nicht wieder für den Landesvorsitz kandidieren. Sehr bald wurde deutlich und für uns alle erkennbar, dass er in Heiner Geißler seinen geeigneten Nachfolger sah. Wie es meinem Naturell entspricht, hatte ich bisher immer dann zur Verfügung gestanden, wenn ich aufgefordert worden war, eine Aufgabe zu übernehmen, und den Eindruck hatte, gebraucht zu werden. Diesmal sollte es anders sein. Von allen Seiten wurde ich bedrängt, meinen Hut in den

Ring zu werfen. Vor allem Hanna-Renate Laurien ließ mir keine Ruhe und entfaltete eine sogar für sie ungewöhnliche Aktivität bei Tag und Nacht. Ich müsse antreten! Eine heftige Auseinandersetzung entbrannte. Wochenlang wurden Strichlisten geführt, welche der 400 Delegierten mutmaßlich für welchen Kandidaten stimmen würden. Diese Listen wurden täglich korrigiert. Meine Unterstützung kam in erster Linie aus der Pfalz und aus Rheinhessen, aber durchaus auch aus Koblenz und Trier. Die Junge Union unter Christoph Böhr und die Frauenunion unterstützten mich. Auf dem Parteitag kam es zu einer heftigen Redeschlacht. Heiner Geißler unterlag mir schließlich deutlich.

Wechsel im Landesvorsitz: Helmut Kohl, Heiner Geißler und Bernhard Vogel auf dem Landesparteitag der CDU Rheinland-Pfalz, 30./31. August 1974.

Helmut Kohl schreibt in seinen Memoiren dazu im Rückblick selbstkritisch, die Delegierten hätten »sich damit als wesentlich klüger als ihr langjähriger Vorsitzender erwiesen«. Nachdem das Ergebnis feststand, hat er keinen Augenblick gezögert und mich, wo er nur konnte, voll unterstützt. Noch wichtiger war mir, dass es trotz allen Streites nie zu einem Bruch zwischen Heiner Geißler und mir gekommen ist. Unsere Freundschaft sollte trotz mancher Meinungsverschiedenheit über Jahrzehnte bis zu seinem Tod im Jahr 2017 fortdauern. Ganz selbstverständlich habe ich ihn nach meinem Amtsantritt als Ministerpräsident 1976 in mein erstes Kabinett berufen.

Jedermann war klar, dass die Wahl zum Landesvorsitzenden auch eine Vorentscheidung für eine mögliche Nachfolge Kohls im Amt des Ministerpräsidenten bedeutete. Sie musste zwei Jahre später geregelt werden.

KAPITEL IV

Die Kirche in der Welt von heute

Das Zweite Vatikanische Konzil

Nicht nur der Politik, auch der Entwicklung meiner Kirche galt meine volle Aufmerksamkeit. Als gläubiger Katholik nahm ich aufmerksam wahr, was in Rom und in der Weltkirche geschah.

Das Zweite Vatikanische Konzil sollte zum zentralen Ereignis der katholischen Kirche nach dem Zweiten Weltkrieg werden. Mit ihm kam die Kirche in der Gegenwart an. Papst Johannes XXIII. wollte ein Konzil, das die Kirche auf die Zukunft, auf eine neue Zeit ausrichten sollte. »Aggiornamento« – »heutig werden« – war sein Schlüsselwort.

Vom Himmel gefallen ist das Konzil allerdings nicht. Ohne die vorausgehende kirchliche Erneuerungsbewegung, ohne die nach dem Zweiten Weltkrieg einsetzende ökumenische Bewegung wäre es nicht denkbar gewesen.

Vor allem vier Dokumente des Konzils sollten auch für mich entscheidende Bedeutung gewinnen:

- das Dekret über das Laienapostolat »Apostolicum actuositatem«, das ein neues Bild vom Weltauftrag der Christen, von der Teilhabe der Laien am allgemeinen Priestertum, entwarf.
- die Pastoralkonstitution »Lumen Gentium« über die Kirche in der Welt von heute, die erstmals dem kirchlichen Weltauftrag und dem Dienst an der Welt Eigenständigkeit zusprach.
- das Dekret zur Religionsfreiheit und zur Ökumene »Dignitas Humanae«, das neue Hoffnungen für ein Zusammenwirken der Kirchen und aller Religionsgemeinschaften weckte.

- schließlich insbesondere die Pastoralkonstitution »Gaudium et spes«, das wohl am meisten beachtete Dokument des Konzils, das ein neues Bild vom Volk Gottes zeichnet. Die Neugestaltung der Liturgie, ein neues Verhältnis der katholischen Kirche zu anderen Religionen, das Bekenntnis zur Religionsfreiheit und ein neues Verhältnis der Kirche zum Staat mit einem klaren, eindeutigen Bekenntnis zur Demokratie sollten seine unmittelbaren Folgen sein.

In den letzten Tagen des Konzils, am 8. November 1965, schrieben die katholischen Bischöfe Polens einen Brief an ihre deutschen Amtsbrüder, den der fast erblindete Kardinal Frings als Vorsitzender der Fuldaer Bischofskonferenz zunächst übersah und darum erst in allerletzter Minute beantwortete. »Wir gewähren Vergebung und bitten um Vergebung …«, lautete der Schlüsselsatz des polnischen Briefes. Die Antwort der deutschen Bischöfe vom 5. Dezember 1965 enttäuschte die polnischen Amtsbrüder zwar, weil die in Deutschland heftig umstrittene Frage einer Anerkennung der Oder-Neiße-Linie keine Erwähnung fand, betonte aber im Schlusssatz ebenfalls unmissverständlich den Willen zur Versöhnung: »Wir strecken unsere Hände zu Ihnen hin in den Bänken des zu Ende gehenden Konzils, gewähren Vergebung und bitten um Vergebung.«

Der mutige Schritt der polnischen Bischöfe, der ihnen zu Hause für lange Zeit größte Schwierigkeiten bereiten und zum Anlass für eine heftige antikirchliche Kampagne in Polen werden sollte, fand weltweite Beachtung. Er hat entscheidend zur Verständigung zwischen Deutschland und Polen beigetragen.

Das Zweite Vatikanum und nicht zuletzt dieser Brief haben mich und meine Freunde sehr erfreut und motiviert. Jetzt musste umgesetzt werden, was in Rom beschlossen worden war. Vor allem das Zentralkomitee der deutschen Katholiken war herausgefordert.

Die deutschen Katholiken befanden sich nach dem Ende des Konzils in einer fast euphorischen Stimmung und setzten hohe Erwartungen in die baldige Umsetzung der Beschlüsse vor Ort. Ein neues Kapitel der Kirchengeschichte schien aufgeschlagen. Theologen wie Karl Lehmann, Walter Kasper und Joseph Ratzinger – sie alle hatten als Berater am Konzil teilgenommen – führten das Wort. Vor allem die Liturgiereform und der Auf- und Ausbau der Räte in den Gemeinden beschäftigten uns. Was wir – von Romano Guardini angeregt und von den Jesuiten gefördert – schon lange praktizierten, wurde im Gottesdienst zur Regel: die deutsche Sprache, die Handkommunion, der Priester zelebrierte *versus populum*, der Gemeinde zugewandt und nicht mehr mit dem Rücken zu ihr stehend.

Schon nach wenigen Jahren allerdings sollte sich Ernüchterung breitmachen. Die Sorge griff um sich, der konziliare Aufbruch könne zu langsam verlaufen oder gar wieder versanden. Die Polarisierung innerhalb der Kirche nahm zu, man sprach von einer nachkonziliaren Krise.

Der Essener Katholikentag und die Würzburger Synode

Schon der Katholikentag von Hannover im August 1962 hatte die Aufmerksamkeit der deutschen Katholiken auf das kurz zuvor eröffnete Konzil gelenkt. Zwei Jahre später widmete sich der Katholikentag von Stuttgart 1964 unter Bezug auf die entsprechende Pastoralkonstitution dem Thema »Kirche in der Welt von heute«. Auf dem Bamberger Katholikentag 1966 gab Bernhard Hanssler die Parole aus, es gelte, das Konzil einzudeutschen! Eine breite Diskussion setzte ein.

Das Zentralkomitee der deutschen Katholiken griff die Aufforderung seines geistlichen Direktors Hanssler auf und wollte den bevorstehenden 68. Katholikentag in Essen der »Eindeutschung« des Konzils widmen. »Mitten in dieser Welt« sollte sein Leitwort sein. Der zweite Hauptteil der Pastoralkonstitution »Gaudium et spes« über die Kirche in der Welt von heute sollte im Mittelpunkt stehen. Der Katholikentag sollte ein fragender Katholikentag sein, niemand sollte am Reden gehindert werden. Unsere Devise hieß: »Offen und vorbehaltlos hören und sprechen.« Im Mai 1968 erschien eine erste Vorbereitungsillustrierte unter dem Titel *K68 – Kirche mitten in dieser Welt*, mit dem Aufmacher »Vorübergehend Großbaustelle«.

Einige Wochen vor Beginn des Katholikentages, Ende Juli 1968, wurde die Enzyklika *Humanae Vitae* veröffentlicht, in der sich Papst Paul VI. gegen das Mehrheitsvotum einer von ihm eingesetzten Kommission erneut für das Verbot künstlicher Mittel zur Empfängnisverhütung entschied. Sie führte zu einem bis dahin nicht gekannten Sturm der Entrüstung unter den deutschen Katholiken und zu einem großen Autoritätsverlust der Kirche. Die Autorität des Papstes stand zur Diskussion. Die kurz danach, am 30. August 1968, von den deutschen Bischöfen verabschiedete »Königsteiner Erklärung«, die die Gewissensentscheidung jedes Katholiken in Fragen der Empfängnisverhütung postulierte, dämpfte den Streit ein wenig, beruhigte ihn aber nicht. Der *Spiegel* stellte mir in einem Interview die Frage: »Wird Papst und Pille das Hauptthema des Katholikentages sein?« Ich gab meiner Hoffnung Ausdruck, dass die vielen anderen wichtigen Fragen, mit denen wir uns in Essen auseinandersetzen wollten, »nicht allzusehr in den Windschatten dieses aktuellen Themas geraten«.

Wir schienen bestens gerüstet zu sei, aber es sollte anders kommen. Der Essener Katholikentag unterschied sich wesentlich von allen seinen Vorgängern und er nahm einen ungewöhnlich turbulenten Verlauf. Er sollte für mich, den man gebeten hatte, ihm als Katholikentagspräsident vorzustehen, zur Feuertaufe meines Engagements in meiner Kirche werden. Schon in der Eröffnungsveranstaltung in der Essener Grugahalle schallten uns Sprechchöre der »Außerhierarchischen Opposition«, wie eine Gruppe sich in Anlehnung an die »Außerparlamentarische Opposition« nannte, entgegen. Ausufernde Diskussionen und der Drang vieler Teilnehmer, alle Beratungen und Diskussionen in den Foren und Arbeitskreisen mit Resolutionen und Beschlüssen abzuschließen, waren charakteristisch für die Tage in Essen. Flugblätter, Transparente, Sprechchöre, »Go-ins« und »Sit-ins« waren Ausdruck der spannungsgeladenen, aufgewühlten Atmosphäre der späten 1960er Jahre. Kaum ein Referent konnte seine Meinung ungestört vortragen.

Unvergesslich ist mir die schlagfertige Reaktion des ersten Bischofs der 1958 neu geschaffenen Diözese Essen, Franz Hengsbach. Als eine Gruppe junger Protestierer vor seinem Haus skandierte: »Hengsbach, wir kommen, wir sind die linken Frommen«, war seine Antwort: »Wenn ihr nicht nur links seid, sondern wirklich fromm: herzlich willkommen!« Auch für Bischof Hengsbach muss gelten: Sollten sich die Missbrauchsvorwürfe gegen ihn tatsächlich bestätigen, mindert das nicht seine Verdienste um unsere Kirche, um sein Bistum Essen und um das Zentralkomitee – wie umgekehrt seine Verdienste tatsächlich begangenes Unrecht nicht relativieren könnten.

Wir bemühten uns, die oppositionellen Gruppen zu integrieren und ihnen Raum und Gehör zu verschaffen. Die *FAZ* konstatierte im Rückblick, dass »die junge Führungsspitze der Laien« und der überraschend bescheiden auftretende Episkopat es vermocht hätten, »den Kritikern von links den Schneid abzukaufen«. Der deutsche Katholizismus habe sich keineswegs als verhärtet erwiesen und es vermocht, »das Aufbegehren seiner jungen Generation in Essen aufzufangen«.

Wir wollten allerdings vermeiden, dass aus kirchlicher Meinungsbildung kirchliche Willensbildung wurde. Aus Katholikentagen sollten keine Kirchentage werden. Die 120-jährige

Tradition der vom Zentralkomitee veranstalteten Deutschen Katholikentage als Forum öffentlicher Meinung in der Kirche sollte erhalten bleiben. Sie waren im 19. Jahrhundert auf der Basis bürgerlicher Versammlungsfreiheit als vom Zentralkomitee veranstaltete Laientage entstanden, nicht zuletzt zur Stärkung des Selbstbewusstseins der deutschen Katholiken in einer mehrheitlich protestantisch geprägten Umwelt. Die konkrete Beteiligung der Laien an der Willensbildung bedurfte nach unserer Auffassung anderer, synodaler Strukturen. In diesem Sinne hatte ich in der Eröffnungsveranstaltung unter starkem Beifall und vielen Buhrufen versucht, die Tür für einen weiteren öffentlichen Meinungsaustausch aufzustoßen, und ausgeführt, dass dieser Katholikentag keine Heerschau, keine Demonstration sein wolle, die die Meinung der vielen in wenige Sätze einer Resolution zwingen möchte. Ich rief zu einem fairen Umgang miteinander auf und betonte den gemeinsamen Willen, »die Aussagen des Konzils auf Deutschland, auf uns anzuwenden«.

Während die Großforen zu »Welt- und Gotteswort« und zu »Ehe und Familie« – Letzteres stand ganz im Zeichen der Enzyklika *Humanae Vitae* – und vor allem die anschließenden Forumsgespräche mit mehreren Tausend Teilnehmern aus allen Nähten platzten und zum Teil wegen Überfüllung geschlossen werden mussten, fanden andere Foren wesentlich weniger Beteiligung. Ein Teil der Veranstaltungen verlief ruhig und sachlich, ein Teil verlief spannungsgeladen und turbulent. Spruchbänder und laute Parolen begleiteten die Diskussion: »Sündig statt mündig«, »Gehorsam und neurotisch«, »Sich beugen und zeugen«. Deutlich wurde der tief empfundene Wunsch, mit der viel zitierten »Mündigkeit der Laien« und dem »Aggiornamento« des Zweiten Vatikanischen Konzils ernst zu machen. Kontrovers wie nie zuvor stritten Laien, Wissenschaftler und Bischöfe darüber, was es bedeute, als Christ »mitten in dieser Welt« zu stehen.

»Mitten in dieser Welt«: Blick in eines der Großforen auf dem Essener Katholikentag 4.–8. September 1968.

Ein besonderes Problem bereitete uns die Botschaft des Papstes. Sie wurde üblicherweise im sonntäglichen Festgottesdienst vorgetragen. Um eine Störung der Messe zu verhindern, entschlossen wir uns, Kardinal Döpfner zu bitten, sie schon in der damals noch üblichen Abschlusskundgebung am Samstagmittag zu verlesen.

Der Essener Katholikentag wurde zu einem Medienereignis wie kein Katholikentag zuvor. 424 in- und ausländische

Journalisten ließen sich akkreditieren. Die Resonanz der Presse füllte 14 Ordner mit 2538 Ausschnitten. Das Radio brachte 63 Sendungen von insgesamt 17 Stunden, das Fernsehen strahlte 17 Stunden Livesendungen, Aufzeichnungen und Berichte aus. Auch bei den gesellschaftlichen Gruppen war das Interesse groß: SPD und FDP, Gewerkschaften und Arbeitgeberverbände waren präsent. Ebenfalls anwesend waren prominente und profilierte evangelische Persönlichkeiten.

In der Tat: Essen markierte einen Wendepunkt, Essen hat die Katholikentage verändert. Er wurde zu einem Katholikentag des Umbruchs und des Aufbruchs. Die 81 Katholikentage vor Essen verliefen anders als die 19 Katholikentage danach. Zunächst griff eine gewisse Müdigkeit – bei einigen wohl auch Angst – um sich. Die Teilnehmerzahlen sanken. Skeptiker sagten – wieder einmal – ihr baldiges Ende voraus. Aber in den 1980er Jahren erlebten sie einen neuen Aufschwung. Die Botschaft wurde vielschichtiger, kontroverser, uneinheitlicher. Die Katholikentage haben ihre »Scharfkantigkeit« (Hans Maier) verloren, sie sind keine Tage des Bekenntnisses mehr, wie es die Katholikentage unter Adenauer als Präsident 1924 in München oder die von Bochum 1949 und auch von Berlin 1952 gewesen sind. Sie sind auch keine »Heerschau« mehr, sondern ein Markt der Möglichkeiten, ein Fest der Vielseitigkeit, ein ungezwungenes, weltoffenes, facettenreiches fröhliches, aber auch unverbindliches Fest. Der 101. Katholikentag in Münster im Mai 2018 hat dies eindrucksvoll bewiesen. Von der Ortswahl und dem Wetter begünstigt, war er besucht wie lange nicht mehr. In heiterer Grundstimmung setzte er deutlich ökumenische Akzente, widmete sich erstaunlich unaufgeregt innerkirchlichen Problemen und vermied politische Schärfen. Jeder konnte sagen, was er wollte.

Der Stuttgarter Katholikentag 2022 fand in einer protestantisch geprägten Stadt statt und wies erwartungsgemäß weit weniger Besucher auf. Die früheren Präsidenten des ZdK wurden nicht eingeladen. Der Beschluss des ZdK, den Katholikentag 2024 zum ersten Mal in einem der jungen Länder, in Erfurt, stattfinden zu lassen, ist zu begrüßen, auch wenn er in der Diaspora nur wenige Besucher finden wird.

Schon vor und während des Katholikentages wurde die Forderung laut, einen »Nationalkonvent« einzuberufen, um die Beschlüsse des Zweiten Vatikanums für Deutschland umzusetzen. Wir waren entschlossen, die weitere Entwicklung nicht treiben zu lassen, sondern das Steuer selbst in der Hand zu behalten und die konziliare Erneuerung fortzusetzen. Am Samstagnachmittag, in einem Café in der Essener Innenstadt, waren wir – der Vorsitzende der Deutschen Bischofskonferenz, Julius Kardinal Döpfner, der Generalsekretär des ZdK Fritz Kronenberg und ich – uns einig: Es muss zu einer Synode der Bistümer in der Bundesrepublik Deutschland kommen. Der Gedanke lag in der Luft, zumal Kardinal König, der Erzbischof von Wien, bereits im Herbst 1965 eine österreichische »Nationalsynode« angeregt hatte und ein niederländisches Pastoralkonzil schon im November 1966 eröffnet worden war.

Auch heute noch bleibt es bemerkenswert, mit welcher Entschlossenheit und in welch erstaunlich kurzer Zeit die

Idee einer gemeinsamen Synode vom deutschen Episkopat in enger und vertrauensvoller Zusammenarbeit mit dem Zentralkomitee umgesetzt wurde und die notwendige Zustimmung des Vatikans fand. Die Zustimmung des Heiligen Stuhls, auch zu den Abweichungen von den kanonischen Vorschriften, lag nach zwei Tagen vor. Der Vatikan ließ erkennen, man wolle sehen, ob ein solcher Ansatz, wie wir ihn in Deutschland versuchen wollten, unter Umständen auch weltweit erfolgversprechend sein könne. Dass die Synode so schnell ihre Arbeit aufnehmen und erfolgreich bewältigen konnte, ist insbesondere der Tatkraft Kardinal Döpfners zu verdanken. Er hat die Bischofskonferenz zusammengehalten und einmütig hinter sich gebracht, hat mit Rom kommuniziert und das Zentralkomitee ernst genommen. Von großem Einfluss waren auch die Tatkraft des eng mit der Entwicklung des Zentralkomitees verbundenen Bischofs Hengsbach, aber auch des geistlichen Direktors des Zentralkomitees Klaus Hemmerle, des späteren Bischofs von Aachen, sowie von Karl Forster, dem Sekretär der Bischofskonferenz, und von Friedrich Kronenberg, dem bereits erwähnten Generalsekretär des Zentralkomitees.

Bereits im November 1968 fand ein gemeinsames erstes Gespräch zur Auswertung der Erfahrungen des Essener Katholikentages statt. Eine gemeinsame Studiengruppe von ZdK und Bischofskonferenz wurde eingesetzt. Bereits bei der ersten Sitzung am 9. Januar 1969 schlugen wir der Bischofskonferenz vor, »eine gemeinsame Synode der Diözesen in der Bundesrepublik Deutschland« vorzubereiten, die der Verwirklichung der Beschlüsse des Zweiten Vatikanischen Konzils in Deutschland dienen sollte. Im Februar 1969 fasste die Vollversammlung der Bischofskonferenz den entsprechenden Grundsatzbeschluss. Am 11. November beschloss die Bischofskonferenz das Statut der Synode, das in Artikel 1 deren Auftrag formulierte, »in ihrem Bereich die Verwirklichung der Beschlüsse des Zweiten Vatikanischen Konzils zu fördern und zur Gestaltung des christlichen Lebens gemäß dem Glauben der Kirche beizutragen«.

Mit diesem Statut wurde Neuland betreten. Ihm kam für die Struktur und damit für den Erfolg der Synode entscheidende Bedeutung zu, weil diese dadurch zu einem institutionalisierten, gemeinsamen Dialog von Laien, Weltpriestern, Ordensleuten und Bischöfen wurde. Erstmals gehörten einer Kirchenversammlung Laien in einem angemessenen Verhältnis an: 58 Bischöfe – 88 Priester – 30 Ordensleute – 141 Laien. Für die Annahme einer Vorlage in der Schlussabstimmung war eine Zweidrittelmehrheit erforderlich. Über sie verfügten weder die Kleriker noch die Laien allein. Eine Beschlussfassung war allerdings nicht möglich, sollte die Bischofskonferenz erklären, »daß sie einer Vorlage aus Gründen der verbindlichen Glaubens- und Sittenlehre der Kirche nicht zustimmen kann«. Trotz dieser Einschränkung war das Statut kirchenrechtlich einzigartig, weil Klerus und Laien mit einem Beschlussrecht ausgestattet und die Bischöfe Teil der Synode waren.

Im Vorfeld der Synode wurde in Zusammenarbeit mit dem Institut für Demoskopie in Allensbach eine große Umfrage unter allen Katholiken durchgeführt, die rund 4,4 Millionen

Rückmeldungen erbrachte. Es war die größte Umfrage, die jemals in Deutschland für eine bestimmte gesellschaftliche Gruppe durchgeführt wurde. Sie sollte helfen, die Aufgabenstellung der Synode zu präzisieren, eine breite Debatte auslösen und zur innerkirchlichen Diskussion anregen.

Am 3. Januar 1971 trat die Synode das erste Mal zusammen. Nach sieben Vollversammlungen schloss sie am 23. November 1975. Tage- und nächtelange Debatten lagen hinter uns, aus denen 18 Beschlüsse und sechs Arbeitspapiere hervorgegangen waren. Auch ganz konkrete Anordnungen mit verbindlicher Rechtskraft waren beschlossen worden, zum Beispiel, dass in jeder Pfarrgemeinde ein Pfarrgemeinderat zu bilden und Frauen der Zugang zu leitenden Positionen in kirchlichen Dienststellen zu öffnen sei.

Der Text der Sachkommission 1 – »Unsere Hoffnung. Ein Bekenntnis zum Glauben in unserer Zeit« – wurde zum Grundtext der Synode. Bis zur physischen Erschöpfung war hier in zum Teil hitzigen Diskussionen um fast jeden einzelnen Satz gekämpft worden. Die Wirksamkeit dieses faszinierenden Textes liegt in seiner Fähigkeit, die Tröstungskraft des christlichen Glaubens neu aufleuchten zu lassen. Die Gegenwart und ihre Schwierigkeiten werden ernst genommen, das eigene Versagen wird eingestanden, aber der Verzagtheit und dem Unvermögen wird in Anlehnung an »Gaudium et spes« der Optimismus der Glaubenswahrheit entgegengesetzt. Als vorrangige Aufgaben für das kirchliche Leben werden die Ökumene als Einheit der getrennten Kirchen, der Dialog und die Versöhnung mit dem jüdischen Volk, die Solidarität mit den armen Kirchen der »Dritten Welt« als Ausdruck der Katholizität sowie die Verantwortung der Christen für die gesamte Gesellschaft herausgestellt. »Unsere Hoffnung« hat nach dem treffenden Urteil des Kirchenhistorikers Wilhelm Damberg »vermutlich die kollektive katholische Erinnerungskultur für die folgenden Jahrzehnte entscheidend geprägt«. Auch die Beschlüsse der Synode zum Religionsunterricht und zur Jugendpastoral seien nach wie vor »wegweisend«.

Der Synodenbeschluss »Die Verantwortung des ganzen Gottesvolkes für die Sendung der Kirche« enthält unter anderem die Anordnung, eine »gemeinsame Konferenz« von Bischofskonferenz und Zentralkomitee aus jeweils zwölf Mitgliedern zu bilden. Sie sollte die in der Zeit der Vorbereitung der Synode begonnene enge Verbindung fortsetzen und die Durchführung der Beschlüsse des Zweiten Vatikanischen Konzils begleiten. In den ersten Jahren nach der Synode gelang dies wegen des zunächst sehr zurückhaltenden Interesses einiger Bischöfe nur sehr bedingt. In jüngerer Zeit allerdings kam es unter dem Drang der aktuellen Herausforderungen zu einer erfreulichen Wiederbelebung. Zweimal im Jahr kommen jeweils zehn Vertreter der Deutschen Bischofskonferenz und des Zentralkomitees der deutschen Katholiken zusammen, um über Themen und Aufgaben zu beraten, die sich beide Gremien gemeinsam stellen.

Auch den Synodenbeschluss »Ordnung der Schiedsstellen und Verwaltungsgerichte der Bistümer« heute noch einmal nachzulesen, könnte sich lohnen. Die damals beschlossene »kirchliche Verwaltungsgerichtbarkeitsordnung« (KVGO) sieht vor, die unterschiedlichen diözesanen Rechte neu zuzuordnen und ein oberstes Verwaltungsgericht auf der Ebene der Bischofskonferenz – von drei Priestern und zwei Laien gebildet – einzurichten. Der Beschluss ist bis heute nicht umgesetzt, gewinnt aber angesichts des Missbrauchsskandals, der auch eine Überprüfung der rechtlichen Verfassung unserer Kirche zwingend erfordert, neue aktuelle Bedeutung.

Die Würzburger Synode sollte entscheidende Weichen für die Zukunft der Kirche in der Bundesrepublik stellen. Man sollte ihren Ertrag weder überhöhen noch unterschätzen, auch wenn manche Beschlüsse der Synode noch immer auf ihre Verwirklichung warten und die meisten Voten an den Vatikan unbeantwortet geblieben sind, unter ihnen der Wunsch, Frauen zum Diakonat zuzulassen, die Zurücksetzung nichtehelicher Kinder zu beseitigen oder in bestimmten Fällen wiederverheiratete Geschiedene zur Kommunion zuzulassen.

Im Rückblick lässt sich sagen: ohne Konzil kein Essener Katholikentag, ohne Essener Katholikentag keine Synode!

Den Katholiken in der DDR blieb die Mitwirkung an der Synode versagt. Aber die Pastoralsynode der katholischen Jurisdiktionsbezirke in der DDR (1973–1975) – das einzige katholische Ereignis dieser Art im gesamten kommunistischen Herrschaftsbereich – wurde trotz aller Bedrängnis auch dort zu einem Ort der innerkirchlichen Öffentlichkeit.

Heute bekennt sich Papst Franziskus zur Synodalität als konstitutiver Dimension der Kirche: »Kirche und Synode sind Synonyme!« Für die Jahre 2021 bis 2024 hat er eine weltweite Generalsynode einberufen. Laien, Hirten und der Bischof von

Rom sollen gemeinsam vorausgehen. Mich beunruhigt es, wie schwer sich heute die Deutsche Bischofskonferenz tut, seine Aufforderung aufzugreifen und den Freiraum einer regionalen Bischofskonferenz zu nutzen. Die Herausforderungen von heute gelten allen Bistümern gemeinsam, und sie sind nur gemeinsam zu lösen. Der von Bischofskonferenz und Zentralkomitee eingeleitete synodale Prozess setzt erfreuliche Zeichen, stößt aber auf Bedenken in Rom. Er sollte dennoch fortgesetzt werden.

Ich selbst gehörte der Würzburger Synode von Anfang bis Ende an. Zunächst als »Einzelpersönlichkeit«, später als Präsident des Zentralkomitees der deutschen Katholiken. Die Synode hat sich gelohnt. Sie durchzuführen, war kein Betriebsunfall, sondern eine mutige und notwendige Entscheidung. Sie wurde zu einer Sternstunde der Kirche in Deutschland. Sie sollte nicht in Vergessenheit geraten, auch wenn manches nach mehr als 40 Jahren immer noch auf seine Verwirklichung wartet. Der Ruf nach einer neuen Synode wird heute wieder laut, wie in unruhigen Zeiten stets der Ruf nach neuen Grundsatzdebatten laut zu werden pflegt. Entscheidend dürfte nicht sein, ob man eine Synode will, sondern ob man eine Synode kann. Erst wenn die deutschen Bischöfe bereit und in der Lage sind, die Aufforderung von Papst Franziskus nach mehr regionaler Eigenständigkeit umzusetzen, ergäbe eine zweite deutsche Synode Sinn.

Präsident des Zentralkomitees der deutschen Katholiken (1972–1976)

Mit der Wahl des späteren Münsteraner Oberbürgermeisters Albrecht Beckel zum Präsidenten im Jahr 1968 war die hundertjährige Ära der Fürsten zu Löwenstein an der Spitze des Zentralkomitees der deutschen Katholiken zu Ende gegangen. Da Beckel 1972 nicht noch einmal kandidierte, bestellte die Vollversammlung mich, der durch den Essener Katholikentag bekannt geworden war, zu seinem Nachfolger.

Das Zentralkomitee stellt eine Institution sui generis dar, die es so in der Welt kein zweites Mal gibt. Im Revolutionsjahr 1848 trafen sich in Mainz katholische Laien zum ersten Katholikentag und gründeten ein »Zentralkomitee der katholischen Vereine in Deutschland«. Bis heute versteht es sich als Repräsentation des organisierten Laienkatholizismus, die die Aktivitäten katholischer Laien in Deutschland bündelt. 97 seiner Mitglieder werden von der Arbeitsgemeinschaft der Verbände entsandt, 85 Mitglieder vertreten die Diözesanräte der deutschen Bistümer, und 45 Einzelpersönlichkeiten werden hinzugewählt. Unter den Einzelpersönlichkeiten fanden sich über Jahrzehnte nur wenige Politiker. Sie gehörten den Unionsparteien an oder standen ihnen nahe. SPD-Politiker wie Georg Leber oder Hermann Schmitt-Vockenhausen waren Ausnahmen. Heute bietet sich ein anderes Bild. Neben dem sachsen-anhaltinischen Ministerpräsidenten Reiner Haseloff und der früheren saarländischen Ministerpräsidentin Annegret Kramp-Karrenbauer gehörten oder gehören ihm unter anderem die rheinland-pfälzische Ministerpräsidentin Malu Dreyer, der baden-württembergische Ministerpräsident Winfried Kretschmann, die frühere SPD-Vorsitzende Andrea Nahles und der ehemalige Bundestagspräsident Wolfgang Thierse an. Sie schmücken das Zentralkomitee, und ihre Mitgliedschaft schmückt sie.

Zu den Aufgaben des Zentralkomitees gehören bis heute die Vorbereitung und die Durchführung der Katholikentage. In meine Amtszeit fiel der Katholikentag von Mönchengladbach (1974) unter dem Motto »Für das Leben der Welt«. Besondere Aufmerksamkeit fand der Beitrag zur Situation der Kirche in Polen, zu dem ich Tadeusz Mazowiecki vom Klub der katholischen Intelligenz in Warschau eingeladen hatte. Er sollte seinen Besuch bitter büßen müssen. Für Jahre durfte er danach nicht mehr in den Westen reisen. 15 Jahre später – 1989 – wurde er der erste nichtsozialistische Ministerpräsident Polens.

Auf der »Hauptkundgebung« am Sonntagmittag kam das aktuell getrübte Verhältnis zwischen Staat und Kirche wegen der Frage der Neufassung des § 218 deutlich zum Ausdruck. Der nordrhein-westfälische Ministerpräsident Heinz Kühn (SPD) sprach in seinem Grußwort – von heftigen Zwischenrufen mehrfach unterbrochen – seine gegensätzliche Auffassung »zum Schutz« an. Ich erwiderte ihm: »Wer das Recht auf Leben und auch das Recht des ungeborenen Lebens infrage stellt, bringt die Grundlagen unseres Staates in Gefahr.«

Die Auseinandersetzung um die Neufassung des § 218 sollte mich für viele Jahre begleiten und war einer meiner Schwerpunkte als Präsident des Zentralkomitees. Während die

CDU/CSU-Bundestagsfraktion eine »Indikationsregelung« befürwortete, die Schwangerschaftsabbrüche nur unter bestimmten medizinischen und ethischen Voraussetzungen zulassen wollte, bestanden SPD und FDP mehrheitlich auf einer »Fristenlösung«, nach der Abbrüche grundsätzlich in den ersten zwölf Wochen der Schwangerschaft straffrei bleiben sollten. Im Juni 1974 entschied sich der Bundestag mit knapper Mehrheit für diese Fristenlösung, die jedoch im Februar 1975 vom Bundesverfassungsgericht für verfassungswidrig erklärt wurde. Daraufhin verabschiedete der Bundestag 1976 eine modifizierte Indikationslösung.

Die Erklärung des Zentralkomitees zur Bundestagswahl 1976 enthielt eine heftige Kritik am Abtreibungs- und Ehescheidungsrecht und an der Familienpolitik der sozialliberalen Koalition. In Erinnerung geblieben ist mir in diesem Zusammenhang auch ein äußerst lebhafter, in dieser Form ungewöhnlicher Streit zwischen dem Präsidenten des Bundesverfassungsgerichtes, Wolfgang Zeidler, und dem Kölner Erzbischof Joseph Kardinal Höffner, inzwischen Vorsitzender der Bischofskonferenz, der wochenlang für Schlagzeilen sorgte. Ausgelöst wurde er durch die Bemerkung Zeidlers, am Anfang sei das werdende Leben nur ein »himbeerähnliches Gebilde«. Ich lud die Kontrahenten im Frühjahr 1976 zu mir nach Speyer zum Spargelessen ein. Beide erschienen vorbereitet, als ginge es um ein Examen, und sie schenkten sich nichts. Das Gespräch fand auf einem angemessenen Niveau statt und führte dazu, dass Zeidler sich mäßigte und man wieder im zivilisierten Ton in der Öffentlichkeit miteinander umging.

Ohne den energischen Widerstand der deutschen Katholiken wäre es ebenfalls nicht zu jener gesetzlichen Schwangerschaftskonfliktregelung gekommen, die seit 1995 gilt und die dem ungeborenen Leben eine Überlebenschance gibt. Nach der Wiedervereinigung blieb es – laut Einigungsvertrag – in den jungen Ländern zunächst bei der Fristenlösung der DDR. Seit seiner Neuregelung in ganz Deutschland bleibt der Schwangerschaftsabbruch in den ersten drei Monaten straffrei. Voraussetzung für die Ausstellung eines Scheines, der Abtreibung erlaubt, sind eine umfassende Beratung der betroffenen Mutter und das Angebot von Hilfe in einer staatlich anerkannten Schwangerschaftskonfliktberatungsstelle.

Das entsprach und entspricht zwar nicht meinen Vorstellungen, aber diese Regelung verhinderte die Fristenlösung. Ich habe im Verlauf meines politischen Lebens gelernt: Um Schlimmeres, um schlechte Lösungen zu verhindern, muss man bereit sein, einer zweitbesten Lösung zuzustimmen.

Um am Schutz des ungeborenen Lebens verantwortlich mitzuwirken, beteiligte sich die katholische Kirche in Deutschland an der vorgeschriebenen Schwangerschaftskonfliktberatung. Sie sollte allerdings damit auf den wachsenden Widerstand des Vatikans stoßen. Immer nachdrücklicher verlangte Johannes Paul II. den Ausstieg aus der Beratungstätigkeit und der damit verbundenen Ausstellung des geforderten Scheines. Eine jahrelange heftige Kontroverse zwischen Rom und der Deutschen Bischofskonferenz war die Folge. Schützt die Ausstellung eines Beratungsscheins das Leben ungeborener Kinder, oder wirkt sie an der Tötung ungeborener Kinder mit? Schließlich beugten sich – fast – alle Bischöfe der päpstlichen Weisung. Kardinal Lehmann – inzwischen seit 13 Jahren Vorsitzender der Deutschen Bischofskonferenz – meinte: »Wenn man entschieden kämpft, muss man auch Niederlagen in Kauf nehmen.« Wir wollten es damit nicht bewenden lassen. Ein Kreis katholischer Laien – unter ihnen viele Mitglieder des ZdK – ergriff die Initiative und gründete, um die Konfliktberatung fortsetzen zu können, den Bundesverband »Donum Vitae«. Nicht als Kirche, nicht als verlängerter Arm der Amtskirche, nicht im Namen der Kirche, aber sehr wohl als katholische Laien. Eine meiner Nachfolgerinnen an der Spitze des ZdK, die tapfere und mutige Rita Waschbüsch, wurde zur Vorsitzenden gewählt. Ihr gelang es unter großen Mühen, eine Vielzahl von Beratungsstellen einzurichten, die auch heute noch segensreich wirken.

Viele von uns, die wir »Donum Vitae« unterstützten, sollten jahrelang heftiger Kritik vonseiten der Amtskirche ausgesetzt sein. Hans Maier wurde sogar verwehrt, in Regensburg seine Lebenserinnerungen in einem kirchlichen Raum vorzustellen. Erst nach Jahrzehnten gelang es Thomas Sternberg, ebenfalls einer meiner Nachfolger als ZdK-Präsident, Kardinal Marx, den Vorsitzenden der Deutschen Bischofskonferenz, zu veranlassen, den Vorwurf, »Donum Vitae« stehe außerhalb der Kirche, zurückzunehmen. Zu Recht hat Friedrich Kronenberg die Frage aufgeworfen, ob nicht der Ausstieg, sondern vielmehr der Einstieg der Bischöfe in die Schwangerschaftskonfliktberatung der eigentliche Fehler der Amtskirche gewesen sei und man dieses Feld nicht von Anfang besser den Laien überlassen hätte.

Der Kreis um »Donum Vitae« hat sich mitunter durch einen »Zwischenruf« auch zu anderen Fragen öffentlich zu Wort gemeldet. Zum Beispiel mit dem Appell an die Bischöfe, sie sollten neben zölibatär lebenden Priestern auch bewährte und verdiente verheiratete Männer – »viri probati« – zur Priesterweihe zulassen.

In meinen Lageberichten, die ich zu Beginn jeder Vollversammlung abgab und die bis heute erster Tagesordnungspunkt jeder Vollversammlung des ZdK sind, ging ich vor allem auch auf unsere Beziehungen zu Polen ein. Die Pflege und der Ausbau unserer Kontakte mit polnischen Katholiken lagen mir besonders am Herzen. Meine Mitgliedschaft in der offiziellen deutsch-polnischen Schulbuchkommission ermöglichte mir regelmäßige Reisen nach Warschau, die ich zu Gesprächen mit der »katholischen Intelligenz«, mit den Redakteuren ihrer Zeitschriften und insbesondere mit dem Abgeordneten Professor Stanisław Stomma, der als erster polnischer Politiker vor 1958 Bonn besucht hatte, nutzte. Im April 1973 fuhr ich mit meinem Vorgänger Alfred Beckel und ZdK-Generalsekretär Fritz Kronenberg nach Polen. In Krakau kam es zu meiner ersten Begegnung mit Erzbischof Kardinal Wojtyła. Ein langes, bis tief in die Nacht hinein dauerndes Gespräch öffnete mir die Augen für eine neue, bis dahin völlig ungewohnte Sicht auf die Zukunft Polens und Europas. Bei jedem später folgenden Gespräch kamen wir darauf zurück.

Auf Initiative der deutschen Sektion der internationalen katholischen Friedensbewegung Pax Christi kam es im Jahre 1973 durch das ZdK gemeinsam mit 13 Verbänden, darunter auch Vertreter der Vertriebenenorganisationen, zur Gründung des Maximilian-Kolbe-Werkes. Es sollte für Jahrzehnte zu einem hilfreichen Wegbegleiter der deutsch-polnischen Aussöhnung werden und – wie der polnische Historiker Arkadiusz Stempin urteilt – in Polen einen erheblichen Beitrag zur »Entpauschalisierung der Deutschen als Inkarnation des Bösen« leisten. Schon 1964 hatte eine Delegation der deutschen Sektion von Pax Christi unter Leitung von Alfons Erb Auschwitz besucht und war dort notleidenden ehemaligen Häftlingen begegnet. Erb, auf den auch die Wahl des Namenspatrons unseres Werkes zurückgeht, wurde zum ersten Geschäftsführer, bis ihm 1982 seine Tochter Elisabeth nachfolgte. Sie reiste unzählige Male nach Polen. Häftlinge, die während des Krieges Opfer des nationalsozialistischen Unrechtssystems geworden waren und jetzt in bitterer Armut lebten, sollten finanziell unterstützt werden. Persönliche Kontakte zwischen Deutschen und Polen sollten geknüpft werden. Ein Netzwerk von ehrenamtlichen Vertrauensleuten entstand. Bis 1989 wurde mit mehr als 40 Millionen DM ca. 50 000 ehemaligen KZ-Häftlingen, insbesondere nach der Verkündung des Kriegsrechts 1981, geholfen. Im September 1987 konnten wir ein Altersheim für ehemalige Häftlinge in den Beskiden einweihen.

Sondermarke der Deutschen Post zum 50-jährigen Bestehen des Maximilian-Kolbe-Werks 2023.

Alfred Beckel übernahm den Vorsitz des Maximilian-Kolbe-Werks, dessen Vorstand unter anderem auch Reinhold Lehmann, Generalsekretär von Pax Christi, angehörte. Ein unruhiger Geist »mit spitzer Zunge und bissiger Feder«, der für lange und kontroverse Sitzungen sorgte und den wir mitunter nur durch Vermittlung seines Bruders, des Mainzer Bischofs Karl Lehmann, wieder »einfangen« konnten. Als Alfred Beckel 1984 – nach elf Jahren – den Vorsitz im Kolbe-Werk niederlegte, folgte ich ihm bis 1992 nach.

Friedrich Kronenberg war 1966 zum Generalsekretär des ZdK bestellt worden und sollte es für 33 Jahre – bis 1999 – bleiben. Für sechs Präsidenten wurde er ein unersetzlicher, hochgeschätzter Ratgeber, auf den man sich verlassen konnte und der sich durch nichts erschüttern ließ – »ein beherrschter Realist« (Hans Maier). In meiner Amtszeit hatte ich gelegentlich den Eindruck, nicht ich, sondern er wusste stets, wie es weitergehen sollte. Von 1982 bis 2003 war er außerdem Vorsitzender der Kommission für Zeitgeschichte, einer 1962 gegründeten außeruniversitären Einrichtung zur Dokumentation und Erforschung der Geschichte des deutschen Katholizismus im 19. und 20. Jahrhundert, und übernahm 2001 von mir den Vorsitz des Maximilian-Kolbe-Werks. Das Zentralkomitee und seine Präsidenten, die katholische Kirche in Deutschland haben Friedrich Kronenberg viel zu verdanken.

1976 habe ich mich nicht wieder zur Wahl gestellt, weil meine Berufung zum Ministerpräsidenten kurz bevorstand und ich der Überzeugung war, man könne zwar zugleich Kultusminister und Präsident des Zentralkomitees sein, nicht aber Ministerpräsident und ZdK-Präsident, noch dazu in einem gemischt-konfessionellen Land wie Rheinland-Pfalz. Aber auch als Ministerpräsident und danach blieb ich der Arbeit des Zentralkomitees aufs Engste verbunden, dem ich insgesamt 41 Jahre angehören sollte.

Der Konflikt mit dem Vatikan

Schon unter Papst Johannes XXIII., vor allem aber mit Paul VI. begann sich die vatikanische Ost- und Deutschlandpolitik grundlegend zu ändern. Auf beiden Seiten stieg die Bereitschaft zum Dialog. Eine wichtige Rolle spielte die Enzyklika *Pacem in Terris* von Johannes XXIII. vom 11. April 1963, die sich »an alle Menschen guten Willens« richtete und so eine Grundlage für den Dialog zwischen Christen und Menschen nichtchristlicher Weltanschauung bot. Der Vatikan erkannte den sich abzeichnenden beginnenden Verfall der kommunistischen Heilslehre nicht, sondern glaubte, sich auf einen noch Jahrzehnte, vielleicht ein Jahrhundert überdauernden Kommunismus einstellen zu müssen. Im Interesse der betroffenen Gläubigen suchte man daher den Dialog mit der kommunistischen Welt, um dort die Bedingungen für die religiöse Betätigung und die Seelsorge sichern und verbessern zu können. Die allgemeinen Entspannungsbemühungen zwischen Ost und West, aber auch der Verlauf der Beratungen des Zweiten Vatikanischen Konzils führten im Vatikan zu der Bereitschaft, auch diplomatische Kontakte zu kommunistischen Regimen aufzunehmen. Eine intensive Reisediplomatie begann. Vor allem der entschlossene »Außenminister« des Vatikans Erzbischof Agostino Casaroli und, nicht zu vergessen, der eher vorsichtig abwägende stellvertretende Leiter (»Substitut«) des vatikanischen Staatssekretariats, Giovanni Kardinal Benelli, wurden zu den eigentlichen Architekten dieser neuen Politik. Der Vatikan schloss ein Abkommen mit Ungarn, eine Vereinbarung mit Jugoslawien und begann Verhandlungen mit der Tschechoslowakei. Von polnischer Seite wurde der Wunsch nach einer Neuordnung der Diözesen im Westen Polens einschließlich der bis zum Ende des Zweiten Weltkrieges zu Deutschland gehörenden Gebiete vorgetragen. Diesen Schritt vollzog der Heilige Stuhl mit einem Dekret vom 28. Juni 1972, mit dem vier neue Diözesen im Westteil Polens errichtet wurden. Ich erklärte hierzu für das ZdK, dass, wenn der Vatikan meine, eine solche Maßnahme sei aus pastoralen Gründen mit Blick auf die dort lebenden Gläubigen notwendig, die deutschen Katholiken »in gesamtkirchlicher Verantwortung und gesamtkirchlicher Solidarität hierfür auch Verständnis aufbringen« müssten, kritisierte allerdings, dass man auf »Konsultationen jedenfalls kein besonderes Gewicht gelegt, sondern beim Vatikan gemeint [habe], es sei an der Zeit, ein Faktum zu schaffen und nicht mehr weiter darüber zu sprechen«. Auch stellte ich klar, dass ein solches Vorgehen hinsichtlich der auf dem Gebiet der DDR liegenden Bistumsteile von uns nicht akzeptiert werden könne. Wir legten »nachdrücklich Wert darauf«, dass »an der Grenze der Bundesrepublik und der DDR eine solche Regelung nicht vorgenommen wird«.

Auch für das Gebiet der DDR wurden im Vatikan die Ernennung von päpstlichen Administratoren und die Errichtung von Administrationen für die zu westdeutschen Diözesen gehörenden Jurisdiktionsbezirke erwogen. Teile des Erzbistums Paderborn sowie der Bistümer Osnabrück, Fulda, Würzburg und Hildesheim lagen auf dem Gebiet der DDR, wo die in der Bundesrepublik ansässigen Bischöfe ihre Aufgaben nicht oder nur eingeschränkt wahrnehmen konnten. Eine eigene, »nationale« Bischofskonferenz der DDR sollte ebenfalls entstehen. Ja, sogar die Entsendung eines Nuntius nach Ostberlin kam ins Gespräch. Das wollte weder die Deutsche Bischofskonferenz noch das Zentralkomitee.

Ziel des Vatikans war die Sicherung von ordnungsgemäßen kirchlichen Organisationsstrukturen in der DDR. Zudem war trotz aller Einschränkungen die Situation der katholischen Kirche dort im Vergleich zu den meisten anderen Ostblockstaaten noch vergleichsweise günstig. Dies wollte man nicht aufs Spiel setzen, sondern möglichst kodifiziert sehen.

Die Überlegungen sollten auf unseren eindeutigen Widerstand stoßen. Es kam zu einer erbitterten öffentlichen Auseinandersetzung. Wir setzten Himmel und Erde in Bewegung, entwickelten vielfältige Aktivitäten und organisierten massiven Widerstand gegen die vatikanischen Pläne, die unserer Überzeugung nach verhängnisvolle Folgen haben mussten und auf eine Anerkennung der Spaltung Deutschlands hinausliefen. Die Deutsche Bischofskonferenz wies im Februar 1973 den Heiligen Stuhl »in aller Ehrerbietung, aber auch in allem Freimut auf seine alleinige Verantwortung hin, wenn er gegen den Willen der deutschen Bischöfe im Osten und Westen dem Regime der DDR Zugeständnisse macht, die nach ihrer Überzeugung über das hinausgehen, was pastoral für die Kirche notwendig ist«. Wir – das Zentralkomitee – waren bereit, die Neu-Circumscriptionen, also die Neuordnung der Diözesen im nunmehrigen Westen Polens, zu akzeptieren, weil wir der Überzeugung waren, dass die polnische Westgrenze dauerhaft Bestand haben würde. Auch die Bestellung von Diözesanadministratoren auf dem Gebiet der DDR waren wir als notwendig und rechtlich möglich zu akzeptieren bereit. Verträge, die Deutschland als Ganzes betrafen, waren dadurch nicht berührt. Wir wollten jedoch keine DDR-Bischofskonferenz, wir wollten keine diözesane Neuordnung entlang der widernatürlichsten Grenze der Welt, weil wir eine der letzten Brücken der Gemeinsamkeit in Deutschland nicht aufgeben wollten. Schon die 1976 erfolgte Aufwertung der »Berliner Ordinarienkonferenz«, des Zusammenschlusses der auf dem Gebiet der DDR residierenden Bischöfe, zur regionalen »Berliner Bischofskonferenz« erfüllte uns mit Sorge. Auch wenn betont wurde, es handle sich nicht um eine »nationale« Bischofskonferenz der DDR und impliziere keine Anerkennung der deutschen Teilung durch den Vatikan. Noch heftiger widersetzten wir uns der Entsendung eines zweiten Nuntius nach Deutschland, nach Ostberlin. Die vom Heiligen Stuhl avisierten Veränderungen hätten das nach wie vor gültige Reichskonkordat verletzt, das zwar von der Bundesrepublik anerkannt wurde, das aber die DDR, die sich nicht als Rechtsnachfolgerin des Deutschen Reiches betrachtete, ablehnte.

In einem Gespräch mit den fünf in Rheinland-Pfalz ansässigen Diözesanbischöfen erläuterte ich am 9. April 1973 unsere Auffassung. Während gegen die Ernennung von Administratoren »keine grundsätzlichen Bedenken« bestünden, sei eine Veränderung der Diözesangrenzen oder die Umwandlung der DDR-Diözesanteile in eine »bistumsähnliche Organisationsform« rechtlich nicht möglich, da dies nach den Bestimmungen des fortgeltenden Reichskonkordats von 1933 durch die Verständigung mit der Bundesregierung erfolgen müsse, die wiederum die Zustimmung der betreffenden Landesregierungen herbeizuführen habe. Der bundesdeutsche Friedensvertragsvorbehalt bezüglich der Grenzen bestehe fort, weshalb wir in einer etwaigen Neuordnung der deutschen Diözesen durch Rom »eine Anerkennung völkerrechtswidriger

Abtrennungen sowie der Endgültigkeit des Status quo« sehen müssten. Die Aufnahme diplomatischer Beziehungen des Vatikans mit der DDR würde dem Reichskonkordat widersprechen, das nach bisheriger gemeinsamer Rechtsauffassung in beiden deutschen Staaten gültig sei. Außerdem böte es dem SED-Regime »die willkommene Gelegenheit […], Versuche zu unternehmen, die dortige Kirche gegen die Nuntiatur und die vatikanische Diplomatie auszuspielen«. Außerdem müsste ein solches Vorgehen »Erinnerungen an den Abschluß des Reichskonkordats im Jahre 1933 und die damit verbundene – wenn auch völlig ungewollte – moralische Legitimation des Hitlerregimes« hervorrufen. Zudem würden »solche Maßnahmen eine erhebliche Aufwertung des totalitären Systems in der DDR mit sich bringen« und es würde »die Glaubwürdigkeit des Heiligen Stuhls als Vertragspartner und die Nützlichkeit konkordatärer Abmachungen in Frage gestellt werden«. In einem Rundfunkgespräch kurze Zeit später erklärte ich in ungewöhnlicher Deutlichkeit, sollte der Vatikan ernsthaft erwägen, »einen zweiten Nuntius in eine zweite deutsche Hauptstadt zu entsenden, könnte das zu einer Konfliktsituation zwischen deutschen Katholiken und dem Vatikan führen«. Unsere beständigen Interventionen wurden im Vatikan mit zunehmender Gereiztheit aufgenommen.

Die sozialliberale Bundesregierung, mit der wir es zu dieser Zeit zu tun hatten und die in der Wiedervereinigungsfrage anders dachte als wir, unterstützte uns nur sehr zögerlich. Unser Widerstand war nicht zuletzt auch darum so leidenschaftlich, weil seit den 1960er Jahren heftige Vorwürfe auch an meine

Vorgänger an der Spitze des Zentralkomitees gerichtet worden waren, sie hätten 1933 und in den folgenden Jahren dem totalitären System gegenüber nicht entschieden genug Widerstand geleistet. Wir wollten nicht Anlass zu ähnlicher Kritik in 30 oder 40 Jahren geben.

Aber es sollte anders kommen. Der Protest der deutschen Bischofskonferenz, insbesondere der Kardinäle Döpfner und Bengsch, und vieler Unionspolitiker, vor allem von Alois Mertes, dem späteren Staatsminister im Auswärtigen Amt, und Helmut Kohl, sowie des Zentralkomitees hat die Umsetzung der vatikanischen Pläne verzögert. Dennoch erklärte der Heilige Stuhl am 29. September 1977 gegenüber der Berliner Bischofskonferenz, dass er beabsichtige, in naher Zukunft eigenständige Diözesen auf dem Gebiet der DDR zu errichten. Verhindert wurde dies jedoch durch die Wahl Karol Wojtyłas zum Papst im Oktober 1978. Mit ihr fand die Ostpolitik von Johannes XXIII. und Paul VI. ihr Ende. Ein zweiter Nuntius in der DDR wurde nicht ernannt. Neue Diözesen wurden nicht errichtet, eine zweite deutsche (DDR-) Bischofskonferenz nicht geschaffen. Papst Johannes Paul II. war überzeugt, dass die kommunistische Herrschaft in Mittel- und Osteuropa keine Zukunft haben werde. Bei seiner Amtseinführung 1978 sprach er die entscheidenden Worte: »Habt keine Angst! Öffnet, ja reißt die Tore weit auf!« Sein erster Besuch in seiner Heimat im Juni 1979, der ersten Reise eines Papstes in ein kommunistisches Land, hat dort ungewöhnliche Kräfte freigesetzt. Aus einer Handvoll Oppositioneller unter Führung von Lech Wałęsa entstand die Bewegung der »Solidarność«, der zuletzt zehn Millionen Menschen angehörten.

Zu meiner eigenen Erinnerung gehört, dass ich 21 Jahre später – jetzt als Thüringer Ministerpräsident – den Vertrag mit dem Heiligen Stuhl über die Errichtung des Bistums Erfurt ausgehandelt und unterschrieben habe. Mit Bischof Joachim Wanke feierten wir auf den Erfurter Domstufen 1994 mit großer Zustimmung in der katholischen Öffentlichkeit die Wiedererrichtung des Bistums, das der heilige Bonifatius 742 gegründet, das aber nur 13 Jahre Bestand gehabt hatte. Ich hatte 1994 kein schlechtes Gewissen hinsichtlich unseres Verhaltens 20 Jahre zuvor.

Meine acht Päpste

Acht Päpste habe ich im Petrusamt meiner Kirche erlebt. Nur an Pius XI. (1922–1939) habe ich verständlicherweise keine persönliche Erinnerung. Dass er mit seiner Enzyklika *Quadragesimo anno* (1931) die katholische Soziallehre entscheidend beeinflusst hat, dass er dazu beigetragen hat, den Skandal der Entfremdung von Kirche und Arbeiterschaft zu überwinden, ist mir allerdings schon während meiner Schulzeit bewusst geworden. Die Enzyklika und der Kommentar von Oswald von Nell-Breuning, der an ihrer Abfassung intensiv beteiligt war, gehören wie beschrieben seitdem zu meinem sozialpolitischen Handgepäck. Auch seine Enzyklika *Mit brennender Sorge* (1937), ungewöhnlicherweise in deutscher Sprache abgefasst, in der Pius XI. die nationalsozialistische Ideologie und die Rechtsbrüche des Regimes schonungslos anprangerte, ist ein weiteres bedeutsames Dokument aus seinem Pontifikat.

Pius XII. (1939–1958) steht mir bis heute lebendig vor Augen: seine große, schlanke, asketische, autoritätsbewusste Gestalt! Als ich 1950 mit dem Bund Neudeutschland nach Rom kam, wurde er auf der Sedia Gestatoria durch den Mittelgang von St. Peter getragen. Wir besuchten ihn in Castel Gandolfo und sangen dort, wie schon erwähnt, auf seinen persönlichen Wunsch hin den deutschen Kanon »Ich armes, welsches Teufli« und freuten uns, dass er sich in deutscher Sprache an uns wandte.

War es richtig, dass auf seine Initiative hin im Juli 1933 – also nach der Ernennung Hitlers zum Reichskanzler – ein Konkordat mit dem Deutschen Reich geschlossen wurde, das die Rechte der Kirche in Deutschland sichern sollte, aber auch dem NS-Regime einen beachtlichen Prestigegewinn brachte und dessen Bewertung bis heute Gegenstand intensiver Diskussionen ist? Die Initiative zum Konkordat hatte Eugenio Pacelli als Nuntius in Deutschland während der Weimarer Republik ergriffen und später als Kardinalstaatssekretär weitergeführt. Hat er sich während des Zweiten Weltkriegs den Untaten des Nationalsozialismus gegenüber verantwortlich verhalten? Hätte er die Verbrechen der Nazis, hätte er den Holocaust öffentlich benennen und anprangern müssen? Es fällt mir nach wie vor schwer, ein endgültiges Urteil zu fällen. Noch sind die Archive zu kurze Zeit geöffnet und die bisherigen Forschungsergebnisse unvollständig. Als gesichert kann allerdings schon jetzt gelten: Das Bild dieses Papstes muss – auch was sein Verhältnis zum Nationalsozialismus und zum Holocaust angeht – deutlich differenzierter und vielschichtiger gezeichnet werden, als es bislang oft geschah. Mit seiner Weihnachtsansprache 1944 hat Pius XII. das Eis der kirchlichen Reserve gegenüber dem demokratischen Verfassungsstaat endgültig gebrochen.

Sein Nachfolger Johannes XXIII. (1958–1963) hat uns junge Katholiken begeistert: »Mach das Fenster weit auf für Christus«, lasst frische Luft herein – auch in den Vatikan. Ein bäuerlich-rustikaler, kindlich frommer, unbekümmerter (Heiliger) Vater, der wegen seiner Volksnähe von den Italienern »il papa buono – der gute Papst« genannt wurde. Einer spontanen Eingebung folgend, kündigte er am 25. Januar 1959 das Zweite Vatikanische Konzil (1962–1965) an, dem er bis zu seinem Tod am 3. Juni 1963 als »Erster und Ältester, nicht als Größter« vorstand. »Johannes, nimm dich nicht so wichtig«, lautete seine Devise, an die ich in schwierigen Lebenssituationen oft gedacht habe.

Paul VI. (1963–1978) war ganz anders: analytischer, strenger, zurückhaltender, skeptischer. Er war ein unermüdlicher Mahner für Frieden und Gerechtigkeit, für Versöhnung und Einheit, ein Anwalt der Armen. Zu Recht hat man gelegentlich sagen hören, Paul VI. hätte das Konzil nicht beginnen, Johannes XXIII. hätte es nicht beenden können. Ich bin Paul VI.

mehrfach begegnet, bei feierlichen Anlässen und in Privataudienzen. Er hörte aufmerksam zu, legte sich aber nicht fest.

Nach seinem Tod wählten die Kardinäle im Herbst 1978 noch einmal einen Italiener zum Papst, Johannes Paul I., der nach 34 Tagen verstarb.

Am 16. Oktober 1978 ging Karol Wojtyła als Papst aus dem Konklave hervor, der erste Nichtitaliener seit 455 Jahren. Eine Sensation! Als Johannes Paul II. sollte er die Welt verändern. Er wurde zum »Türöffner der Freiheit« (Helmut Kohl), zum Impulsgeber der friedlichen europäischen Revolution. Ein Pole wurde Papst, ein Kardinal aus Krakau, der unter den Schrecken der deutschen Besatzung gelitten und der den Rauch über Auschwitz und Birkenau nie vergessen hatte. Der sich aber uns Deutschen dennoch auf besondere Weise verbunden fühlte. Schon als Student hatte er Edmund Husserl, den Lehrer von Edith Stein und Max Scheler, gelesen. Auch Wilhelm Emmanuel von Ketteler und Adolph Kolping waren ihm vertraut. Zum ersten Mal besuchte ein Papst in Rom eine Synagoge. Er sah in den Juden seine älteren Brüder. Wir waren uns 1973 in Krakau erstmals begegnet und hatten uns bei seinen vier Deutschlandbesuchen wiedergetroffen. Am 16. November 1980 war er in Mainz mein Gast. Am 4. Mai 1987 kam er bei seinem zweiten Deutschlandbesuch – von Kardinal Ratzinger begleitet – nach Speyer, besuchte den Dom und feierte auf dem Domplatz die Messe.

Helmut Kohl und Papst Johannes Paul II. bei dessen Besuch in Speyer am 4. Mai 1987, wo er auf dem Domplatz eine Messe zelebrierte.

Auf Johannes Paul II. folgte Benedikt XVI. (2005–2013). Geht das, fragten viele. Kann ein Deutscher Papst sein? »Wir sind Papst«, titelte die *Bild*-Zeitung. Würde er das Werk seines polnischen Vorgängers fortsetzen? Bischof Alfons Nossol von Oppeln meinte: »Das haben nicht allein die Kardinäle fertiggebracht. Auf diesen Witz konnte nur der Heilige Geist selber kommen.« Und Władysław Bartoszewski, der sich wie kein anderer um die Versöhnung unserer beiden Länder verdient gemacht hat, sagte: »Da ist ein Wunder geschehen.« Mit der Wahl seines Namens bekannte Ratzinger sich zu Benedikt von Nursia, einem der Väter der christlich-abendländischen Zivilisation, aber ganz bewusst auch zu Benedikt XV., dem Friedenspapst des Ersten

Weltkrieges. Als langjähriger Präfekt der Glaubenskongregation stand für ihn die Verteidigung des rechten Glaubens im Zentrum seines Pontifikats. Er blieb Gelehrter und schrieb mit Hingabe weiter Bücher, »als demütiger Arbeiter im Weinberg des Herrn«.

Wir Deutsche sollten uns mitunter schwer mit ihm tun, mit seiner Regensburger Rede zum Beispiel, die für Irritationen bei vielen Muslimen sorgte. Er wiederum warf uns Deutschen »ungeistliche Bürokratie« und zu wenig »Dynamik des Glaubens« vor. Sosehr er bei seinen Deutschlandbesuchen viele Gläubige begeisterte, bei seinem Besuch im thüringischen Heiligenstadt im Herbst 2011 beispielsweise, so sehr enttäuschte er mich etwa bei seiner Begegnung mit den Repräsentanten der evangelischen Kirche im Erfurter Augustinerkloster. Von der gemeinsamen Rechtfertigungslehre war nicht mehr die Rede. Eine Chance für die Ökumene wurde verpasst.

Mit seinem überraschenden Rücktritt im Februar 2013 bewies er hingegen ungeahnten Mut und setzte ein bleibend fortwirkendes Zeichen. Nie mehr wird die Welt einen jahrelangen Leidensweg eines dahinsiechenden Papstes erleben wie bei Johannes Paul II.

Natürlich bin ich Benedikt XVI. häufig begegnet. Während seiner Zeit als deutscher Professor, als Erzbischof von München, als Präfekt der Glaubenskongregation und als Papst. Ich habe sein reformfreudiges Engagement während des Konzils, im Zentralkomitee, bei Katholikentagen in dankbarer Erinnerung. Aber ich habe nicht verstanden, warum er sich – wohl unter dem Eindruck der Studentenrevolte der »68er«, die Tübingen nicht verschonte – 1969 entschloss, einen Ruf an die Universität Regensburg anzunehmen und sich von seiner anfänglichen Reformbereitschaft zu verabschieden. Warum er mitunter den Eindruck erweckte, als hätte das Zweite Vatikanische Konzil nicht stattgefunden und er habe als Konzilstheologe nicht selbst an ihm teilgenommen.

Als Jahrzehnte später mein Nachfolger als Vorsitzender der Konrad-Adenauer-Stiftung, Hans-Gert Pöttering, ihn besuchte und sich dabei auf seinen Vorgänger bezog, meinte er: »Bernhard Vogel – das ist doch der, der gegen die Berufung von Kardinal Meisner von Berlin nach Köln Einspruch erhoben hat!«

Mit der Wahl von Jorge Mario Bergoglio zum Papst überraschte das Konklave 2013 erneut. Die Kardinäle entschieden sich zum ersten Mal, für einen Papst »vom Ende der Welt«, wie er selbst unmittelbar nach seiner Wahl sagte, für einen Südamerikaner. Sie votierten zum ersten Mal für einen Jesuiten, der sich gleichwohl den Namen Franziskus gab.

Die Weltkirche veränderte ihr Gesicht. Anders als seine Vorgänger reist er selten in die Zentren der Weltpolitik. Wo Not und Elend herrschen, fühlt er sich zu Hause. Er kreiert Kardinäle aus entlegenen Diözesen, er ermutigt die regionalen Bischofskonferenzen zu selbstständigen Entscheidungen, kritisiert diese aber gleichwohl. Er rügt die vatikanischen Behörden heftig und öffentlich und versucht sie zu reformieren. Er kündigt viel an, aber entscheidet wenig. Erst die Zukunft wird erweisen, ob ihm Zeit bleibt, einen Teil seiner Ankündigungen auch in die Tat umzusetzen, und ob sein Nachfolger aus Afrika oder Asien kommt.

KAPITEL V

Ministerpräsident von Rheinland-Pfalz (1976–1988)

Mein Weg in die Staatskanzlei

Am Abend der Bundestagswahl vom 3. Oktober 1976 fehlten der Union nur 900 000 Stimmen und nur elf Mandate zur absoluten Mehrheit. Das zweitbeste Ergebnis seit 1949. Helmut Kohl hatte als Kanzlerkandidat der CDU/CSU einen großen Sieg errungen, aber Kanzler wurde er nicht.

Ein langer, aufreibender Wahlkampf hatte auch mich zu mehr als 100 Wahlkampfeinsätzen quer durch die Bundesrepublik geführt. Je näher die Wahlentscheidung rückte, umso dringender wurde die Frage gestellt, ob Helmut Kohl im Falle des Falles auch als Oppositionsführer nach Bonn gehen werde oder als Parteivorsitzender und als Ministerpräsident in Mainz bleiben wolle. Auf dem letzten Bundesparteitag vor der Wahl, im Mai 1976 in Hannover, hatte sich Kohl nicht festgelegt. Im Bundesvorstand in Bonn kündigte er an, er werde tun, was der Partei am meisten nütze. Im rheinland-pfälzischen Landesvorstand plädierte die Mehrheit für sein Verbleiben in Mainz; ich selbst unterstützte wie im Bundesvorstand so auch als Landesvorsitzender seine Position. Um eine vorzeitige Nachfolgediskussion abzuwehren, appellierte ich an Partei- und Landtagsfraktion, sich über die Folgen für Rheinland-Pfalz, wenn notwendig, erst nach dem Wahltag Gedanken zu machen. Vier Tage nach der Bundestagswahl, am 7. Oktober 1976, entschied sich Helmut Kohl endgültig dafür, als Oppositionsführer nach Bonn zu gehen. Alle Nachrichten drehten sich um seinen Entschluss und um seine Nachfolge in Mainz.

Schon im Vorfeld hatte Johann Wilhelm Gaddum erkennen lassen, in einem solchen Fall für die Nachfolge Kohls antreten zu wollen.

Helmut Kohl hielt sich zunächst bedeckt. Er wolle die Stimmung erkunden, hieß es. Aber schon dadurch wurde deutlich, dass er meine Kandidatur nicht favorisierte und dass es – wie schon 1974 bei der Wahl seines Nachfolgers als Landesvorsitzender – zu einer streitigen Auseinandersetzung kommen würde, die allerdings zu keinem Zeitpunkt eine vergleichbare Heftigkeit erreichen sollte. Ich meinerseits war jedenfalls entschlossen anzutreten, gestützt auf mein Amt als Landesvorsitzender und ermutigt durch viele Freunde (und Freundinnen), nicht nur aus meinem eigenen Bezirksverband, sondern ebenso aus den Bezirksverbänden Koblenz und Trier, aber auch durch die Erwartung der Medien. Unzählige Gespräche, vor allem mit Helmut Kohl und mit Johann Wilhelm Gaddum, getrennt und mit beiden gemeinsam, wurden geführt. Die Fraktion setzte eine eigene Kommission ein. Gaddum machte frühzeitig auch Helmut Kohl und mir gegenüber deutlich, dass er sich auf keinen Fall zurückziehen werde, sondern dass er entschlossen sei, eher zu unterliegen, als auf seine Kandidatur zu verzichten. Nach einer besonders heftigen, aber erneut ergebnislosen Diskussion im Weinkeller der Staatskanzlei erwog Helmut Kohl bei einem nächtlichen Zusammentreffen auf dem Hof der Staatskanzlei, doch in Mainz zu bleiben, um sein Erbe in Rheinland-Pfalz zu sichern und keinen Scherbenhaufen zu hinterlassen.

Weil der Rücktrittstermin bedenklich näher rückte, kam es schließlich am 27. Oktober 1976 zunächst im Parteivorstand und dann in der Fraktion zur Abstimmung. Im Parteivorstand fiel das Votum deutlich mit 13 zu sechs für mich aus, in der Landtagsfraktion mit 34 zu 20 bei einer Enthaltung.

Auch für Johann Wilhelm Gaddum – wie schon zuvor für Heiner Geißler – galt, dass unser gutes, von Loyalität und gegenseitiger Wertschätzung bestimmtes Verhältnis nicht dauerhaft Schaden nahm.

Wie ein Paukenschlag traf uns am 19. November die Nachricht, die CSU habe in Wildbad Kreuth beschlossen, die Fraktionsgemeinschaft mit der CDU im Bundestag nicht fortzusetzen. Eine Trennung von der CDU und die Ausweitung auf weitere Länder der Bundesrepublik könne der CSU, so das Kalkül von Franz Josef Strauß und einigen anderen – keineswegs aller! – führenden CSU-Politiker, in der gesamten Bundesrepublik neben der politischen Mitte neue rechtskonservative Wählergruppen erschließen. Auf diesem Wege könne man gemeinsam mit der CDU wieder mehrheitsfähig werden. Natürlich erhoffte sich Strauß zudem einen Bedeutungsgewinn für die CSU und mehr eigenen Einfluss auf die Bundespolitik. Helmut Kohl sprach er wenige Tage später in der berüchtigten »Wienerwald-Rede« vor dem Landesausschuss der Jungen Union Bayern jede Befähigung für das Amt des Bundeskanzlers ab und sprach von den »politischen Pygmäen der CDU«. Ein heimlich angefertigter Mitschnitt seiner im offenkundig angetrunkenen Zustand gehaltenen Rede gelangte rasch an die Presse.

Ich eilte in die Staatskanzlei und traf auf einen sichtlich betroffenen, aber vor Aktivität sprühenden Helmut Kohl. Sein

Zimmer füllte sich rasch, Zorn und Erbitterung sprachen aus allen Gesichtern. Ein Telefonat jagte das andere. Ich bot Helmut Kohl an, die getroffene Entscheidung rückgängig zu machen und in Mainz zu bleiben, zumal er doch das Fortbestehen der gemeinsamen Fraktion zur Bedingung seines Wechsels gemacht habe. Er aber war finster entschlossen: Sein Platz müsse gerade jetzt in Bonn sein. Die Gründung von CDU-Kreisverbänden und eines eigenen Landesverbandes in Bayern für den Fall der tatsächlichen Umsetzung des Kreuther Beschlusses müsse vorbereitet werden. Kohls Strategie sollte erfolgreich sein: Die CSU rückte nach intensiven Gesprächen vom Kreuther Trennungsbeschluss ab, und die Fraktionsgemeinschaft von CDU und CSU und die Einheit der Union blieben erhalten.

Vereidigung als Ministerpräsident von Rheinland-Pfalz am 2. Dezember 1976 durch Landtagspräsident Albrecht Martin.

Am 2. Dezember wählte mich der Landtag mit 55 Stimmen zum Ministerpräsidenten. Über so viele Stimmen verfügte meine Fraktion. Am selben Tag, einem Freitag, trat wie üblich der Bundesrat zusammen und wählte mich turnusgemäß zu seinem Präsidenten. Am Nachmittag desselben Tages fand in Lahnstein ein Landesparteitag statt. Ich wurde mit nahezu allen abgegebenen Stimmen als Parteivorsitzender bestätigt.

Alle Voraussetzungen für einen guten Start waren damit gegeben. Die beiden Ämter, das des Parteivorsitzenden und das des Ministerpräsidenten, lagen wieder in einer Hand. Ministerpräsident und Parteivorsitz, Kanzleramt und Parteivorsitz gehören nach meiner Überzeugung zusammen. Es stärkt die Führungsfähigkeit, und es spart Zeit. Es vermeidet – oft ungewollte – Irritationen und Widersprüche, es macht deutlich, dass die Partei hinter dem Ministerpräsidenten, hinter dem Kanzler steht. Darum war es für mich auch selbstverständlich, nach meiner Abwahl als Parteivorsitzender im November 1988 – wie vorher angekündigt – unverzüglich als Ministerpräsident zurückzutreten. Wenn die eigene Partei ihrem Vorsitzenden das Vertrauen entzieht, kann er auch nicht mehr auf das Vertrauen seiner Wähler setzen. Mit »abgeschlagenen Armen« kann man nicht regieren. Kai-Uwe von Hassel und Gerhard Stoltenberg, Kurt Georg Kiesinger und Hans Filbinger, Lothar Späth, Erwin Teufel und selbstverständlich Franz Josef Strauß, aber auch Holger Börner, Heinz Kühn, Johannes Rau und Hans Koschnick waren als Ministerpräsidenten zugleich Parteivorsitzende.

Allerdings keine Regel ohne Ausnahme: Ernst Albrecht war zehn Jahre Ministerpräsident von Niedersachsen und Winfried Hasselmann Landesvorsitzender. Loyalität und Verlässlichkeit zeichneten beide aus. Als ich nach Thüringen kam, amtierte Willibald Böck als Landesvorsitzender der CDU, und ich war zunächst fest entschlossen, nicht auch noch den Parteivorsitz zu übernehmen, schon weil ich kein Thüringer war und aus dem Westen kam. Bald musste ich einsehen, dass meine Regierungsfähigkeit gefährdet wäre, wenn ich nicht auch den Parteivorsitz übernähme. Ich sah mich gezwungen, auch noch den zweiten Koffer aufzunehmen, wie es damals hieß.

Alle der CDU angehörenden Bundeskanzler waren bei Amtsantritt CDU-Vorsitzende oder wurden es zumindest alsbald danach. Die Kanzler der SPD dagegen taten sich mit ihrer Partei schwerer. Willy Brandt, der als Parteivorsitzender Bundeskanzler wurde, blieb es auch nach seinem Rücktritt vom Kanzleramt 1974 noch bis 1987. Helmut Schmidt war es nie. Gerhard Schröder wurde 1999, kurz nach seiner Wahl zum Bundeskanzler, Parteivorsitzender, als Oskar Lafontaine diesen Posten abgab, und blieb es fast während seiner gesamten Kanzlerschaft. Olaf Scholz scheiterte bei seiner Kandidatur zum SPD-Vorsitzenden und wurde trotzdem Bundeskanzler. Parteivorsitzender ist er bis heute nicht.

Das Land in guter Verfassung

Wie gesagt: Alle Voraussetzungen für einen guten Start waren gegeben. Zum Ministerpräsidenten und zum Bundesratspräsidenten gewählt, als Parteivorsitzender bestätigt, bezog ich die Staatskanzlei; begleitet von Ursula Renker, meiner treuen Chefsekretärin seit fast zehn Jahren, und von meinem persönlichen Referenten. Natürlich ahnte ich, was auf mich zukommen würde. Schon bald sollten sich allerdings Herausforderungen einstellen, mit denen niemand rechnen konnte. Der »Deutsche Herbst«, die Ermordung von Hanns Martin Schleyer, der Glykolskandal, meine Begegnungen mit Erich Honecker, das Unglück von Ramstein.

Da der bisherige Chef der Staatskanzlei, Willibald Hilf, auf Initiative von Helmut Kohl zum Intendanten des Südwestfunks bestellt worden war, konnte ein neuer Chef der Staatskanzlei berufen werden. Dafür empfahl sich wie selbstverständlich Waldemar Schreckenberger, der strategisch denkende Einserjurist aus unserem engsten Freundeskreis, der mich während der kommenden Jahre hilfreich und verlässlich begleiten sollte.

Meine Aufgabe sollte es sein, an die erfolgreichen Jahre meiner beiden Vorgänger anzuknüpfen, die Identität des selbstbewusst gewordenen Landes zu stärken, es zu konsolidieren, mich den neuen Herausforderungen zu stellen und Rheinland-Pfalz in eine gute Zukunft zu führen. Außerdem wollte ich – vor allem über den Bundesrat – auch auf die Bundespolitik Einfluss nehmen. Und nicht zuletzt war der von Helmut Kohl begonnene Erneuerungsprozess meiner Partei aktiv zu unterstützen. Die CDU musste zur modernen Mitgliederpartei werden und sich organisatorisch neu aufstellen, ihr programmatisches Profil musste geschärft werden. Fast 30 Jahre nach ihrer Gründung verabschiedete sie 1978 in Ludwigshafen ihr erstes Grundsatzprogramm. Es entwickelte die bis heute geltenden Grundwerte: Freiheit, Solidarität, Gerechtigkeit. Wertkonservative und Zukunftsbewusste, die bewahren und gestalten wollen, haben es formuliert.

Rheinland-Pfalz war auf Weisung der französischen Besatzungsbehörden entstanden, zusammengefügt aus der bayerischen Pfalz, aus Rheinhessen und den beiden preußischen Regierungsbezirken Koblenz und Trier. Die Bevölkerung war nicht gefragt worden. Peter Altmeier war es gelungen, die unterschiedlichen, sich fremden Regionen des Landes aus der Retorte schrittweise miteinander zu verbinden. Seine mutige Entscheidung, die Landeshauptstadt von Koblenz nach Mainz zu verlegen, hatte wesentlich dazu beigetragen. Sein unerschrockenes Auftreten gegenüber der Besatzungsmacht, sein engagierter Einsatz für den Beitritt der Länder der französischen Zone zur »Bizone«, also zur amerikanisch und britisch besetzten Zone, und nicht zuletzt seine erstaunlich lange Amtszeit von 1947 bis 1969 machten ihn zum unbestrittenen Gründungsvater des Landes.

Helmut Kohl hat in seiner Nachfolge dem Land durch eine Vielzahl von Reformen, vor allem durch seine umfassende Gebiets- und Verwaltungsreform, aber auch durch seine Personalpolitik ein modernes Gesicht gegeben.

Jetzt musste es für mich darum gehen, Rheinland-Pfalz einen wettbewerbsfähigen, angesehenen Platz unter den (westdeutschen) Ländern zu sichern. Ich wollte es von seinem Ruf befreien, ein Land der »Rüben und Reben« zu sein, wo in den »Tälern die Meiler glimmen«.

Meine lange Amtszeit sollte mir das erleichtern.

Regieren muss man lernen

Am Wahlabend entscheidet sich, ob Partei und Spitzenkandidat ihr Ziel, die Regierung bilden zu können, erreicht haben, ob man Koalitionspartner braucht oder die absolute Mehrheit gewonnen hat. Es gibt nichts Schöneres als den Abend, an dem man erfährt, dass man die absolute Mehrheit errungen hat. Aber ich warne vor falschen Schlussfolgerungen. Schon bald zeigen sich auch die Schattenseiten. Absolute Mehrheiten haben zur Folge, dass kein Ziegel mehr vom Dach eines Hauses fällt, ohne dass die regierende Partei allein dafür Verantwortung trägt. Nichts kann auf einen Koalitionspartner geschoben werden. Absolute Mehrheiten sind außerdem bei der folgenden Wahl besonders schwer zu verteidigen. Und erreicht man sie nicht wieder, gehört man schon automatisch zu den Verlierern.

Unmittelbar nach dem Wahltag Koalitionsverhandlungen führen zu müssen, steht unter einer doppelten Belastung: Alle Beteiligten sind vom zurückliegenden Wahlkampf erschöpft, und vom oft monatelang vertretenen eigenen Programm Abstriche hinnehmen zu müssen, fällt schwer. Sollen Koalitionen gelingen, müssen beide Partner wollen, dass die gemeinsame

Regierung Erfolg hat, und sich gegenseitig tolerieren. Nichts schadet ihrem Ansehen mehr als öffentlicher Streit. Es ist üblich geworden, sich in streitigen Fällen im Bundesrat der Stimme zu enthalten – was aber praktisch zur Ablehnung der Vorlage führt, weil nur die Jastimmen gezählt werden. Ebenso vereinbart man in der Regel, zur Schlichtung von Streitfragen einen Koalitionsausschuss zu bilden. Es empfiehlt sich, ihn regelmäßig einzuberufen, um seinem Zusammentritt jede Dramatisierung und unnötige öffentliche Aufmerksamkeit zu nehmen. In Thüringen zogen sich seine Verhandlungen in der Zeit der Großen Koalition oft bis weit nach Mitternacht hin.

Wie das Grundgesetz legen auch die Verfassungen der Länder fest: Der Regierungschef bestimmt die Richtlinien der Politik! Auch wenn das von niemandem ernsthaft infrage gestellt wird, ist man gut beraten, davon im politischen Alltag nur sehr dosiert Gebrauch zu machen. Jedenfalls hatte ich in Rheinland-Pfalz und schon gar später in Thüringen damit keine Schwierigkeiten. Dass ich die Richtlinienkompetenz besaß, war wichtig. Ausgeübt habe ich sie höchst selten.

Bei der Leitung der Kabinettssitzungen – sie finden in den Ländern üblicherweise am Dienstagvormittag statt – muss man durch Argumente, nicht durch seine Richtlinienkompetenz überzeugen. In der Regel bemühen sich zuvor – am Montag – die Staatssekretäre unter Leitung des Chefs der Staatskanzlei darum, Meinungsverschiedenheiten auszuräumen. Verbleibende Dissense sollte der Ministerpräsident im Gespräch mit seinem Stellvertreter zu lösen versuchen. Notfalls muss der Koalitionsausschuss sich mit streitigen Themen befassen. Bei

Gesetzesvorlagen und bei der Festlegung des Abstimmungsverhaltens im Bundesrat wird in der Regel abgestimmt. Nicht zuletzt, wenn eine Kollegin oder ein Kollege ausdrücklich darauf besteht, abweichende Meinungen zu Protokoll zu geben, können Kabinettsprotokolle Schaden anrichten. Ihre Vertraulichkeit ist nicht zu sichern. Sie sollten daher – auch wenn Historiker das später bedauern – kurz gehalten sein und sich möglichst auf Anwesenheit und Tagesordnung, auf die gefassten Beschlüsse und den Zeitablauf beschränken.

Dem Verhältnis des Regierungschefs zur eigenen Fraktion kommt große Bedeutung zu. Der Fraktionsvorsitzende nimmt dabei eine Schlüsselrolle ein. Er ist für den Ministerpräsidenten der wichtigste Partner. Und dennoch strebt nahezu jeder Fraktionsvorsitzende früher oder später an, Kabinettsmitglied zu werden. Der Titel und die größere öffentliche Aufmerksamkeit locken. Helmut Kohl wurde vom Fraktionsvorsitzenden zum Ministerpräsidenten. Seine Nachfolger wechselten ebenfalls über kurz oder lang ins Kabinett: Johann Wilhelm Gaddum wurde Finanzminister, Kurt Böckmann wurde Innenminister, Rudi Geil wurde zunächst Sozialminister, später Wirtschaftsminister und schließlich Innenminister. Hans-Otto Wilhelm wurde 1987 in der Nachfolge von Klaus Töpfer Minister für Umwelt und Gesundheit – auch weil ich hoffte, damit seinen Ehrgeiz zu befriedigen und zu einem reibungslosen Verhältnis zu seinem Nachfolger im Fraktionsvorsitz zurückkehren zu können. Nach seinem Sieg über mich auf dem Koblenzer Parteitag 1988 musste er wieder Fraktionsvorsitzender werden. Sein erfolgreiches Plädoyer für die Trennung von Parteivorsitz und Ministerpräsidentenamt verbot ihm, mein Nachfolger als Ministerpräsident zu werden.

Schon Konrad Adenauer hat zu Recht gesagt, das Fegefeuer sei für ihn, wenn er in die Fraktion müsse. Seine Erfahrung kann ich nur bestätigen. Man musste tief Luft holen und sich in Geduld üben. Die Fraktionssitzungen begannen in der Regel mit meinem Bericht zur Lage, in dem ich zu den aktuellen landes- und bundespolitischen Themen Stellung nahm und gegebenenfalls von den Präsidiums- und Bundesvorstandssitzungen berichtete. Die Ausschuss- und Arbeitskreisvorsitzenden oder ihre Stellvertreter meldeten sich zu Wort, die bevorstehende Landtagssitzung wurde vorbereitet. Die Abgeordneten trugen ihre Wahlkreissorgen vor. Die Aufgabe des Fraktionsvorsitzenden war es, einerseits das Selbstbewusstsein der gewählten Volksvertreter zu achten, andererseits aber die eigene Führungsfähigkeit nicht infrage stellen zu lassen. Viel hing dabei von der Übereinstimmung von Fraktionsführung und Ministerpräsident ab.

Natürlich nahm ich, wann immer möglich, von Anfang bis Ende an den Landtagssitzungen teil. Selbstverständlich gab ich zu Beginn jeder Legislaturperiode, zur Halbzeit und zum Ende eine Regierungserklärung ab. Im Übrigen ging ich mit ihnen sparsam um. Sie durften sich nicht abnutzen und auch die Regierungsmitglieder mussten zu Wort kommen können. Viel lieber ergriff ich aus dem Stegreif zur Abwehr von Angriffen der Opposition, zur Unterstützung für einen in Not geratenen Ministerkollegen oder aus aktuellem Anlass das Wort.

Zur Opposition bemühte ich mich um ein sachlich-konstruktives Verhältnis und traf mich regelmäßig mit dem

Oppositionsführer. Nur mit der NPD in Mainz und mit der PDS in Erfurt wollte ich nichts zu tun haben.

Meine Kreisbereisungen in Rheinland-Pfalz wie in Thüringen sollten dazu dienen, so oft wie möglich vor Ort präsent zu sein, das Land genauer kennenzulernen, mit den Verantwortlichen Kontakt zu halten, Industrie- und Handwerksbetriebe, Schulen und auch Krankenhäuser zu besuchen. Und am Abend bei einem Bürgerempfang jedermann die Möglichkeit zu bieten, mir seine Sorgen und Nöte vorzutragen. In meinen drei rheinland-pfälzischen Amtsperioden habe ich dreimal jeden der 24 Landkreise und jede der elf kreisfreien Städte besucht: 105 Kreisbereisungen insgesamt! In meiner Thüringer Amtszeit kam es zu 52 Kreisbereisungen.

Von Hessen übernahm ich die Anregung, ab 1984 jedes Jahr zu einem Rheinland-Pfalz-Tag einzuladen und dadurch eine Stadt für eine Woche in den Mittelpunkt des öffentlichen Interesses zu rücken. Es wurde zur Gewohnheit, dass jede kreisfreie Stadt und jeder Landkreis sich am Sonntag bei einem großen Festumzug präsentierte und ein Wettbewerb um den nächsten Austragungsort entstand. Auch diese Gewohnheit übernahm ich in Thüringen.

Die Stiftung eines Landesordens – in diesem Fall nach bayerischem Vorbild – sollte die Identifikation verdienter Bürger mit Rheinland-Pfalz bzw. mit Thüringen stärken. Vor allem ehrenamtliche Verdienste, nicht der berufliche Erfolg, sollten gewürdigt werden. Um seine Bedeutung zu erhöhen, wurde die Zahl der Ordensträger begrenzt.

Der Bundesrat

Auf Beschluss der elf westdeutschen Ministerpräsidenten und mit Billigung der westlichen Besatzungsmächte trat am 1. September 1948 in Bonn der Parlamentarische Rat zusammen, um ein Grundgesetz für die Bundesrepublik Deutschland auszuarbeiten. Seine 65 stimmberechtigten Mitglieder waren von den Länderparlamenten gewählt worden, und der Entwurf des Grundgesetzes bedurfte der Zustimmung der Länderparlamente. Die Länder beschlossen das Grundgesetz und bilden gemeinsam den Bund. Sie sind nicht die Länder des Bundes. Das heute viel und zu Unrecht verwandte Wort »Bundesländer« kommt im Grundgesetz nicht vor. Durch den Bundesrat »wirken die Länder bei der Gesetzgebung und der Verwaltung des Bundes mit« (Artikel 50 GG), er ist ein Verfassungsorgan des Bundes.

Die aktive Mitarbeit im Bundesrat gehört zu den vornehmsten, selbstverständlichsten und wichtigsten Pflichten einer Landesregierung. Das gilt vor allem für den Ministerpräsidenten, zumal wenn ihm – turnusgemäß – die Präsidentschaft zufällt. Ich hatte sie bereits am Tage nach meiner ersten Wahl zum Ministerpräsidenten im Dezember 1976 und ein zweites Mal in meinem letzten Amtsjahr in Rheinland-Pfalz 1987 zu übernehmen. Stimmen die politischen Mehrheiten im Bundestag und Bundesrat überein, verlaufen die Bundesratssitzungen, die in der Regel einmal im Monat an einem Freitag stattfinden, relativ konfliktfrei. Weichen sie voneinander ab, kommt ihnen große Bedeutung zu. Um notwendige Kompromisse zu finden, muss häufig der Vermittlungsausschuss angerufen werden. Als ich 1976 zum Ministerpräsidenten gewählt wurde, führte Helmut Schmidt eine rot-gelbe Bundesregierung, im Bundesrat dagegen verfügten die unionsgeführten Länder bis zum Ende seiner Kanzlerschaft über eine klare Mehrheit. Sie engten den gesetzgeberischen Spielraum der Bundesregierung ein und gaben der Union ein nicht zu übergehendes Mitspracherecht. Die Länderkammer wurde zu einem wichtigen Instrument der Opposition, von dem sie allerdings nur zurückhaltend Gebrauch machte. In der Regel vor allem dann, wenn es in wichtigen Fragen der Finanz-, der Verwaltungs- und der Bildungspolitik parteiübergreifende Länderinteressen zu wahren galt.

Als 1982 Helmut Kohl zum Bundeskanzler gewählt wurde, konnte er bis 1990 in der Regel mit einer Mehrheit auch im Bundesrat rechnen. Der Handlungsspielraum der Bundesregierung erhöhte sich dadurch beträchtlich. Das sollte sich in den letzten beiden Legislaturperioden der Kohl-Ära (1990–1998) ändern. Nach den Landtagswahlen des Jahres 1991 verfügte die SPD im Bundesrat über eine oppositionelle Mehrheit, die sie unter dem Einfluss ihres gescheiterten Kanzlerkandidaten Oskar Lafontaine für eine bewusste und konsequente Blockadepolitik nutzte. Erst mit der Wahl von Gerhard Schröder zum Bundeskanzler 1998 änderte sich dies wieder.

Wenn der Vermittlungsausschuss von Bundestag und Bundesrat zusammentrat, erwies sich sehr bald, ob intensive Beratungen nutzlos waren oder ob die Bereitschaft bestand, Kompromisse zu finden. In diesem Fall musste man sich auf langwierige, sich oft bis in die frühen Morgenstunden hinziehende Beratungen einstellen.

Über Jahrzehnte boten die Sitzungen des Bundesrates Ministerpräsidenten die Chance, sich als künftige Bundeskanzler bzw. Bundeskanzlerkandidaten zu profilieren. Die Kanzler Kurt Georg Kiesinger, Willy Brandt, Helmut Kohl und Gerhard Schröder waren zuvor Ministerpräsidenten gewesen. Helmut Schmidt hatte sich in der Sturmflut von Hamburg 1962 als Innensenator einen Namen gemacht. Willy Brandt und Helmut Kohl waren zuvor als Kanzlerkandidaten in den Wahlkampf gezogen. Franz Josef Strauß, Johannes Rau, Edmund Stoiber, Oskar Lafontaine, Rudolf Scharping waren als Ministerpräsidenten als Kanzlerkandidat angetreten. Mein Bruder Hans-Jochen war von Januar bis Juni 1981 Regierender Bürgermeister von Westberlin und trat bei der Bundestagswahl 1983 als Kanzlerkandidat der SPD an.

Hans-Jochen Vogel am 13. März 1981 im Bundesrat, dem einzigen Verfassungsorgan, dem die Brüder kurzzeitig gemeinsam angehörten.

Meine Kabinette

Es war für mich selbstverständlich, das letzte Kabinett Kohl so gut wie unverändert zu übernehmen und insbesondere Heiner Geißler und Johann Wilhelm Gaddum wieder zu berufen. Nur das Innenministerium musste neu besetzt werden, da der bisherige Amtsinhaber Heinz Schwarz für den Bundestag kandidiert hatte und – zur Unterstützung von Helmut Kohl – nach Bonn ging. Als sein Nachfolger bot sich der bisherige Fraktionsvorsitzende Kurt Böckmann an, der über langjährige kommunalpolitische Erfahrungen verfügte und zu unserem engeren Freundeskreis gehörte. Als neuer Fraktionsvorsitzender fand Rudi Geil, seit 1971 Mitglied des Landtags und seit 1973 stellvertretender Fraktionsvorsitzender, breite und ungeteilte Zustimmung. Und natürlich war das von mir nicht ohne Wehmut verlassene Kultusministerium neu zu besetzen. Dafür empfahl sich Hanna-Renate Laurien, meine langjährige, verlässliche und hervorragend eingearbeitete Staatssekretärin.

Auch nach den Landtagswahlen von 1979, von 1983 und von 1987 sah ich keinen Grund, bewährte und vertraute Kollegen, mit denen zusammen wir den jeweiligen Wahlkampf erfolgreich bestanden hatten, nicht wieder zu berufen. Zu Veränderungen kam es durchweg nicht auf meine Initiative hin, sondern weil andere, meist äußere Umstände dazu Anlass gaben.

Als Heiner Geißler auf Wunsch von Helmut Kohl und auf mein nachdrückliches Zureden hin Generalsekretär der Bundes-CDU geworden war, berief ich im Juni 1977 Georg Gölter zu seinem Nachfolger als Sozialminister. Gölter, damals Vorsitzender der Jungen Union Rheinland-Pfalz, war mir als Grundsatzreferent ins Kultusministerium gefolgt, hatte 1969 als mein Nachfolger im Wahlkreis Neustadt-Speyer erfolgreich für den Bundestag kandidiert und sich dort als Bildungs- und Wissenschaftspolitiker zusammen mit Toni Pfeiffer einen Namen gemacht. Mit Georg Gölter sollte mich über alle Stürme hinweg eine jahrzehntelange enge Freundschaft verbinden.

Als nach dem ungeklärten und eine Zeit lang verheimlichten Tod eines Untersuchungshäftlings der Rücktritt von Justizminister Otto Theisen im Dezember 1979 unvermeidlich wurde, bat ich den erfolgreichen Trierer Oberbürgermeister Carl-Ludwig Wagner, in mein Kabinett einzutreten. Ein Glücksgriff, wie sich bald herausstellen sollte. Er folgte 1981 Johann Wilhelm Gaddum im Finanzministerium nach und sollte mit meiner vollen Unterstützung 1988 mein Nachfolger als Ministerpräsident werden.

Im Justizministerium folgte Wagner auf seinen eigenen, von mir wegen seiner langjährigen Verdienste als Chef der Staatskanzlei nicht zu übergehenden Wunsch hin Waldemar Schreckenberger. Er versprach mir, im Falle der Wahl Helmut Kohls zum Bundeskanzler nicht nach Bonn zu gehen. Als es im Oktober 1982 dazu kam, hielt er sich auch zunächst daran, aber der eben zum Kanzler gewählte Helmut Kohl forderte ihn gebieterisch bei mir an. Ohne Schreckenberger könne er nicht erfolgreich Kanzler sein, was sich sehr bald als Irrtum erweisen sollte. So erfolgreich Schreckenberger in Mainz war, im Kanzleramt fand er sich nicht zurecht. Zu seinem Nachfolger als Justizminister ernannte ich den Sprecher der rheinland-pfälzischen Landräte, Heribert Bickel.

Nach dem Sieg Richard von Weizsäckers bei den Abgeordnetenhauswahlen in Berlin im Juni 1981 fühlten wir uns verpflichtet, ihn, der selbst als rheinland-pfälzischer Bundestagsabgeordneter nach Berlin gegangen war, nach Kräften zu unterstützen. Als »Notopfer Berlin« wechselte Hanna-Renate Laurien als Schulsenatorin nach Berlin. Ein selbstloses Opfer, das sie ganz selbstverständlich brachte. Auch unsere beiden rheinland-pfälzischen Bundestagsabgeordneten Norbert Blüm und Elmar Pieroth wechselten in das Berliner Kabinett. Nachfolger Lauriens im Kultusressort wurde Georg Gölter, der trotz seiner Verdienste in seinem bisherigen Ressort dem Wechsel freudig zustimmte. Ihm wiederum folgte im Sozialministerium Rudi Geil nach, der dadurch an der Spitze der Fraktion für den nachdrängenden Hans-Otto Wilhelm Platz machte.

Zu einer etwas größeren Umbildung kam es nicht zu Beginn, sondern in der Mitte der zehnten Wahlperiode, im Mai 1985. Anlass war zunächst mein Wunsch, der Umweltpolitik mehr öffentliche Aufmerksamkeit zu sichern und ein eigenes Ministerium für Umwelt und Gesundheit einzurichten. Klaus Töpfer, der schon zuvor in dem 1979 mit dem Zusatz »Umwelt« versehenen Sozialministerium als für diesen Bereich verantwortlicher Staatssekretär hervorragende Dienste geleistet hatte, schien dafür als Minister besonders geeignet. Er erwies sich in der Tat als so gut geeignet, dass Helmut Kohl ihn im Mai

1987 in der Nachfolge von Walter Wallmann in das Bundeskabinett berief. Das Sozialministerium, erweitert um den Zusatz »Familie«, vertraute ich Frau Dr. Ursula Hansen an, einer erfahrenen Ärztin aus Prüm im Regierungsbezirk Trier. Dem Regierungsbezirk war damit Genüge getan, vor allem aber gehörte nach dem Ausscheiden von Hanna-Renate Laurien wieder eine Frau dem Kabinett an. Ein weiterer Grund für das Kabinettsrevirement im Mai 1985 war, dass es angebracht schien, zwei altgediente und bewährte Mitstreiter, die beide das Pensionsalter erreicht hatten, in Ehren zu verabschieden: Otto Meyer und Heinrich Holkenbrink, deren Bedeutung für die rheinland-pfälzische Landespolitik von den späten Jahren Peter Altmeiers über die Zeit Helmut Kohls bis zu inzwischen immerhin neun Jahren Bernhard Vogel nicht hoch genug eingeschätzt werden kann. In das Wirtschaftsressort wechselte Rudi Geil, für Landwirtschaft, Weinbau und Forsten wurde Dieter Ziegler verantwortlich, der viele Jahre dem Landtag angehört hatte und als Winzer im heraufziehenden Glykolskandal 1985 eine Schlüsselfunktion übernahm.

Die 1987 notwendig gewordene Koalition mit der FDP erzwang den Verzicht auf zwei Ministerien: das Wirtschaftsministerium und das Justizministerium. Mit dem quirligen, vielerorts präsenten Rainer Brüderle, der sich in seiner eigenen Partei nach dem katastrophalen Wahlergebnis von 1983, als sie an der Fünfprozenthürde gescheitert war, große Verdienste und hohes Ansehen erworben hatte, und mit dem zurückhaltenden, sachlich nüchternen, linksliberalen Peter Caesar entwickelte sich bald eine durchaus erfolgreiche Zusammenarbeit.

1. Kabinett Vogel in Rheinland-Pfalz, 2. Dezember 1976. Von links Kurt Böckmann (Inneres), Johann Wilhelm Gaddum (Finanzen), Otto Theisen (Justiz), Hanna-Renate Laurien (Kultus), Bernhard Vogel, Otto Meyer (Landwirtschaft), Heiner Geißler (Soziales), Heinrich Holkenbrink (Wirtschaft).

Schon unter Helmut Kohl hatte es sich als sinnvoll erwiesen, die Mitglieder des Kabinetts nicht nur aufgrund ihrer Sachkompetenz und ihrer Verankerung in der Partei auszuwählen, sondern auch darauf zu achten, die verschiedenen Regionen des »Bindestrichlandes« zu berücksichtigen. Bis auf Heiner Geißler – der aus Baden-Württemberg kam und zunächst in Mainz wohnte, war kein Kabinettsmitglied in der Landeshauptstadt zu Hause. Wir alle lebten in unseren Wahlkreisen und verfügten in Mainz lediglich über eine bescheidene Zweitwohnung.

Die Forderung, Frauen bei der Bildung eines Kabinetts angemessen oder gar zu 50 Prozent zu berücksichtigen, spielte während meiner Mainzer Jahre noch keine so dominierende Rolle wie heute. Aber zumindest eine Frau im Kabinett sollte es denn doch sein!

Weder in Mainz noch später in Erfurt habe ich je einen Minister entlassen. Wenn ein Abschied unumgänglich wurde, musste der Betroffene überzeugt werden: Wer selbst auf sein Amt verzichtet, der verlässt es mit Hut. Wer entlassen wird, bleibt zeitlebens mit einem Makel behaftet.

Zentrale Herausforderungen

Wirtschaft und Verkehr

Eine Fülle zentraler Herausforderungen stand vom ersten Tag an auf der Tagesordnung. In meiner ersten Regierungserklärung im Dezember 1976 hatte ich die Bekämpfung der hohen Arbeitslosigkeit und die Sicherung und den Ausbau der Energieversorgung durch den verstärkten Einsatz von Kernenergie und Erdgas als vordringliche Schwerpunkte benannt. Der Wirtschafts- und Verkehrspolitik und der Energiepolitik musste unsere besondere Aufmerksamkeit gelten.

Drei deutsch-französische Kriege hatten Rheinland-Pfalz zum Grenzland werden lassen. Die Mosel war zwar bereits kanalisiert, aber Autobahnen und schnelle Schienenverbindungen fehlten. Oder sie waren vorwiegend unter militärstrategischen Gesichtspunkten angelegt worden, wie zum Beispiel die Autobahn Frankfurt–Kaiserslautern. Im nach dem Zweiten Weltkrieg zusammenwachsenden Europa bot sich die Chance, die zentrale Lage in der Mitte von fünf starken Wirtschaftsräumen ohne hinderliche Grenzen zu nutzen und so die Zukunft von Rheinland-Pfalz als bevorzugtem Wirtschaftsstandort zu sichern und auszubauen. Die Autobahn Montabaur–Koblenz–Trier sollte ein Teilstück der Fernverbindung Paris–Dresden werden. Die Eifel-Hunsrück-Autobahn sollte Belgien mit dem Rhein-Main-Gebiet verbinden. Die Autobahn A 3 vom Ruhrgebiet und von Köln nach Frankfurt tangierte das Land nur östlich des Rheins. Die neue A 61 – Mönchengladbach–Speyer – sollte sie entlasten. Sie wurde zu einer der Lebensadern des Landes.

Auch bei der Schiene bestand dringender Handlungsbedarf. Die meistbefahrene Eisenbahnlinie Europas, von Frankfurt über Mainz und das Rheintal nach Bonn, Köln und ins Ruhrgebiet, war völlig überlastet. In jahrelangen Verhandlungen einigten wir uns schließlich auf eine neue Linienführung für die Hochgeschwindigkeitsstrecke Frankfurt–Köln, die zwar weder Mainz noch Bonn anbinden konnte, aber mit den Halten in Montabaur und Limburg Arbeitsplätze im rechtsrheinischen Rheinland-Pfalz sicherte und neu gewann. Es gelang uns, Rheinland-Pfalz bei der Zunahme der Arbeitsplätze den zweiten Platz unter den Ländern zu sichern.

Auch die Sicherung der Energieversorgung war in den 1970er und 1980er Jahren ein zentrales Thema der politischen Diskussion. Die verkehrsfreien Sonntage im Zuge der Ölkrise von 1973 hatten jedermann deutlich gemacht, was uns drohte. Kernkraftwerke galten daher als unverzichtbar. Das Bundesverfassungsgericht entschied im Dezember 1979, dass die friedliche Nutzung der Kernenergie mit dem Grundgesetz vereinbar sei.

Unsere Absicht, ein Kernkraftwerk in Rheinland-Pfalz zu bauen und dadurch die Wirtschaftskraft des Landes zu stärken, fand im Landtag die ungeteilte Unterstützung aller Fraktionen. Drei verschiedene Standorte wurden diskutiert. Die BASF trug sich mit dem Gedanken, auf ihrem Firmengelände in Ludwigshafen ein eigenes Kernkraftwerk zu errichten. Im Januar 1975 erhielt die RWE einen ersten Genehmigungsbescheid zum Bau eines Kernkraftwerkes im Neuwieder Becken, in Mülheim/Kärlich. Klagen von Kommunen und von Privatpersonen führten immer wieder zu Bauverzögerungen. Am 1. März 1986 endlich nahm das Kernkraftwerk seinen Probebetrieb auf; zunächst nur für dreizehn Monate. Im September 1988 musste es erneut abgeschaltet werden. Das Bundesverwaltungsgericht hatte in letzter Instanz die Aufhebung einer veränderten Baugenehmigung bestätigt. Das Kernkraftwerk wurde weiter betriebsbereit gehalten. Erst 2001 wurde es endgültig stillgelegt.

Insbesondere der zuständige Wirtschaftsminister, Heinrich Holkenbrink, war ein entschiedener Befürworter des Kernkraftwerkes Mülheim-Kärlich und kämpfte mit Leidenschaft und Entschlossenheit für seine Verwirklichung. Ich unterstützte und verteidigte ihn und seine Pläne uneingeschränkt, auch wenn ich mehr mit dem Kopf als mit dem Herzen bei der Sache war. Für mich galt, wie ich wiederholt erklärte, dass die friedliche Nutzung der Kernenergie unverzichtbar war, weil sie eine vergleichsweise sichere Art der Stromerzeugung darstellte und umweltfreundlicher war als andere Formen der Energieerzeugung. Zudem war sie kostengünstig und schonte die Vorräte an Kohle und Öl.

Wer die friedliche Nutzung der Kernenergie bejahte und Kernkraftwerke bauen wollte, musste auch zur Entsorgung seinen Beitrag leisten. Rheinland-Pfalz und Hessen waren die beiden ersten Ländern, die sich – von Bundeskanzler Helmut Schmidt ausdrücklich unterstützt – bereits 1980 bereiterklärten zu prüfen, ob eine Wiederaufbereitungsanlage bei ihnen errichtet werden könne, auch wenn ihr Bau und ihr Betrieb nicht Aufgabe eines Landes sein konnten. Schon 1977 war die Reaktorsicherheitskommission des Bundesinnenministeriums zu dem Ergebnis gekommen, dass es möglich sei, eine Wiederaufbereitungsanlage sicher zu betreiben. Die Regierungschefs des Bundes und der Länder hatten sich dieser Auffassung angeschlossen, und der Deutsche Bundestag hatte im Dezember 1981 bei nur drei Gegenstimmen und einer Enthaltung beschlossen, die Bundesregierung solle der jeweiligen Landesregierung jede notwendige Unterstützung bei der zügigen Verwirklichung des Baus einer Wiederaufbereitungsanlage gewähren.

Ich ergriff die Initiative und legte landespolitische Kriterien zur Errichtung einer Wiederaufbereitungsanlage vor. In einer Regierungserklärung am 12. Juni 1981 erklärte ich: »Wir drängen uns nicht vor, wir drücken uns aber auch nicht um unsere Verantwortung.« Auf Antrag der Deutschen Gesellschaft für Wiederaufbereitung von Kernbrennstoffen, der DWK, die den Standort Kaisersesch ausgewählt hatte und die

Anlage bauen wollte, leitete die Landesregierung ein planerisches Verfahren ein. Die Landesregierung und die in atomrechtlichen Verfahren weisungsberechtigte Bundesregierung wollten genau prüfen, ob die geplante Anlage den deutschen Sicherheits- und Strahlenschutzbestimmungen entspricht. Mein Vorschlag, als Standort in Rheinland-Pfalz die Gemeinden Hambuch und Illerich in der strukturschwachen Eifel vorzusehen, führte zu heftigen Diskussionen vor Ort, im Landkreis Cochem-Zell, und zu meiner lebhaftesten Kreisbereisung. Ich fuhr mit den zunächst durchaus interessierten, aufgeschlossenen und erwartungsvollen kommunalen Amts- und Mandatsträgern sowie mit Pressevertretern des berührten Raumes in die französische Wiederaufarbeitungsanlage an der Atlantikküste nach Cap de la Hague und hielt trotz vielfacher Bedenken zunächst an meiner Absicht fest. Aber es sollte nichts daraus werden. Auch in Niedersachsen kam erneut ein atomrechtliches Verfahren in Gang, und in Bayern beantragte die DWK eine atomrechtliche Genehmigung für eine Wiederaufbereitungsanlage in Schwandorf. Ihren Antrag für Hambuch/Illerich zog sie zurück. Mein anfängliches Bedauern wich dankbarer Zufriedenheit. Auch Schwandorf sollte nie verwirklicht werden.

Die Stimmung schlug allmählich um. Die Debatte um die zunächst von großen Erwartungen begleitete Kernenergie, deren zügiger Ausbau über Jahre hinweg besonders von der SPD vehement gefordert wurde, wurde zunehmend kritischer. Schon im November 1978 entschied in Österreich ein Referendum mit 50,5 Prozent der abgegebenen Stimmen, dass das

Atomkraftwerk Zwentendorf, dessen Errichtung eine konservative ÖVP-Regierung beschlossen hatte, dessen Bau aber erst unter dem SPÖ-Kanzler Bruno Kreisky begonnen worden war, nicht ans Netz gehen sollte. Der öffentliche Widerstand gegen die Verwendung der Atomkraft wuchs nach dem Störfall im amerikanischen Kernkraftwerk von Harrisburg (1979) und vor allem nach der Katastrophe von Tschernobyl (1986) weiter an. Der CDU-Bundestagsabgeordnete Herbert Gruhl wandte sich von der Kernenergie ab und verließ wegen der seiner Meinung nach unzureichenden Umweltpolitik seine Fraktion.

Die Grünen formierten sich auch durch die Auseinandersetzungen um die zivile Nutzung der Kernenergie von einer Bewegung zu einer Partei. Es kam zur ersten dauerhaft lebensfähigen Neugründung einer Partei seit 1945, die das bundesdeutsche Parteiensystem nachhaltig verändern sollte. 1979 zogen die Grünen in Bremen zum ersten Mal in ein deutsches Landesparlament ein, 1983 auch in den Bundestag und 1987 in den Landtag von Rheinland-Pfalz. Ein Thema, das die bestehenden Parteien, vor allem die Union und die Sozialdemokraten, die beiden Volksparteien, zu spät erkannt und zu lange vernachlässigt haben: die Angst der Deutschen vor der Atomkraft.

2000 beschloss die rot-grüne Bundesregierung den Ausstieg aus der Kernenergie. Die schwarz-gelbe Bundesregierung unter Angela Merkel revidierte den Beschluss 2010. Aber die Katastrophe von Fukushima führte ein Jahr später zum erneuten Beschluss, aus der Kernenergie auszusteigen. Der Beschluss war richtig. Nur ließ der allgemeine Beifall spürbar nach, als die Folgen dieser Entscheidung sichtbar wurden. Nach Beginn des russischen Angriffskriegs gegen die Ukraine haben sich die Probleme noch einmal massiv verschärft. Die Sicherung der Energieversorgung bleibt für ein Industrieland wie die Bundesrepublik eine der zentralen Herausforderungen.

»Mit dem Zweiten sieht man besser« – das ZDF

Peter Altmeier ist es zu verdanken, dass Mainz zur Heimstatt des Zweiten Deutschen Fernsehens wurde.

Das für die Länder erfolgreiche Fernsehurteil des Bundesverfassungsgerichts vom Februar 1961 durchkreuzte die auch von CDU-Landespolitikern kritisch betrachteten Pläne Konrad Adenauers, ein »Deutschland-Fernsehen« auf den Weg zu bringen, und sprach ihnen die alleinige Zuständigkeit für das Rundfunkwesen zu. Die Länder einigten sich in wenigen Monaten in einem Staatsvertrag auf die Gründung des ZDF und dank Peter Altmeier darauf, es nicht in Bonn, sondern in einer Landeshauptstadt, nämlich in Mainz, anzusiedeln.

In zwei Zimmern im vierten Stock der Mainzer Staatskanzlei nahmen die ersten drei Mitarbeiter der »Mainzer Laienspielschar«, wie der Journalist Hans Bausch sie nannte, ihre Arbeit auf. Im hessischen Eschborn bei Frankfurt, in »Telesibirsk«, wie man abfällig zu sagen pflegte, entstanden in alten Baracken die ersten Studios. Erst fast 20 Jahre später war die neue Sendezentrale auf dem Mainzer Lerchenberg fertiggestellt – zu ihrer Zeit die modernste Sendezentrale einer europäischen

Fernsehanstalt. Der Staatsvertrag räumte den Ländern in den Aufsichtsgremien ein starkes Mitspracherecht ein. Von den damals neun Mitgliedern des Verwaltungsrats wurden drei von den Ministerpräsidenten, eines vom Bund entsandt und fünf vom Fernsehrat gewählt.

Den Vorsitz im Verwaltungsrat nimmt der rheinland-pfälzische Ministerpräsident ein, zunächst Peter Altmeier (1962–1969), dann Helmut Kohl (1969–1976). Als ich ihm 1977 nachfolgte, war Karl-Günther von Hase bereits Intendant. Seinem Vorgänger Karl Holzamer, stets freundlich im Umgang, meisterhaft im Verhandeln, hart in der Sache, war es zu verdanken, dass das ZDF in erstaunlich kurzer Zeit zu einer leistungsfähigen Konkurrenz der ARD wurde.

Von Hase, Regierungssprecher unter drei Bundeskanzlern (Adenauer, Erhard, Kiesinger) und lange Jahre hoch angesehener Botschafter in London, war 1977 vom Fernsehrat als Kompromisskandidat gewählt worden, nachdem Dieter Stolte in fünf ergebnislosen Wahlgängen die vorgeschriebene Dreifünftelmehrheit nicht erreicht hatte, und fühlte sich selbst schon wegen seines bereits fortgeschrittenen Alters als Übergangsintendant. Ein Gentleman mit Stehvermögen. Die Entführung der Kinder des bekannten Journalisten Dieter Kronzucker während eines Familienurlaubs in der Toskana im Sommer 1980 wurde zu unserer ersten gemeinsamen Bewährungsprobe und zum Beginn einer reibungslosen Zusammenarbeit. Im Urlaub in Tirol aufgeschreckt, eilte ich nach Mainz. Mit Unterstützung des Mailänder Kardinals Carlo Maria Martini, mit dem öffentlichen Appell Johannes

Pauls II. an die Entführer und mit dem großzügigen finanziellen Hilfsangebot des Bundestagsabgeordneten Elmar Pieroth und seines Bad Kreuznacher Familienunternehmens gelang gegen ein Lösegeld von 4,3 Millionen DM die Befreiung. Da Lösegeldzahlungen in Italien verboten waren, musste das Geld in bar heimlich ins Land geschmuggelt werden. Die Kinder wurden freigelassen, das Lösegeld zurückgezahlt.

Im März 1982 folgte auf von Hase – endlich – Dieter Stolte. Er hatte seine Karriere als persönlicher Referent von Karl Holzamer begonnen, hatte 1973 das ZDF verlassen, um Programmdirektor des Südwestfunks in Baden-Baden zu werden und war nach drei Jahren zu »seiner« Anstalt als Programmdirektor zurückgekehrt. Mit souveräner Autorität hat er das ZDF zwei Jahrzehnte lang erfolgreich geführt. Dieter Stolte wusste, was er wollte. Wie ein guter Bergsteiger plante er seine Touren selbst, setzte Schritt vor Schritt, nie leichtsinnig, stets ausdauernd, keine langen Pausen machend, mit Seil und Steigeisen gesichert, wenn es kritisch wurde, mit langem Atem, immer das Ziel vor Augen, nicht allein, sondern auf verlässliche Freunde vertrauend. Dieter Stolte schenkte Vertrauen und erwartete Vertrauen. In der Sache bis ins Detail kundig, in den Sitzungen zu allen Tagungsordnungspunkten selbst die Position der Anstalt vortragend, geduldig auf Fragen antwortend, um am Ende hochbefriedigt erreicht zu haben, was er für angemessen und für das ZDF nützlich hielt. Nie ließ er sich anmerken, dass er sich mit seiner Ansicht durchgesetzt hatte. Da wir in meiner Amtszeit als Vorsitzender des Verwaltungsrats jede Sitzung gründlich vorbereiteten und abstimmten, mögliche Konflikte auszuräumen versuchten und uns auf einvernehmliche Lösungen, auch und gerade in schwierigen Personalfragen, verständigten, kam es nie zu ernsthaften, gar öffentlichen Kontroversen. Bald sollte sich eine langjährige vertrauensvolle Zusammenarbeit entwickeln. Nach der Koblenzer Revolte vom November 1988 war Dieter Stolte der Erste, der mich am folgenden Tag zu Hause in Speyer aufsuchte. Ein unvergessener Freundschaftsdienst!

Als er nach 20 Jahren nicht wieder antrat, bereitete die Wahl seines Nachfolgers wegen der erforderlichen Dreifünftelmehrheit erneut erhebliche Schwierigkeiten. In monatelangen Verhandlungen zwischen Kurt Beck und mir – er war mittlerweile in Mainz Ministerpräsident, ich in Erfurt – konnten wir unsere Vorschläge durchsetzen. Als Kompromisskandidat wurde schließlich im März 2002 der vielfach vernetzte Markus Schächter gewählt. Wenn der damalige bayerische Ministerpräsident Edmund Stoiber an den Verhandlungen teilnahm, erschien in seiner Begleitung meist ein junger, ehrgeiziger, nicht zur Verschwiegenheit neigender Mitarbeiter: Markus Söder!

Kultur

So territorial zergliedert die Landschaft an Rhein, Mosel und Lahn, aus denen nach dem Zweiten Weltkrieg das Land Rheinland-Pfalz entstand, auch war, sie durfte sich zu Recht darauf berufen, im Zentrum des Heiligen Römischen Reiches gestanden zu haben, ein Kernland deutscher Geschichte und Kultur zu sein. Trier als die älteste deutsche Stadt, die romanischen Dome von Worms, Speyer und Mainz, das Deutsche Eck in Koblenz legen Zeugnis dafür ab. Sein kultureller Reichtum musste gepflegt und für das Zusammenwachsen des Landes genutzt und zukunftsfähig gemacht werden. Und Neues sollte hinzugefügt werden.

Auf meine Initiative hin wurde das Hambacher Schloss zwischen 1980 und 1982 für insgesamt zwölf Millionen DM restauriert, sodass der Landtag dort die 150. Wiederkehr des Hambacher Festes mit einem Festakt und mit der Eröffnung einer Ausstellung begehen konnte. Unzählige Veranstaltungen sollten seitdem folgen. Unvergessen der Besuch des amerikanischen Präsidenten Ronald Reagan, zu dem ich ihn, seine Frau Nancy und Bundeskanzler Kohl für den 6. Mai 1985 gebeten hatte. Zehntausend Schülerinnen und Schüler, die wir aus dem ganzen Land eingeladen hatten, hatten sich vor dem Schloss versammelt und bereiteten ihnen einen begeisterten Empfang. Am Tag zuvor hatten Reagan und Kohl den Soldatenfriedhof von Bitburg besucht – eine schwierige und über Monate in Deutschland und den USA umstrittene Visite, weil dort nicht nur deutsche und amerikanische Soldaten, sondern auch SS-Angehörige lagen, die allerdings überwiegend in der Endphase des Krieges in jugendlichem Alter in die Waffen-SS eingegliedert worden waren. Günter Grass protestierte lautstark und öffentlichkeitswirksam gegen den Besuch. Erst Jahre später räumte er ein, als 17-Jähriger selbst Mitglied der SS geworden zu sein.

US-Präsident Ronald Reagan und Ehefrau Nancy am 6. Mai 1985 auf dem Hambacher Schloss.

Den zum Abriss freigegebenen Bahnhof Rolandseck tauschten wir mit der Deutschen Bahn gegen landeseigene Grundstücke im Kreis Germersheim. Am Stadtrand von Bonn entstand in der Folge mit aktiver Unterstützung des umtriebigen Johannes Wasmuth ein »Künstlerbahnhof«, ein kulturelles Fenster von Rheinland-Pfalz zur Bundeshauptstadt. Zahlreiche bedeutende Künstler stellten ihre Werke aus oder traten dort auf, darunter Oskar Kokoschka, Günther Uecker, Yehudi Menuhin, Martin Walser und Marcel Marceau. Nach dem Tod Wasmuths und dem Umzug von Bundestag und Bundesregierung nach Berlin endete diese Nutzung des Bahnhofs. Seit 2007 beherbergt er das Arp Museum.

In Mainz vermochte der rührige Pfarrer von St. Stephan, Monsignore Klaus Mayer, ein Sohn des Sprechers der im

Nationalsozialismus untergegangenen Mainzer jüdischen Gemeinde, 1973 Mark Chagall davon zu überzeugen, ein Fenster für seine Kirche zu gestalten, und die Landesregierung zu überreden, die finanziellen Mittel dafür zu beschaffen. 1978 wurde das erste Fenster eingebaut. Acht weitere sollten folgen, die einzigen Bilder Marc Chagalls in Deutschland. In Ludwigshafen entstand das Hack-Museum für moderne und zeitgenössische Kunst mit seiner von Joan Miró gestalteten Keramikfassade, in Koblenz und in Ludwigshafen wurden zwei Staatsorchester neu gegründet, in Kaiserslautern ein neues Theater gebaut.

Ein betuchter, einflussreicher Koblenzer Verleger bot 1987 an, am Deutschen Eck, am Zusammenfluss von Mosel und Rhein in Koblenz, das im Zweiten Weltkrieg zerstörte Denkmal Kaiser Wilhelms I. wiederaufrichten zu lassen und zu einem Denkmal zum 25-jährigen Bestehen des Deutsch-Französischen Freundschaftsvertrages umzuwidmen. Wir lehnten dankend ab und zogen heftigste Kritik der Koblenzer Presse und Bevölkerung auf uns. Aber Theodor Heuss und Peter Altmeier hatten bald nach dem Krieg versprochen, die erhalten gebliebenen Überreste des Denkmals als »Mahnmal der deutschen Einheit« zu sichern. Der Gedanke der Einheit durfte nicht infrage gestellt werden. Erst nach dem Fall der Mauer konnte das Deutsche Eck zum Denkmal der Einheit werden!

Zu dem aus Vermont nach Europa zurückgekehrten, in Nackenheim bei Mainz geborenen Carl Zuckmayer nahmen wir frühzeitig Kontakt auf. Mit dem *Hauptmann von Köpenick*, dem *Fröhlichen Weinberg*, mit *Des Teufels General* und vielen anderen Stücken und Erzählungen hatte er sich großen literarischen Ruhm erworben und auch mich persönlich von Jugend an begeistert. Jahrzehnte zuvor hatte ich – wie erwähnt – meine Gießener Klasse ohne Kenntnis unserer Lehrer in eine Theateraufführung von *Des Teufels General* geführt und war dafür mit vier Stunden Arrest bestraft worden. An seinem Todestag am 18. Januar 1977 ordnete ich Trauerbeflaggung an, und seine Frau erhielt als Erste die von mir gestiftete Carl-Zuckmayer-Medaille.

Diese und viele andere Initiativen verdankt das Land ganz wesentlich dem hochbetagt verstorbenen, kenntnisreichen, oft auch eigenwilligen Berthold Roland. Er brachte das Opfer, von einer gut dotierten Stelle beim Auktionshaus Neumeister in München in das rheinland-pfälzische Kultusministerium zu wechseln, und leistete mir in Mainz, aber später als Kunstberater beim Bundeskanzleramt auch Helmut Kohl in Bonn unschätzbare Dienste.

Der Glykolskandal

Im Frühjahr 1985 traf uns wie ein Blitz aus heiterem Himmel die Nachricht, einige österreichische Winzer hätten Wein nicht nur – erlaubterweise – mit Zucker, sondern – unerlaubterweise – auch mit Diethylenglykol versetzt, das unter anderem als Frostschutzmittel eingesetzt wurde. Einige deutsche Großabfüller hatten diesen Wein aus Österreich mit anderen Weinen gemischt und hier auf den Markt gebracht. Ein Sturm brach los. Monateland wurde der Glykolskandal zum Medienereignis und fügte nicht nur den österreichischen, sondern auch den deutschen Winzern größten Schaden zu. Die Gesellschaft für deutsche Sprache kürte »Glykol« zum »Unwort des Jahres«.

Wir, das Weinland Rheinland-Pfalz, waren besonders betroffen, insbesondere als bekannt wurde, auch der größte deutsche Weinabfüller, das Unternehmen Pieroth in Bad Kreuznach, habe gesetzwidrig deutsche Weine mit österreichischem Glykolwein verschnitten. Dass der Berliner Wirtschaftssenator Elmar Pieroth zu den Gesellschaftern dieser Firma gehörte, steigerte die allgemeine Aufmerksamkeit zusätzlich, auch wenn er glaubhaft versichern konnte, keine operative Funktion in der Firma auszuüben. Wir taten, was wir konnten, nutzten jede Gelegenheit, mit den Winzern – bisher unsere verlässlichste Wählerschaft – zu sprechen und sie in Schutz zu nehmen. Ich warb im In- und Ausland, bis Tokio und Los Angeles, für den deutschen Qualitätswein. Finanzielle Hilfen für geschädigte Winzer wurden beschlossen, der Staatssekretär des Weinbauministeriums wurde versetzt, zuständige Beamte wurden ausgewechselt. Nichts half zunächst. Im August und September 1985 wurden 30 Prozent weniger Wein als in den Vergleichsmonaten des Vorjahres verkauft.

Als Glücksgriff in dieser schwierigen Situation sollte sich die Berufung von Dieter Ziegler zum Minister für Landwirtschaft und Weinbau erweisen, eines völlig unbelasteten, allseits geschätzten, vielfach bewährten, glaubwürdigen Winzers aus Maikammer in der Pfalz. Langfristig sollte die Krise zum Wendepunkt werden. Eine neue junge Winzergeneration wuchs heran, die der Qualität und nicht der Menge Priorität einräumte. 35 Jahre nach dem Glykolskandal geht es dem deutschen Weinbau darum besser als je zuvor.

Ramstein 1988

Zweimal in den 33 Jahren meiner Amtszeiten als Minister und als Ministerpräsident sind Ereignisse über mich hereingebrochen, die die Grenzen des Vorstellbaren überschritten und mich zu überfordern drohten: am 28. August 1988 die Katastrophe auf dem amerikanischen Luftwaffenstützpunkt in Ramstein und am 26. April 2002 die Ermordung von 16 Menschen im Gutenberg-Gymnasium in Erfurt.

350 000 Menschen waren an einem strahlenden Sommersonntag zur Flugschau nach Ramstein gekommen. Spannung lag über dem Flugfeld. Wochenlang hatte es im Vorfeld Streit um diesen Tag gegeben, Gegner und Befürworter hatten sich heftig befehdet. Die einen riefen zum Boykott auf, weil sie den Abzug der Amerikaner wollten, die anderen – unter ihnen der rheinhessisch-pfälzische Regierungspräsident – forderten Solidarität mit den Amerikanern und wollten ihnen durch ihre Teilnahme Sympathie bekunden. »The Sound of Freedom« war ihre Parole. Seit über 30 Jahren fanden solche Flugtage statt. Sie erfreuten sich zunächst allgemeiner Beliebtheit, wurden aber seit Anfang der 1980er Jahre von vielen zunehmend als Belästigung empfunden. Die Landesregierung hatte sich konsequent bemüht, die Zahl der Flugtage zu verringern. Ich wollte auf die Belastung der Bevölkerung Rücksicht nehmen,

aber gleichzeitig die Freundschaft zu Amerika deutlich machen. Schließlich hatten wir erreicht, dass nur noch ein Flugtag im Jahr stattfand. Einer zu viel!

An diesem 28. August 1988 verlief alles zunächst ruhig und ohne Störung. Die große Menschenmenge war von den fliegerischen Leistungen begeistert, bis kurz vor Schluss der Flugschau drei Flugzeuge der italienischen Flugstaffel Frecce Tricolori zusammenstießen. Eines von ihnen stürzte brennend in die Zuschauermenge. Das größte Unglück, das dem Land Rheinland-Pfalz seit dem Explosionsunglück in der BASF von 1948, bei dem 207 Menschen starben, widerfahren ist!

Ich eilte so schnell wie möglich zum Unglücksort. Ein Bild des Grauens. 34 Menschen waren sofort ums Leben gekommen, es gab Hunderte von Verletzten. Die meisten von ihnen waren mit Brandwunden in das amerikanische Lazarett und in deutsche Krankenhäuser gebracht worden – 36 von ihnen sollten in den kommenden Wochen und Monaten an den Folgen ihrer Verletzungen sterben. Als ich den Flugplatz in den Abendstunden verließ, kam ich an den weiten Wiesen vorbei, auf denen zuvor Tausende von PKWs geparkt hatten. Jetzt waren sie leer; nur vereinzelt standen da und dort noch Autos, die niemand mehr abgeholt hatte.

Was war zu tun? Die Hinterbliebenen benachrichtigen, Verletzte besuchen, Hilfe organisieren, die Fragen der Journalisten beantworten, Interviews geben. Ich musste handeln. Die nächsten Tage mussten bestanden werden, obwohl ich am liebsten stumm geblieben wäre. Die ganze Welt nahm Anteil. Mit dem Oppositionsführer im Landtag, Rudolf Scharping, war ich mir einig: Die unvermeidliche politische Auseinandersetzung durfte erst nach der Beisetzung der Toten geführt werden. Erst eine Woche später befasste sich der Landtag einen ganzen Tag lang mit dem Unglück.

In der Nähe der Unglücksstelle, nicht auf dem Gelände des Flughafens, sondern in der katholischen Pfarrkirche von Ramstein, fand eine ergreifende ökumenische Trauerfeier statt. Der Speyrer Bischof, der Kirchenpräsident, die Botschafter der Vereinigten Staaten von Amerika und Italiens ergriffen nach mir das Wort. Viele Angehörige, Bundespräsident Richard von Weizsäcker, der SPD-Vorsitzende – mein Bruder –, der italienische Senatspräsident Giovanni Spadolini, die Verteidigungsminister Italiens und Deutschlands, die Ministerpräsidenten von Hessen, Nordrhein-Westfalen und des Saarlands waren gekommen. Keine Rede war mir bis zu diesem Tag schwerer gefallen: »Sollten wir nicht lieber schweigen nach all dem Leid, das so viele Menschen getroffen hat?« Ramstein durfte nicht zum Synonym einer Katastrophe werden, sondern musste Symbol der Freundschaft und der guten Nachbarschaft bleiben. Das Verhältnis zu unseren amerikanischen Freunden wurde nicht dauerhaft belastet, auch wenn viele Jahre kein Flugtag mehr stattfand.

Diejenigen, die lange Zeit den Abzug der amerikanischen Truppen oder zumindest ihre wesentliche Reduzierung gefordert hatten – »Ami go home« stand viele Jahre in Kreideschrift auf Brücken über der Autobahn –, waren in der Regierungsverantwortung, als die Amerikaner über ein Jahrzehnt später, nach dem Zusammenbruch des Kommunismus, große Truppenkontingente aus Rheinland-Pfalz, dem »größten Flugzeugträger der NATO«, abzogen. Sie mussten mit den schwerwiegenden Folgen fertigwerden und umfangreiche Konversionsprogramme entwickeln, um den Verlust an Arbeitsplätzen und an Kaufkraft auszugleichen. Nur die Ramstein Air Base besteht auch heute noch.

Elfmal zu Besuch in der DDR

Ein westdeutscher Ministerpräsident kannte die Bundesrepublik oder lernte sie während seiner Amtszeit kennen. Die unterschiedlichsten Anlässe führten ihn quer durch das Land – von Nord bis Süd, von West nach Ost. Er kannte die Eigenarten ihrer Landschaften, die Geschichte ihrer Länder. Nur Thüringen und Sachsen, Sachsen-Anhalt, die Mark Brandenburg, Vorpommern und Mecklenburg kannte er vor der Wiedervereinigung in der Regel nicht. Darum hatte ich mir es zur Pflicht gemacht, einmal im Jahr in die DDR zu reisen, um zu sehen und gesehen zu werden. Privat, begleitet von zwei Ehepaaren – einem Landesminister und einem Mitglied des Bundestages mit ihren Frauen – sowie meinem persönlichen Referenten. Man musste die Einreiseerlaubnis beantragen, angeben, welche Bezirke man besuchen wollte, Hotels und Restaurants buchen. Dort wurde man abseits von anderen Gästen platziert. Die Empfehlung eines bestimmten Gerichtes verbarg den Hinweis, dass die lange Speisekarte im Übrigen aus Leerbuchungen bestand. Offizielle Kontakte habe ich lange gemieden, aber das

Gespräch mit Fremdenführern, mit Geschäftsleuten, mit Pfarrern und Bischöfen sowie »normalen« Gläubigen gesucht. Um nicht abgehört zu werden, unterhielt ich mich bei strömendem Regen in seinem Garten mit dem Bischof von Dresden/Meißen. Den Bischof von Erfurt suchte ich zu Fuß auf, um nicht aufzufallen. Der sächsische Landesbischof ließ lautstark Musik spielen, während wir miteinander sprachen.

Heimlich gemachte Aufnahme aus Unterlagen des Ministeriums für Staatssicherheit der DDR während eines Besuch in Cottbus im Juli 1981.

Elfmal, von 1977 bis 1988, gab es keine Schwierigkeiten. Nur 1982 wurde mir die Einreise verweigert. In der bundesdeutschen Presse erregte dieser Vorgang erhebliche Aufmerksamkeit und wochenlange heftige Diskussionen. Der Ständige Vertreter der Bundesrepublik in Ostberlin wurde im DDR-Außenministerium vorstellig. Mein Bruder – zu dieser Zeit Mitglied des Berliner Abgeordnetenhauses und Vorsitzender der Berliner SPD-Fraktion – sagte seine eigene geplante Privatreise in die DDR aus Protest ab. Über die Gründe für mein Einreiseverbot wurde vielfältig spekuliert. Es wurde darauf verwiesen, dass ich im Jahr zuvor, im Februar 1981, bei einer Japanreise in einer Pressekonferenz in Tokio meine Gastgeber gebeten hatte, im Falle einer Invasion der Staaten des Warschauer Paktes in Polen den geplanten Besuch Honeckers zu überdenken und ihn abzusagen. Dagegen sprach allerdings, dass ich im Juni 1981 ungehindert die DDR hatte besuchen können. In den Unterlagen des MfS findet sich eine andere Begründung. Ich hätte mich nach meinem Besuch 1981 verleumderisch und diffamierend über den Zustand von Kulturstätten in der DDR geäußert, darum habe man »die zentrale Entscheidung getroffen«, mir künftig die Einreise zu verweigern – »zentral« bedeutete in diesem Fall übrigens, dass Erich Honecker persönlich entschieden hatte. Wie dem auch war: Im November 1982 übermittelte mir der Vorsitzende des Ost-Ausschusses der Deutschen Wirtschaft, Berthold Beitz, der Honecker auf der Leipziger Messe getroffen hatte, dessen Grüße – ich sei zukünftig wieder willkommen.

In den frühen Jahren wagte bei unseren Besuchen in der DDR niemand, uns auf den Straßen zu grüßen oder gar anzusprechen. Das sollte sich nach und nach ändern. Vor allem nach den Ereignissen in Polen 1980/81 wurden die Menschen mutiger. Bei meiner letzten Reise im Jahre 1988 sprachen mich Mitbürger an und erbaten Autogramme.

Von den Sicherheitsorganen des SED-Staates auffällig unauffällig begleitet, fühlten wir uns »beschützt« und beobachtet. Dass zur »Kontrolle und Absicherung« unserer Reise im Vorfeld detaillierte »Maßnahmenpläne« erstellt und für unseren Aufenthalt detaillierte Überwachungsprotokolle und »Lagefilme« verfasst wurden, dass jede unserer Bewegungen akribisch protokolliert wurde, konnten wir uns nicht vorstellen. Dass von diesen Reisen 1600 Seiten Protokolle der Staatssicherheit verfasst worden waren, erfuhr ich erst nach 1990 von der Gauck-Behörde. Sie strotzen von nebensächlichen Banalitäten.

Eine Ausarbeitung des Ministeriums für Staatssicherheit aus dem Jahr 1984, in der es um den »Polittourismus« in die DDR ging, der »eine feste Größe im Rahmen der politisch-ideologischen Diversion« aus dem Westen sei, nannte als Beispiele nicht nur die Konrad-Adenauer-Stiftung, sondern auch mich persönlich – aus heutiger Sicht eine ausgesprochen ehrenvolle Erwähnung.

Die Reisen boten neben zahlreichen interessanten Begegnungen auch viele deprimierende Eindrücke: Ein Schleier lag über dem Land. In den vom Krieg zerstörten Innenstädten war der Zerfall weit fortgeschritten. Die Stützen, die alte Fachwerkhäuser vor dem Einsturz retten sollten, waren morsch geworden und sollten ihren Dienst nicht mehr lange tun. Der Dom zu Halle bot ein Bild des Grauens: der Moder, der Geruch des Zerfallens, Feuchtigkeit, Schmutz, der Kot von Tauben, aus den Angeln gefallene Türen. So dürfte es nach dem Dreißigjährigen Krieg in deutschen Kirchen ausgesehen haben.

Begegnungen mit Erich Honecker

Erich Honecker selbst bin ich in den Jahren 1987 und 1988 insgesamt dreimal begegnet: zweimal in Ostberlin – am 13. Februar 1987 und am 21. April 1988 –, einmal – am 10. September 1987 – in Trier; in Berlin im Büro des Vorsitzenden des Staatsrats der DDR und nicht in dem des Generalsekretärs der SED, in Trier während seines offiziellen Besuchs in der Bundesrepublik Deutschland.

Unserer ersten Begegnung am 13. Februar 1987 sollte eine ungewöhnliche Bedeutung zukommen. Zur Eröffnung des Bundestagswahlkampfes 1987 hatte Helmut Kohl am 7. Januar 1987 in einer Rede in Dortmund geäußert, dass das SED-Regime »über 2000 unserer Landsleute als politische Gefangene drüben in der DDR in Gefängnissen und Konzentrationslagern« gefangen halte. Der ihm »herausgerutschte« Begriff »Konzentrationslager« sei »unangemessen« gewesen, räumte er später in seinen Memoiren später selbst ein.

Kohl bat mich, in meinem zuvor mit dem Bundeskanzleramt und seinem Chef Wolfgang Schäuble vorbereiteten Gespräch mit Honecker deutlich zu machen, dass die Bundesrepublik und er persönlich an konstruktiven Beziehungen zur DDR interessiert seien, und die schon seit Jahren ins Auge gefasste Einladung Honeckers zu einem Besuch in der Bundesrepublik Deutschland zu erneuern. Und dass die Tatsache, dass Honecker die von der Bundesregierung seit Längerem geforderte Unterbindung der illegalen Einreise von Asylsuchenden über Ostberlin in die Bundesrepublik während des Wahlkampfes dem SPD-Kanzlerkandidaten Johannes Rau zugesagt hatte, eine bewusste Wahlkampfhilfe für die SPD gewesen sei.

Die seit Jahren erhobene Forderung Ostberlins nach Anerkennung einer eigenen DDR-Staatsbürgerschaft und der Umwandlung der Ständigen Vertretungen in »normale« Botschaften allerdings lehnten wir weiterhin ab.

Wie erwartet, kam Erich Honecker während unserer fast zweistündigen Unterredung auf den zurückliegenden Bundestagswahlkampf und die Äußerungen des Bundeskanzlers zu sprechen, »die nicht dazu beigetragen hätten, die Beziehungen DDR – BRD zu fördern«. Viele Menschen in der DDR, auch sein Enkel, könnten nicht verstehen, warum er danach noch in die Bundesrepublik fahren wolle. Ich antwortete ihm, dass nun mal »ein Wahlkampf keine Fronleichnamsprozession« und Kohls Äußerung nicht geplant, sondern in einem Nebensatz in einer frei gesprochenen Rede gemacht worden sei.

Neben der Respektierung einer eigenen Staatsbürgerschaft der DDR forderte Honecker die Beseitigung der Erfassungsstelle Salzgitter zur Dokumentation von DDR-Unrecht, die »eine ungeheuerliche Einmischung in Angelegenheiten der

DDR« darstelle. Ich antwortete, dass ein wesentlicher Grund für deren Existenz wegfalle, »wenn Deutsche nicht mehr in Lebensgefahr geraten, wenn sie von Deutschland nach Deutschland wollen«. Auch ich sei nicht für Einmischungen in die Angelegenheiten anderer Länder. Allerdings seien wir uns doch sicher einig, dass es keine »Einmischung« sei, sich etwa gegen die Apartheid in Südafrika auszusprechen – eine Aussage, die Honecker sichtlich missfiel.

Am Ende des Gesprächs lud ich Honeckers Enkel Robert ein, als mein Gast den nächsten Landtagswahlkampf in Rheinland-Pfalz mitzuerleben.

In einer sich anschließenden Pressekonferenz betonte ich, wir hätten »offen, direkt und klar« miteinander gesprochen und auch kontroverse Fragen nicht ausgespart. In Fragen der Friedenssicherung hingegen gingen unsere Auffassungen »gar nicht so weit auseinander«.

Meine Mission – die Wiederaufnahme des deutsch-deutschen Gesprächsfadens nach der Bundestagswahl – verlief erfolgreich. In den Genuss einer Einladung zum Staatsakt der DDR anlässlich der 750-Jahr-Feier der Stadt Berlin am 23. Oktober 1987 kam ich im Gegensatz zu anderen westdeutschen Ministerpräsidenten wie Oskar Lafontaine oder Johannes Rau allerdings trotzdem nicht.

Im September 1987 fand der mehrfach verschobene Besuch Erich Honeckers in der Bundesrepublik Deutschland tatsächlich statt. Ich selbst hielt einen solchen Besuch trotz aller verständlichen Vorbehalte seit Längerem für sinnvoll, um, wie ich im August

1984 in einem Interview erklärt hatte, »die Lebensverhältnisse der Menschen drüben zu verbessern und die Beziehungen zwischen den beiden Staaten zu intensivieren«. Dennoch versetzten mir, wie ich unmittelbar nach der Abreise Honeckers notierte, der Anblick der beiden Fahnen vor dem Kanzleramt und das Abspielen der Hymnen einen »Stich ins Herz«.

Beim abendlichen Bankett am 7. September 1987 in der Godesberger Redoute hielt Helmut Kohl eine bewegende Rede. Seine Tischrede, die auch in der DDR live verfolgt und in der dortigen Presse in vollem Wortlaut nachgelesen werden konnte, war meiner Meinung nach »allein [..] es wert, zu ertragen, dass wir den Gast aus Ostberlin mit militärischem Zeremoniell, mit Fahnen und Hymnen empfangen mussten«. Der Bundeskanzler sprach vom Wunsch der Menschen in Deutschland, einander häufiger begegnen zu können, ihrem Leiden an der innerdeutschen Grenze, ihrer Sehnsucht nach Einheit in Freiheit und Selbstbestimmung und betonte, dass die Präambel des Grundgesetzes mit der Verpflichtung, »in freier Selbstbestimmung die Einheit und Freiheit Deutschlands zu vollenden«, nicht zur Disposition stehe.

Wenige Tage später, am 10. September kam Honecker nach Rheinland-Pfalz, nach Trier, um das Geburtshaus von Karl Marx zu besuchen. 1979 hatte ich Hua Guofeng, den Nachfolger Mao Zedongs als Chef der kommunistischen Partei Chinas, bei dessen Deutschlandbesuch in das Karl-Marx-Haus begleitet. Hua durchschritt das Haus, wie ein gläubiger Katholik in Altötting durch die Kirche geht. Das Interesse Honeckers war deutlich geringer. In der engen Straße vor dem Marx-Haus stand Wolfgang Leonhard auf einer Gartenmauer, der einstige Weggefährte Honeckers, der 1949 aus der sowjetisch besetzten Zone geflohen war, sich später vom Kommunismus losgesagt und 1955 mit *Die Revolution entlässt ihre Kinder* einen seither immer wieder aufgelegten Klassiker der Auseinandersetzung mit dem Stalinismus veröffentlicht hatte. Jetzt lebte er in Rheinland-Pfalz, in Manderscheid in der Eifel. Honecker hat ihn natürlich erkannt, würdigte ihn aber keines Blickes.

Mit DDR-Staats- und Parteichef Erich Honecker vor der Porta Nigra in Trier am 10. September 1987.

Auf der langen Fahrt zur Porta Nigra begleiteten uns zwei protestierende Gruppen. »Mörder, Mörder«, rief die Junge Union. »Erich, Erich«, skandierte eine Gruppe saarländischer Kommunisten. Honecker bediente die Fensterscheibe. Er öffnete das Fenster, wenn die Saarländer kamen, und schloss es, wenn die JUler sich zu Wort meldeten. Das wiederholte sich drei- oder viermal.

In unserem Gespräch ging es um die Entwicklung der Wirtschaftsbeziehungen zwischen Rheinland-Pfalz und der DDR, um Städtepartnerschaften zwischen Trier und Weimar und zwischen Mainz und Erfurt. Und um kulturelle Fragen wie den Austausch von Ausstellungen, etwa die Übernahme der geplanten Salier-Ausstellung des Landes Rheinland-Pfalz durch die DDR.

In meiner Tischrede beim Mittagessen in der Trierer Steinhalle bezeichnete ich Karl Marx als »eine der wichtigsten Gestalten der neuesten deutschen Geschichte mit weltweiter Wirkung«, dessen politische Erben in Rheinland-Pfalz allerdings von den Bürgern bei Wahlen kaum Stimmen erhielten. Ich betonte ein weiteres Mal, dass der Besuch die Gegensätze und Unterschiede in den Weltanschauungen und den politischen und gesellschaftlichen Systemen nicht ausräumen werde. Mit Blick auf die menschenrechtswidrigen Verhältnisse besonders an der innerdeutschen Grenze äußerte ich den Wunsch, »daß keiner mit Waffengewalt daran gehindert wird oder an seinem Leben Schaden erleidet, wenn er die Grenze überschreiten möchte«. In seiner Antwort ging Honecker hierauf nicht ein, sondern sprach von der Friedenssicherung als zentraler Aufgabe der beiden deutschen Staaten.

Tischrede beim Mittagessen zu Ehren Honeckers.

Mit dem Ablauf des Besuchs und meiner ebenfalls im Fernsehen übertragenen Rede war ich insgesamt zufrieden. Ob sie tatsächlich die beste von westdeutscher Seite gehaltene Rede während Honeckers Besuch in der Bundesrepublik war, wie der damalige Ständige Vertreter der Bundesrepublik in Ostberlin, Hans Otto Bräutigam, in seinen 2009 erschienenen Erinnerungen meint, sei dahingestellt.

Gegenüber der Presse warnte ich vor überzogenen Hoffnungen und notierte, ich hätte Honecker noch ausdrücklicher darauf hinweisen sollen, »dass ein Toter nach seiner Rückkehr an der Grenze alle Erfolge zunichtemachen würde«. Auch störte mich, dass in der publizistischen Berichterstattung die gute Atmosphäre des Besuchs und die angeblich mit ihm verbundene »symbolische Anerkennung der deutschen Zweistaatlichkeit«

im Vordergrund standen. Die in der Tischrede Kohls deutlich gewordenen und auch von mir unterstrichenen Gegensätze bei den Themen nationale Einheit, Menschenrechte und politische Ordnung spielten demgegenüber in den Medien nur eine untergeordnete Rolle. Im Rückblick zeigt sich, dass Erich Honecker für den mit seinem Besuch verbundenen Prestigegewinn durch die ihm abgehandelten Verbesserungen bei den innerdeutschen Reisemöglichkeiten und die klaren, direkt an die Menschen in der DDR gerichteten Worte Kohls, die starke Beachtung fanden, einen hohen Preis gezahlt hat.

In einer Rede vor dem Parteiausschuss der CDU Saar im Juni 1988 fasste ich mein Urteil über den Honecker-Besuch zusammen: »Dieser Besuch war richtig. Nicht, weil Unrecht plötzlich nicht mehr Unrecht wäre, sondern weil dieser Besuch die Voraussetzung dafür war, dass mehr Deutsche nach Deutschland kommen. Wir haben ein Stück menschlicher Erleichterung erreicht.«

Die Ambivalenz lag allerdings darin, dass die Gespräche bundesdeutscher Politiker mit Erich Honecker diesen aufwerteten und somit auch zur zumindest vorübergehenden Stabilisierung des Systems der DDR beigetragen haben.

Der Deutsche Herbst – ein tragischer Konflikt

Der »Deutsche Herbst«, der Herbst 1977, sollte für Staat und Gesellschaft der Bundesrepublik zu einer der bis dahin größten Herausforderungen werden.

Vom Brandanschlag auf Frankfurter Kaufhäuser im April 1968 führte die Blutspur der RAF zur Eskalation des Terrors in den 1970er Jahren, die im Oktober 1977 mit der Entführung – und Befreiung – der Lufthansa-Maschine »Landshut« und der Ermordung von Hanns Martin Schleyer ihren Höhepunkt fand.

Am 5. September 1977 rief mich Hanns Martin Schleyer, Präsident der Bundesvereinigung der Deutschen Arbeitgeberverbände und Präsident des Bundesverbandes der Deutschen Industrie, gegen 17 Uhr von Bonn aus in der Mainzer Staatskanzlei an, um mich als Redner für eine von ihm geplante Tagung der Walter-Raymond-Stiftung zu gewinnen. Er müsse sich in Köln noch umziehen und sei am Abend in Düsseldorf verabredet. Es sollte sein letztes Telefongespräch sein. Kurz nach 18 Uhr erreichte uns die erste Meldung von seiner Entführung und von der Ermordung seines Fahrers und dreier seiner Begleitschutzbeamten durch ein Kommando der RAF. Ich war erschüttert und tief getroffen. Hanns Martin Schleyer war mir in den Jahren zuvor zum Freund geworden. Über Jahre hinweg trafen wir uns in einer Hütte seines Freundes Hans Wolfgang Fein, eines Stuttgarter Unternehmers, auf der Schwäbischen Alb. Lothar Späth, Kurt Biedenkopf, der bayerische Innenminister Bruno Merk, zeitweise auch Alfred Dregger, das Ehepaar Schleyer und ihr ältester Sohn Hanns-Eberhard gehörten zu diesem Kreis. Wir alle traten dafür ein, dass Helmut Kohl Bundeskanzler werden sollte.

An den Bonner Krisenstäben, die unverzüglich gebildet wurden, war ich nicht beteiligt. Mein Platz war in Stuttgart bei Schleyers Frau und seiner Familie. Über sechs schreckliche Wochen des Bangens und Hoffens trafen wir uns in der Wohnung von Hans Wolfgang Fein, um uns zu informieren, Nachrichten auszutauschen, um zu beraten und seiner Familie Mut zu machen. Jede nur denkbare Möglichkeit, Hanns Martin Schleyer lebend zu retten, wurde erörtert. Die Position der Bundesregierung und aller Mitglieder der beiden Krisenstäbe war von Anfang an eindeutig: Der Staat dürfe nicht erpressbar sein. Er dürfe vor den Terroristen nicht kapitulieren und ihrer Forderung nach Freilassung von in deutschen Gefängnissen einsitzenden Gesinnungsgenossen nicht nachkommen.

Ich selbst befand mich in einem unerträglichen Konflikt. Ich musste diesen Standpunkt teilen, und ich wollte, dass der Freund überlebt. Ich hatte volles Verständnis für die Haltung der Familie. Dafür, dass Frau Schleyer sich mehrfach an die Öffentlichkeit wandte: »Lasst meinen Mann leben! Tauscht ihn aus.« Auch dafür, dass sein Sohn schließlich sogar das Bundesverfassungsgericht im Namen seines Vaters anrief und eine Klage gegen die Bundesregierung und mehrere Länder einreichte oder dass er auf eine Begegnung mit einem Vermittler in einem Frankfurter Hotel hoffte. Und ich akzeptierte zugleich, dass die Bemühungen ohne Erfolg bleiben mussten. Machtlosigkeit, Zorn und Mitleid quälten uns.

Am 13. Oktober wurde eine Maschine der Lufthansa, die »Landshut«, mit 91 Menschen an Bord von vier palästinensischen Terroristen entführt und der Pilot ermordet. Als die Maschine am 18. Oktober in Mogadischu von einem Kommando der GSG 9 gestürmt und die Geiseln befreit wurden und daraufhin die in Deutschland inhaftierten Terroristen Andreas Baader, Gudrun Ensslin und Jan-Carl Raspe sich selbst töteten, erreichte die Krise ihren Höhepunkt. Am 19. Oktober wurde der Tod Schleyers zur schrecklichen Gewissheit. Das Requiem in der Stuttgarter St.-Eberhard-Kirche war eine der erschütterndsten Trauerfeiern, an denen ich teilgenommen habe.

Heute weiß ich, dass einer der dramatischsten Augenblicke der Nachkriegszeit zum Wendepunkt des Kampfes gegen die RAF wurde. Es war richtig, dass unser Staat dem Terrorismus entschlossen die Stirn geboten hat, dass er seine rechtsstaatlichen Grundsätze nicht aufgegeben und den Forderungen der Terroristen nicht nachgegeben hat.

Die Bundesrepublik hat die terroristische Herausforderung bestanden. Sie ist gestärkt aus ihr hervorgegangen. Helmut Schmidt bewies als Bundeskanzler Entschlossenheit und Führungsstärke, unterstützt von meinem Bruder als zuständigem Justizminister. Hierfür zolle ich beiden bis heute Dank und hohe Anerkennung.

Die Opfer der Terroristen, der Pilot der »Landshut«, der Fahrer und die Personenschützer Schleyers und Hanns Martin Schleyer selbst, aber auch Siegfried Buback, Jürgen Ponto, Alfred Herrhausen, Gerold von Braunmühl, Detlev Karsten Rohwedder und all die anderen im Zusammenhang mit Anschlägen der RAF Ermordeten dürfen nicht in Vergessenheit geraten.

Der Tod Hanns Martin Schleyers sollte nicht ohne Folgen für den weiteren Lebensweg seines ältesten Sohnes bleiben.

Hanns-Eberhard Schleyer zog aus den Geschehnissen Konsequenzen, gab seine Arbeit in einer angesehenen Stuttgarter Anwaltskanzlei auf und engagierte sich fortan für unser Gemeinwesen, für den Staat, der das Leben seines Vaters nicht hatte retten können. 1978 berief ich ihn als Nachfolger von Roman Herzog zum Vertreter des Landes Rheinland-Pfalz in Bonn. Drei Jahre später wurde er in der Nachfolge von Waldemar Schreckenberger mein Chef der Staatskanzlei. Sechs Jahre lang stand er mir treu und verlässlich zur Seite, bis er mit mir gemeinsam am 3. Dezember 1988 aus dem Amt schied. Unsere Freundschaft besteht bis heute fort.

Über zehn Jahre nach Hanns Martin Schleyers Tod, im Juni 1988, habe ich auch gegenüber RAF-Terroristen als Ministerpräsident von dem mir zustehenden Begnadigungsrecht Gebrauch gemacht. Klaus Jünschke, der erste zu lebenslanger Freiheitsstrafe verurteilte RAF-Terrorist, wurde aus dem Gefängnis entlassen. Er gehörte zum harten Kern der RAF, zur »ersten Generation« der Terroristen. Im Dezember 1971 überfiel er zusammen mit seinen Komplizen eine Bank in Kaiserslautern und ermordete einen Polizeibeamten. Weil für mich die Terroristenprozesse keine politischen Prozesse waren, habe ich auch das Urteil im Jünschke-Prozess nicht als politisches Urteil angesehen. Auch für ihn durfte kein anderer Maßstab gelten als für alle anderen lebenslänglich Verurteilten. Folglich war sein Fall zu behandeln wie jedes andere Gnadenverfahren. Bei den vorausgehenden 17 von mir ausgesprochenen Begnadigungen hatte ich es mir zur Pflicht gemacht, jeden anstehenden Einzelfall selbst genau zu prüfen, mit jedem möglicherweise zur Begnadigung anstehenden Häftling zu sprechen und mir selbst ein Urteil zu bilden. Die näheren Umstände der Tat – es handelte sich ausschließlich um Morde – waren zu berücksichtigen, das Verhältnis des Täters zu seiner Tat, sein Verhalten im Strafvollzug, die von Fachleuten erstellten Sozialprognosen, sein zu erwartendes Verhalten nach der Entlassung, die Aussichten für seine Wiedereingliederung in die Gesellschaft. Wie würde sich die Familie des Opfers verhalten, wie das Umfeld, aus dem der Täter stammte? Grundsätzlich muss es für jeden Straftäter einen Weg zurück in die Gesellschaft, einen Weg zurück in die Freiheit geben. Voraussetzung musste sein, dass mit an Sicherheit grenzender Wahrscheinlichkeit neue schwere Straftaten auszuschließen waren. So verfuhr ich auch im Fall Jünschke. Er war seit rund 16 Jahren inhaftiert, er hatte sich frühzeitig in überzeugender Weise und auch öffentlich von den verbrecherischen Zielen der RAF losgesagt. Er hatte sich im Rahmen der Vollzugsmaßnahmen bewährt. Seine Kriminalitätsprognose war günstig, und er war als Freigänger bei einer kirchlichen Einrichtung beschäftigt.

Natürlich war ich mir der politischen Bedeutung der zu treffenden Entscheidung bewusst. Ich wollte ein Zeichen setzen. Das Umfeld der RAF-Täter sollte erkennen, dass es sich lohnt, terroristische Aktivitäten zu beenden und zur Gewaltlosigkeit zurückzukehren. Vor allem aber wollte ich deutlich machen: Die Bundesrepublik Deutschland ist ein Rechtsstaat, kein Staat, der Rache nimmt. Aber wie würde die Öffentlichkeit reagieren, wie die Angehörigen der Opfer? Wie die Parteien? Wie das politische Bonn? Wie die Medien? Zunächst sprach ich mit Hanns-Eberhard Schleyer, danach nahm ich Kontakt zu Bundespräsident Richard von Weizsäcker, zu Bundeskanzler Helmut Kohl, zu Bundesinnenminister Friedrich Zimmermann auf und sprach mit den Fraktionsvorsitzenden der im Bundestag vertretenen Parteien und mit anderen Persönlichkeiten, deren Urteil mir wichtig war. Die Reaktionen waren unterschiedlich, aber insgesamt ermutigend. Erstaunlicherweise hielten sich alle an die erbetene Vertraulichkeit.

Die öffentliche Mitteilung über die bevorstehende Begnadigung löste eine breite, ausführliche, im Detail heftige und auch kontroverse Diskussion aus. Insgesamt aber überwog der Respekt vor der getroffenen Entscheidung. Wie von mir erhofft, war das Tor aufgestoßen, weitere Begnadigungen folgten. Ich selbst begnadigte im November 1988, noch vor meinem Abschied aus Mainz, den in Berlin einsitzenden Manfred Grashof. Er war gemeinsam mit Jünschke vom Landgericht Kaiserslautern zu lebenslanger Haft, darüber hinaus aber zu einer längeren Freiheitsstrafe als dieser verurteilt worden. Ein Todesschütze bei der Entführung von Hanns Martin Schleyer, Rolf Clemens Wagner, wurde nach 24 Jahren Haft 2003 von Bundespräsident Johannes Rau begnadigt.

Der Urknall von Ludwigshafen

Sehr bald nach meinem Amtsantritt sollte mich die Entwicklung der deutschen Medienlandschaft in hohem Maße in Anspruch nehmen. Neue, aus Amerika kommende Technologien ermöglichten zusätzliche Frequenzen zur Verbreitung von Radio- und Fernsehprogrammen über Kabel und Satellit. Die Übertragungskapazitäten waren nicht länger auf lediglich drei Kanäle beschränkt und mussten folglich nicht mehr bewirtschaftet werden, der Frequenzmangel hatte ein Ende. Der verfassungsrechtliche Grund für die Sonderstellung der elektronischen Medien wurde damit hinfällig. Die Zeit schien gekommen, das öffentlich-rechtliche Monopol aufzubrechen. Aber wie sollten die neuen Möglichkeiten genutzt werden und von wem?

Eine leidenschaftlich geführte gesellschaftspolitische Debatte brach aus. Die Medienpolitik bewegte nicht nur die Politik, auch Kirchen, Gewerkschaften, Arbeitgeberorganisationen, Industrie- und Handelskammern, Sportverbände bildeten Medienkommissionen und bezogen in der Auseinandersetzung um die Zukunft von Radio und Fernsehen Stellung.

Die Rundfunkpolitik der Länder und die Telekommunikationspolitik, für die der Bund zuständig war, führten zu einer ordnungspolitischen Auseinandersetzung von europäischen Dimensionen. Die Verbreitung von Programmen via Satellit hielt sich nicht länger an nationale Grenzen.

Vordergründig ging es um die rechtliche Ordnung der neuen Übertragungsmöglichkeiten. Dahinter aber stand ein ordnungspolitischer Streit. Sind Medien in öffentlich-rechtlicher Trägerschaft für die Gesellschaft wertvoller als privatwirtschaftliche Medienunternehmen? Was gebietet der Artikel 5 des Grundgesetzes, der grundsätzlich für alle Medien Freiheit vor staatlicher Einengung garantiert?

Die wirtschaftlichen Potenziale des deutschsprachigen und damit größten europäischen Marktes für Fernsehprogramme versprachen große und vielfältige Geschäfte. Die privatwirtschaftlichen Interessenten, etwa der Filmhändler Leo Kirch mit seinen Firmen und RTL aus Luxemburg, drängten immer stärker auf eine Öffnung, unterstützt von Teilen der Wirtschaft und einigen Banken. Sollte ihnen das Fernsehen überlassen werden? Oder bedurfte es für das einflussreichste Massenmedium einer Sonderregelung als Kulturgut mit einer Ausnahmestellung innerhalb unserer marktwirtschaftlichen Ordnung?

Das Lager der Zeitungs- und Zeitschriftenverleger war gespalten. Die Mehrheit wollte am liebsten den bequemen Status quo erhalten, nur ein kleinerer Teil, allen voran der Axel Springer Verlag, suchte neue geschäftliche und publizistische Chancen.

Die Unionsparteien rangen lange um die Entscheidung, ob private Programmveranstalter zugelassen werden sollten. Erst auf ihrem Parteitag in Stuttgart 1984 bekannte sich die CDU dazu, dass die Privatwirtschaft auch am Rundfunkmarkt beteiligt werden sollte. Eine Privatisierung der öffentlich-rechtlichen Anstalten, wie sie vereinzelt gefordert wurde, hat hingegen niemand in der CDU ernsthaft betrieben.

Auf der anderen Seite dominierte eine Allianz von SPD und Gewerkschaften mit starker Unterstützung von Teilen der evangelischen Kirche, die von einem Ende des öffentlich-rechtlichen Rundfunkmonopols einen Verlust an direktem und indirektem politischen Einfluss auf die öffentliche Meinungsbildung befürchteten.

Mein Ziel war es, die Führungsrolle von Rheinland-Pfalz in Medienfragen zu sichern und eine Balance zwischen privatwirtschaftlichen Medienunternehmen und öffentlich-rechtlichen Anstalten zu erreichen.

Wir entwickelten ein zukunftsfähiges Konzept, einen rechtlichen und politischen Gestaltungsrahmen: Nutzung des technischen Fortschritts, Erhaltung öffentlich-rechtlicher Anstalten im Wettbewerb mit privatwirtschaftlichen Programmveranstaltern.

Ende 1975 war bereits von der Kommission für den Ausbau des technischen Kommunikationssystems (KtK) ein Telekommunikationsbericht vorgelegt worden. Er machte erstmals die weiteren Entwicklungsperspektiven eines ganzen Spektrums von »neuen Medien« bewusst und enthielt den Vorschlag, vier wissenschaftlich begleitete Pilotprojekte durchzuführen, darunter eines unter Beteiligung privater Veranstalter. Rheinland-Pfalz bekundete von Anfang an seine Absicht, eines der Pilotprojekte durchzuführen.

Die unterschiedlichen medienpolitischen Auffassungen von Union und SPD führten zu einer tiefgreifenden parteipolitischen Frontbildung. Die sozialdemokratischen Kollegen wandten sich entschieden dagegen, bisherige oligopole Strukturen aufzubrechen. Die an Bedeutung gewinnenden Grünen sprachen sich nicht nur gegen privaten Rundfunk, sondern auch gegen die Einführung neuer Kommunikationstechniken aus. Die Gewerkschaften wollten keine unternehmerische Aktivität im Rundfunkwesen.

Die SPD-geführte Bundesregierung bremste, wo sie nur konnte. Die befürchtete Gefahr für die Gesellschaft im Allgemeinen und für die Familie im Besonderen, die sich aus der medienpolitischen Entwicklung ergeben könnte, stand im Mittelpunkt. Bundeskanzler Helmut Schmidt meinte 1979, die »neuen Medien« beinhalteten »Möglichkeiten des Hintansetzens von Gefahren, die weitaus akuter und größer sind als diejenigen durch Kernkraftwerke«.

Die Union trat für das Nebeneinander von öffentlich-rechtlichem Rundfunk und privaten Sendern ein. Sie erhoffte sich von der Konkurrenz eine größere Programmvielfalt und, weil sie sich in der Zeit der sozialliberalen Koalition von den öffentlich-rechtlichen Anstalten nicht ganz zu Unrecht vernachlässigt sah, eine positive Veränderung zu ihren Gunsten. Die SPD sah Gefahren, die Union witterte Chancen.

Ich persönlich wollte die neuen technischen Möglichkeiten nutzen, ein duales Rundfunksystem etablieren, das öffentlich-rechtliche Oligopol brechen, Konkurrenz zulassen. Ich wollte privatwirtschaftlichen Unternehmen die Möglichkeit geben, in Deutschland Fernseh- und Hörfunkprogramme zu produzieren, Arbeitsplätze zu schaffen. Zu keiner Zeit war es mein Ziel, den öffentlich-rechtlichen Rundfunk zu zerschlagen, wohl aber, ihn der Konkurrenz auszusetzen. Die Zulassung freier Veranstalter, die in eigener Verantwortung Programme anbieten, war für mich ein Gebot der Meinungsvielfalt und der Meinungsfreiheit. In der marktwirtschaftlichen Ordnung verwurzelt, trat ich für den Wettbewerb ein. Die Hoffnung mancher meiner Parteifreunde, man könne dem vermeintlichen öffentlich-rechtlichen »Rotfunk« einen privaten »Schwarzfunk« entgegensetzen, habe ich hingegen von Anfang an nicht geteilt.

Sehr bald nach Erscheinen des KtK-Berichtes hatte ich für Rheinland-Pfalz einen Organisationsentwurf für ein Kabelpilotprojekt in weitgehend eigenverantwortlicher privater Trägerschaft vorgelegt. Zur Finanzierung waren Teilnehmergebühren vorgesehen, die nach einem an den Einschaltquoten orientierten Schlüssel ausgeschüttet werden sollten. Nach intensiven Diskussionen wurden durch die Ministerpräsidentenkonferenz drei Bedingungen festgelegt: Erteilung und Entzug von Rundfunkkonzessionen für private Veranstalter durch eine öffentlich-rechtliche Anstalt, als ihr oberstes Gremium eine Anstaltsversammlung aus Vertretern gesellschaftlich relevanter Gruppen, Sicherung der Programmvielfalt durch unterschiedliche Veranstalter und Formate.

Dieser Kompromissentwurf – der weitgehend die Handschrift meines Amtschefs Waldemar Schreckenberger trug – wurde im Mai 1978 von den Ministerpräsidenten gebilligt. Von einigen Interpreten wurde der Beschluss als medienpolitischer Durchbruch in einer bisher rein öffentlich-rechtlichen Fernsehlandschaft gewertet und als Erfolg der Union zugeschrieben. Jedenfalls löste er eine massive Reaktion der sozialliberalen Bundesregierung aus. Sie bremste den Ausbau der Verkabelung mit den bewährten Kupfer-Koaxialkabeln und versprach leistungsfähigere, aber zur damaligen Zeit noch nicht sinnvoll anwendbare Glasfaserkabel.

Die zunächst erwogene Idee, unser Kabelpilotprojekt gemeinsam mit Baden-Württemberg als Projekt Mannheim/

Ludwigshafen durchzuführen, wurde nicht weiterverfolgt. Die unterschiedlichen Vorstellungen der beiden Länder ließen sich nicht harmonisieren. Ich sah mich zum Alleingang gezwungen.

Zwei Jahre nach der Einigung auf die vier Pilotprojekte kam es endlich im November 1980 zu den »Kronberger Beschlüssen«. Wir Ministerpräsidenten verständigten uns auf eine gemeinsame Kommission zur wissenschaftlichen Begleitung der Pilotprojekte und auf eine gemeinsame Finanzierung. Ein »Kabelgroschen« von 20 Pfennig sollte befristet auf die Rundfunkgebühr aufgeschlagen werden. Später wurde daraus ein Anteil von zwei Prozent an der Rundfunkgebühr zur Finanzierung der inzwischen entstandenen 14 Landesmedienanstalten.

Die »Kronberger Beschlüsse« kamen nicht in den offiziellen Beratungen zustande. Erst spät in der Nacht, in der Bar des Schlosses Kronberg, gelang es, den hessischen Ministerpräsidenten Holger Börner davon zu überzeugen, dass er seine Kollegen nicht majorisieren und darum kein Veto einlegen dürfe, sondern sich enthalten müsse. Es war die Geburtsstunde der seitdem üblich gewordenen »Kamingespräche«, zu denen wir uns ohne Mitarbeiter und ohne Tagesordnung am Abend und oft über viele Stunden in der Nacht zusammenfanden. Sie wurden für viele Jahre zum effektiven, aber auch gefürchteten Führungsinstrument der Ministerpräsidenten. Für die Chefs der Staats- und Senatskanzleien wurden sie zu einer ständigen Herausforderung, mussten sie doch unsere mündlichen Vereinbarungen am nächsten Morgen in verbindliche Beschlüsse fassen.

Direkt im Anschluss an Kronberg – der medienpolitischen Kapitulation der SPD – verabschiedete der rheinland-pfälzische Landtag nach langer und intensiver Diskussion am 27. November 1980 mit den Stimmen von CDU und FDP und gegen die Stimmen der SPD das Landesgesetz über einen Versuch mit Breitbandkabel. Den Sprechern aller Fraktionen war die möglicherweise landes- und medienpolitisch historische Bedeutung der anstehenden Entscheidung bewusst. Sogar Goethes Worte zur Kanonade vom Valmy wurde bemüht: »Von hier und heute geht eine neue Epoche der Weltgeschichte aus, und ihr könnt sagen, ihr seid dabei gewesen.« Ich selbst wagte die Prognose, die aktuelle Debatte könne vielleicht noch bedeutsamer sein als die Debatte zur Kernenergie, wie wir sie eine Woche zuvor geführt hatten. Auch die oppositionelle SPD lehnte eine Erprobung der neuen Medien nicht mehr grundsätzlich ab, auch wenn sie sich weiterhin entschieden gegen unsere Konzeption des Ludwigshafener Pilotprojektes aussprach. Sie wollte es immer schon gewusst haben, falls es schiefgehen sollte, aber doch dabei gewesen sein, falls es gut gehen würde.

Der Versuch sollte im Raum Ludwigshafen-Vorderpfalz durchgeführt werden. Mindestens 30 000 Haushalte, nach Möglichkeit ein repräsentativer Querschnitt der Bevölkerung, sollten für drei Jahre einbezogen werden. Werbung sollte auch am Sonntag und an gesetzlichen Feiertagen erlaubt sein. 20 Prozent der Sendezeit durften hierbei nicht überschritten werden, ein »offener Kanal« sollte eingerichtet werden, der beliebigen örtlichen Programmveranstaltern offenstehen sollte.

Ich konnte damals nicht ahnen, dass ich für Jahrzehnte, ja bis heute zum »Opfer« ihrer Interviewwünsche werden sollte.

Der Verlauf des Versuchs wurde zunächst dadurch behindert, dass die Beteiligungszahlen langsamer als vorgesehen erreicht wurden und sich die Herstellung der Kabelanschlüsse unerwartet schwierig gestaltete. Das Interesse an den künftigen Kabelkanälen übertraf alle Erwartungen. Die Start-ups standen Schlange, den Goldgräberblick erwartungsvoll nach vorne gerichtet. Es sollte nicht lange dauern, bis sich die Spreu vom Weizen trennte.

Die Durchführung unseres Projektes wurde auch dadurch belastet, dass die Deutsche Bundespost bis zum Regierungswechsel im Herbst 1982 lediglich »bedarfsgerechte« Breitbandkabel vornehmlich in Abschattungsgebieten verlegt hatte und die von der SPD angeregte Enquete-Kommission des Bundestages ein Übriges dazu beitrug, durch langatmige Diskussionen über Vor- und Nachteile der Glasfaser- bzw. Kupfer-Koaxialkabel Planer, Wissenschaftler und interessierte Nutzer nachhaltig zu verunsichern.

Nach dem Regierungswechsel von 1982 lockerten sich in Bonn die Bremsen. Die vom neuen Bundespostminister Christian Schwarz-Schilling unverzüglich veranlasste intensivere Verkabelungstätigkeit der Deutschen Bundespost schuf die notwendige Infrastruktur für einen Start des Pilotprojektes. Als Schwarz-Schilling sein Amt antrat, waren in der Bundesrepublik zwei Prozent der Haushalte verkabelt, bei seinem Ausscheiden im Dezember 1992 waren etwa 60 Prozent erreicht.

Auch wenn die Repräsentanten der öffentlich-rechtlichen Anstalten verständlicherweise die neue Entwicklung abzuwehren versuchten, spielte doch das ZDF – schon aufgrund seiner eigenen Entstehungsgeschichte – im Vergleich zur ARD schon bald eine moderatere Rolle. Dieter Stolte erkannte rasch, dass das öffentlich-rechtliche Oligopol auf Dauer nicht zu verteidigen sein würde. Ja, das ZDF sollte sich schließlich sogar selbst am Ludwigshafener Pilotprojekt beteiligen. Meine Doppelfunktion als Verwaltungsratsvorsitzender des ZDF und als Initiator des Privatfunkversuches verlangte zwar Aufmerksamkeit und Sensibilität, ermöglichte mir aber auch den Brückenschlag zwischen beiden Systemen.

Am Neujahrstag 1984 um zehn Uhr drückten Schwarz-Schilling und ich gemeinsam in der Sendezentrale in Ludwigshafen auf einen roten Knopf. Wir lösten den medienpolitischen »Urknall von Ludwigshafen« aus – eine Metapher, mit der Claus Detjen, der Leiter des lokalen Pilotprojekts, in einem Interview mit der *Süddeutschen Zeitung* dessen strategisch weitreichende Folgen kennzeichnete. Die Anstalt für Kabelkommunikation – zuständig für Organisation und Durchführung des Kabelpilotprojektes – nahm ihre Arbeit auf. Die Programmgesellschaft für Kabel- und Satellitenrundfunk begann den Sendebetrieb.

Dass sich für die Bundesrepublik Deutschland die Möglichkeit ergab, einen Kanal des European Communications Satellite zu nutzen, verhalf dem Projekt zum Durchbruch in der Fernsehwelt. Es wurde zum Nukleus des heute in Deutschland selbstverständlichen dualen Rundfunksystems. Während Helmut Schmidt noch versucht hatte, in Absprache mit dem französischen Präsidenten Valéry Giscard d'Estaing die Satellitenprogramme zu verhindern, griff die neue Bundesregierung unter Kanzler Kohl zu. Schwarz-Schilling übertrug dem Pilotprojekt die rundfunkrechtliche Nutzung des deutschen Kanals auf dem europäischen Kommunikationssatelliten ECS 1, weil es als Einziges die rundfunkrechtlichen und technischen Voraussetzungen besaß, um das Potenzial des Kanals auszuschöpfen.

Am 1. Januar 1985 startete SAT 1; aus dem Ludwigshafener Konsortium, das den Fernsehkanal des ECS 1 bespielte, wurde die Sendergruppe SAT 1; das ZDF begann mit seinem Programm 3Sat, und der Südwestfunk legte mit seinem Kulturprogramm im Pilotprojekt die Grundlage für das deutsch-französische ARTE-Programm.

Nicht zuletzt begann in Ludwigshafen die Verbreitung der sogenannten dritten Programme der Landessender der ARD über die jeweiligen Landesgrenzen hinaus.

Die Boston University, die in Heidelberg und an anderen Standorten der US-Streitkräfte, zum Beispiel in Spanien und Italien, Bildungsangebote für Soldaten machte, fand in Ludwigshafen ihren Partner. Sie nutzte einen sogenannten Seitenkanal des Satelliten. Vorlesungen und Seminare wurden per Satellit aus Ludwigshafen in die europäischen Ausleger der Universität übertragen.

Die Stimme Amerikas erhielt die Möglichkeit, ihre Programme zu Partnersendern zu bringen, die sie ihrerseits lokal und regional ausstrahlten. Damals wurde erprobt, was heute selbstverständlich ist und in der Vielfalt des Internets noch einmal neue Dimensionen erreicht hat.

Dass es zu diesem Urknall kommen konnte, verdanke ich einigen beispiellos engagierten, von der Sache überzeugten Mitarbeitern und verlässlichen, kundigen Wegbegleitern. In der Anfangszeit war das vor allem der ruhige, hartnäckige, zielsichere, juristisch unschlagbare Waldemar Schreckenberger und ab 1981 Hanns-Eberhard Schleyer, die mit großem Verhandlungsgeschick, mit Überzeugung und Hingabe für unsere Sache fochten. Beiden gelang es sogar, den Geschäftsführer des Bundesverbandes Deutscher Zeitungsverleger, Claus Detjen, abzuwerben und zum verantwortlichen und erfolgreichen Geschäftsführer in Ludwigshafen zu berufen. Als zuständiger Referent hat sich Dieter Drewitz auch über meine eigene Amtszeit hinaus für fast 30 Jahre besondere Verdienste erworben. Von Anfang an dabei war Jürgen Doetz. Er war in den turbulenten Jahren des Kampfes um die Pilotprojekte Sprecher der rheinland-pfälzischen Landesregierung und verließ mich 1983 zu meinem Schmerz, um in die Dienste des Filmhändlers Leo Kirch, eines der Väter und Profiteure des privaten Fernsehens in Deutschland, zu treten und schließlich als Präsident des Bundesverbandes Privater Rundfunk und Telemedien zum Widerpart der öffentlich-rechtlichen Intendanten zu werden.

Nachdem das Bundesverfassungsgericht in seinem Urteil von 1981 auch privaten Rundfunk verfassungsrechtlich für zulässig erklärt hatte, kam es im April 1987 schließlich zu einem Staatsvertrag der Ministerpräsidenten zur Neuordnung des

Rundfunksystems. Öffentlich-rechtlich verfasste und private Rundfunkveranstalter wurden gemeinsam die Träger des dualen Systems.

Fragt man Jahrzehnte später nach den Folgen der Einführung des privaten Rundfunks in der Bundesrepublik, kann man wohl festhalten: Die Privaten haben die deutsche Rundfunklandschaft, auch die öffentlich-rechtlichen Sender, erheblich verändert. Die Beziehungen zwischen Politik und Medien haben sich entspannt, die Zahl der Sender und der Programmangebote in Hörfunk und Fernsehen hat sich dramatisch erhöht. Der Radio- und Fernsehkonsum hat zugenommen, die Rundfunknutzung hat sich diversifiziert. Die Zahl der Beschäftigten ist erheblich gestiegen. Der Werbemarkt ist enorm gewachsen.

Nicht alle Erwartungen haben sich erfüllt. Manches hat sich anders entwickelt, als es damals von uns geplant und von anderen gefürchtet worden war. Eine Konkurrenz um das bessere Fernsehen ist nicht entstanden. Die publizistische Vielfalt hat nicht im erwünschten Umfang zugenommen. Auch zu einer Polarisierung »Schwarzfunk« hier, »Rotfunk« dort ist es nicht gekommen.

Der dem öffentlich-rechtlichem Rundfunk von Bundesverfassungsgericht zugesprochene Grundversorgungsauftrag ist nach wie vor nur unzureichend konkretisiert. Klare Grenzen zwischen gebührenfinanziertem und öffentlich-rechtlichem Rundfunk sind bis heute nicht gezogen. Aus der Rundfunkgebühr ist ein Rundfunkbeitrag geworden; für die öffentlich-rechtlichen Anstalten ein gesetzlich und vom Bundesverfassungsgericht gesichertes Finanzierungspolster, für die Kritiker eine verkappte Rundfunksteuer.

Die SPD hat sich mit dem dualen Rundfunksystem abgefunden. Die Widerstände haben sich weitgehend abgebaut, die Wogen geglättet. Obwohl Helmut Schmidt es gerne gesehen hätte und mir gegenüber immer wieder gefordert hat: Zu einem fernsehfreien Tag ist es nicht gekommen. Der hessische Kollege Holger Börner hat seine Ankündigung, an der Grenze zu Rheinland-Pfalz Störsender aufzustellen, nicht wahr gemacht.

Heute ist das private Fernsehangebot nicht mehr wegzudenken. Deutschland hat im europäischen Vergleich die größte Programm- und Anbietervielfalt. Der lange, oft erbittert geführte Kampf zeigt im Ergebnis, dass es viel Geduld und einen langen Atem braucht, um ein als richtig erkanntes Ziel zu erreichen. Letztlich hat der Föderalismus gesiegt, weil er Wettbewerb ermöglicht und vor zentralistischen Fehlentscheidungen bewahrt.

Die Medien

Schon bei meiner – zunächst erfolglosen – Kandidatur zum Heidelberger Stadtrat, erst recht danach, bei der Bewerbung um ein Bundestagsmandat, wurde mir die Bedeutung der Medien am eigenen Leib bewusst. Für den Kultusminister und noch viel mehr für den Ministerpräsidenten wurde der Umgang mit der »Vierten Gewalt« zur politischen Überlebensfrage. Was sollte man wem wann mitteilen? Was wurde berichtet? Was wurde wie kommentiert? Ich musste lernen, Pressekonferenzen abzuhalten, Interviews zu geben, an den neu aufkommenden Talkshows teilzunehmen. Viel hing vom eigenen Pressesprecher ab, vom Vertrauen, das man ihm entgegenbrachte, und von seiner Fähigkeit, zu den Vertretern der Medien ein vertrauensvolles Verhältnis aufzubauen. Regelmäßige Pressekonferenzen und Interviews wurden erwartet und waren nützlich, aber nur wenn man etwas mitzuteilen hatte. Talkshows steigerten den Bekanntheitsgrad. Ihr Informationswert dagegen war relativ gering. Man wurde tags darauf angesprochen, wie schlagfertig man sich verhalten hatte, wie man gekleidet gewesen war, wie man ausgesehen hatte, seltener darauf, was man inhaltlich zu sagen gehabt hatte. Vermeintlich unpassende Krawatten oder zu kurze Socken brachten überraschende Geschenke ein.

Alles in allem habe ich nicht wirklich Grund, mich über die Medien zu beklagen. Die allermeisten Journalisten haben mich fair behandelt. Sie beherrschten ihr Handwerkszeug und wurden ihrer Aufgabe als vierte Gewalt im Staat gerecht. Bis heute stört es mich allerdings, wenn Meldungen und Kommentare vermischt werden. Die Leser oder Zuhörer haben einen Anspruch darauf, zunächst die Fakten zu erfahren, um sich ein eigenes Urteil bilden zu können und erst danach auch die Meinung des Kommentators zur Kenntnis zu bekommen.

Besondere Bedeutung kommt den Nachrichtenagenturen zu. In Mainz war Karl Heinz Hock über viele Jahre für die dpa ein unentbehrlicher Beobachter, zu dem sich ein hilfreiches

Vertrauensverhältnis entwickelte, das, nachdem er 1986 in Bonn zum Leiter der Katholischen Nachrichten-Agentur avanciert war, zu einer Freundschaft führte. Zu den besonders aufmerksamen Begleitern gehörte in Mainz der langjährige Chefredakteur der *Mainzer Allgemeinen Zeitung*, Hermann Dexheimer, der allerdings dazu neigte, nicht nur zu fragen, um informiert zu werden, sondern der gerne mitregieren wollte und es einen spüren ließ, wenn man seinen Ratschlägen nicht folgte. Nur eine hochbegabte Journalistin, Heidi Parade, die eine andere regionale Tageszeitung in Mainz vertrat und mich zunächst kritisch, aber nicht unfreundlich begleitet hatte, wurde unerklärlicherweise gegen Ende meiner rheinland-pfälzischen Amtszeit zu einer mitunter geradezu bösartigen Gegnerin meiner Politik. Aus meiner Thüringer Zeit ist mir nur ein wirklich ärgerlicher Fall in Erinnerung. Der Chefredakteur der in Weimar erscheinenden *Thüringer Landeszeitung*, der mir über Jahre hinweg wohlgesinnt war und viele meiner Aktivitäten, etwa die Partnerschaft zur Woiwodschaft Małopolska (Kleinpolen), aktiv unterstützte, nahm mir übel, dass ich ihm keine privilegierte Sonderstellung zuteilwerden ließ, und verfolgte mich fortan nahezu wöchentlich mit böswilligen Kommentaren.

Von einer »Lügenpresse« hingegen konnte und kann auch heute keine Rede sein. Im Gegenteil, die Unabhängigkeit der Medien hat entscheidend zur Stabilität unseres Gemeinwesens beigetragen. Dass sie die Themen bestimmen und dass es den jeweiligen Regierungen nicht immer gelingt, mit ihren Ansichten und Absichten zu Wort zu kommen, muss ertragen werden. Allerdings: Muss die angebliche Regel, dass gute Nachrichten schlechte Nachrichten und schlechte Nachrichten gute Nachrichten sind, tatsächlich immer beachtet werden?

»Gott schütze Rheinland-Pfalz« – die Revolte von Koblenz 1988

Nach dem großen Wahlsieg von 1983 verfehlten wir bei den Landtagswahlen am 6. März 1987 die absolute Mehrheit deutlich. Wir verloren 6,8 Prozent und erreichten nur noch 45,1 Prozent. Der Glykolskandal führte zu Stimmenverlusten bei Bauern und Winzern. Die von der Bundesregierung beschlossene Stationierung von Pershing-Raketen im Norden von Rheinland-Pfalz musste von uns verteidigt werden. Die CDU befand sich in schwierigen Zeiten. Der Skandal um Uwe Barschel in Schleswig-Holstein hatte der gesamten Partei geschadet. Eine Reihe von Landtagswahlen war nicht gut für die Union ausgegangen.

Die Wahlbeteiligung in Rheinland-Pfalz ging merklich zurück, von 90,4 auf 77,0 Prozent. Die FDP verdoppelte ihre Wählerschaft auf unsere Kosten und kehrte in den Landtag zurück (7,3 Prozent), und die Grünen zogen mit 5,9 Prozent erstmals in den Landtag ein. Die SPD verlor geringfügig, von 39,6 auf 38,8 Prozent.

Als Spitzenkandidat war ich für unser schlechtes Resultat verantwortlich. Am Wahlabend erwog ich, vom Parteivorsitz zurückzutreten und nicht mehr als Ministerpräsident zu kandidieren. Aber das Argument, nur ich könne die jetzt anstehenden Koalitionsverhandlungen erfolgreich führen, überzeugte mich schließlich. Nach wie vor konnte ohne uns nicht regiert werden, eine rot-gelb-grüne Regierung war damals noch nicht vorstellbar. Die Koalitionsverhandlungen mit der erstarkten und selbstbewussten FDP unter Rainer Brüderle sollten sich nicht einfach gestalten. Aber sie führten schließlich dazu, dass ich am 23. Juni mit 53 Stimmen (von 55 CDU- und FDP-Abgeordneten) zum vierten Mal zum Ministerpräsidenten gewählt wurde.

Die Enttäuschung, nach 16 Jahren nicht mehr mit absoluter Mehrheit regieren zu können, hielt in der Partei und in der Fraktion an. Schon vor der Wahl hatte es Kritik an meiner Person und Amtsführung gegeben. Dies war nach so vielen Jahren an der Spitze der Landespartei und der Regierung nicht ungewöhnlich. Dass diese Kritik sich nach dem Verlust der absoluten Mehrheit verstärkte, war ebenfalls nicht überraschend, zumal personell und inhaltlich dem Koalitionspartner FDP natürlich gewisse Zugeständnisse gemacht werden mussten. Die Kritik bezog sich beispielsweise darauf, dass ich mich angeblich zu stark auf Parteifreunde aus Rheinhessen und der Pfalz stützte. Manche beklagten auch meinem moderierenden, auf Ausgleich orientierten Führungsstil. Vielleicht spielte auch eine Rolle, dass ich wegen meines frühen Eintritts in die Politik trotz meiner langen Amtszeit noch nicht im Pensionsalter war und ein Generationswechsel deshalb nicht anstand. Einer meiner damaligen Mitarbeiter, der Politologe Karl Martin Graß, meinte später, die zur Abwahl führende Krise habe sich aus dem »Zusammenhang zwischen geschwächter Führungsposition und zufallsgesättigter Momentanpanik der Partei« gespeist. Die Regierungsgeschäfte jedenfalls verliefen in routinierten Bahnen. Noch im September 1988 konstatierte die *Rheinpfalz* anhand aktueller Umfragen ein «Szenario der Normalität«.

Hans-Otto Wilhelm ging immer deutlicher auf Distanz zu mir. Schon als Fraktionsvorsitzender – zwischen 1981 und 1987 – hatte er seine Position eher zur Kritik als zur Unterstützung der Regierung genutzt, um sich dadurch als mein möglicher Nachfolger zu profilieren. Ein kameradschaftlich-freundschaftliches Verhältnis, wie es die rheinland-pfälzische CDU seit Helmut Kohl auszeichnete, kam zu ihm nicht zustande.

Ich machte eine Reihe von Reformvorschlägen. Um das rheinhessisch-pfälzische Übergewicht im Kabinett abzubauen, schlug ich vor, Georg Gölter zum hauptamtlichen Generalsekretär der rheinland-pfälzischen CDU zu berufen und ihn – schweren Herzens – im Kabinett durch den Koblenzer Theo Zwanziger, den späteren Präsidenten des Deutschen Fußballbundes, zu ersetzen, da der Bezirksverband Koblenz-Montabaur nach der Landtagswahl seine beiden Kabinettsposten an die FDP hatte abgeben müssen. Zwanziger lehnte die Berufung jedoch ab. Offenbar betrachteten aber einige die Nominierung Gölters als Versuch, eine Vorentscheidung über meine Nachfolge im Amt des Ministerpräsidenten herbeizuführen, und sahen – wie auch Hans-Otto Wilhelm – dadurch eigene Ambitionen gefährdet.

Eine ernsthafte Gefährdung meiner Wiederwahl auf dem bevorstehenden Landesparteitag in Koblenz erkannte ich allerdings nicht, zumal ich kurz zuvor vom Landesvorstand in geheimer Abstimmung einstimmig erneut nominiert worden war. Und das, obwohl sich in den Wochen zuvor eine Kampfkandidatur Hans-Otto Wilhelms um den Landesvorsitz angebahnt hatte, die er schließlich drei Wochen vor dem Parteitag öffentlich ankündigte und sie mit seiner Forderung nach Trennung der Ämter des Ministerpräsidenten und des Parteivorsitzenden begründete. Er wollte – wie er sagte – »die Partei wieder vom Kopf auf die Füße stellen«.

Auf dem Koblenzer Parteitag – zu dem alle 450 stimmberechtigten Delegierten erschienen waren – verteidigte ich das schlechte Wahlergebnis und die erneute Koalition mit der FDP, die inzwischen – laut einer Ipex-Umfrage – auch unter den Anhängern der CDU auf breite Zustimmung stieß. Ich erklärte aber auch eindeutig und unmissverständlich meine Absicht, im Falle einer Niederlage auch als Ministerpräsident zurückzutreten. Wer als Parteivorsitzender nicht mehr das Vertrauen seiner Partei finde, dem werde der Boden unter den Füßen weggezogen, der könne das Land nicht weiterführen. Eine Partei, die ihrem Ministerpräsidenten, der nach wie vor über hohe Zustimmungswerte in der Bevölkerung verfügte, das Vertrauen entziehe, drohe sich außerdem für lange Zeit aus der Regierungsverantwortung zu verabschieden. Heiner Geißler hielt – an derselben Stelle, an der er mir 14 Jahre zuvor im Kampf um den Landesvorsitz unterlegen war – ein kämpferisches Plädoyer für mich. Helmut Kohl dagegen hielt sich bedeckt und nahm am Parteitag nicht teil. Er hatte selbst besonders schwierige Tage zu überstehen. Ein USA-Besuch stand unmittelbar bevor, und Philipp Jenninger musste wegen einer missglückten und skandalisierten Rede zum Jahrestag der Reichspogromnacht als Bundestagspräsident zurücktreten.

Nach Bekanntgabe des Wahlergebnisses – 258 Stimmen für Hans-Otto Wilhelm, 189 Stimmen für mich – brach um Wilhelm und Theo Zwanziger lauter Jubel aus. Ich ging ans Rednerpult, gratulierte Hans-Otto Wilhelm pflichtgemäß, erklärte meinen Rücktritt als Ministerpräsident zum 2. Dezember und schloss mit dem bis heute immer wieder zitierten, spontan und aus dem Augenblick heraus formulierten Satz: »Gott schütze Rheinland-Pfalz.«

21 Jahre hatte ich zunächst als Kultusminister und dann als Ministerpräsident buchstäblich Tag und Nacht meinem Land gedient. Auf dieses Ende war ich nicht vorbereitet. Eine Welt brach für mich zusammen. Es sollte Jahre dauern, bis ich einigermaßen damit fertigzuwerden begann. Aber auch heute gilt: Wunden heilen, Narben bleiben!

Die Historikerin Anne Martin, Tochter meines langjährigen Mitstreiters, des ehemaligen Landtagspräsidenten Albrecht Martin, schrieb später, viele hätten seinerzeit meine Abwahl und das daraus folgende Ende meiner Amtszeit als Ministerpräsident als »einen Akt der Selbstzerstörung der rheinland-pfälzischen Christdemokraten« empfunden. Eine Einschätzung, zu der auch Helmut Kohl in seinen Memoiren kommt.

Weil Hans-Otto Wilhelm sich auf eine Ämtertrennung festgelegt hatte, konnte er nach seiner Wahl zum Parteivorsitzenden nicht Ministerpräsident werden. Die Wahl von Carl-Ludwig Wagner zu meinem Nachfolger in diesem Amt habe ich selbstverständlich und gerne unterstützt. Allerdings sollte sich bald zeigen, dass auch er sich schwertat mit Hans-Otto Wilhelm. Es kam zu keiner konstruktiven Zusammenarbeit.

Es kam, wie es kommen musste, die Landtagswahl von 1991 brachte das von mir befürchtete Ergebnis: Die CDU verlor weitere 6,4 Prozent und fiel in Rheinland-Pfalz erstmals auf den zweiten Platz zurück, ihr schlechtestes Ergebnis seit 1947. Die SPD gewann sechs Prozent hinzu und stellte erstmals die stärkste Landtagsfraktion. Rudolf Scharping gewann 1991 die Wahl vor allem deshalb, weil wir in Koblenz 1988 mutwillig viel Vertrauen bei unseren Wählern verspielt hatten. Ich sei, so äußerte Scharping übrigens unmittelbar nach meiner Abwahl, »in unanständiger Weise« von der »Machtclique um Wilhelm« gestürzt worden.

Mit ihm zog zum ersten Mal ein Sozialdemokrat in die Mainzer Staatskanzlei ein. Für – bis heute – 33 Jahre.

KAPITEL VI

Vorsitzender der Konrad-Adenauer-Stiftung (1989–1993 und 2001–2009)

Aufbruch zu neuen Ufern: erste Amtszeit (1989–1993)

Wie vom Schlag getroffen, fuhr ich nach meiner Abwahl in Koblenz nach Speyer zurück. Ich fiel ins Bodenlose und wusste zunächst nicht mehr ein noch aus. Meine bisherige Lebensaufgabe war mir genommen. Was hatte ich falsch gemacht? Was sollte ich jetzt mit meinem Leben anfangen? Mit 56 kam eine Rückkehr zur Wissenschaft nicht mehr infrage.

Die bundesweite Anteilnahme und der Zuspruch vieler guter Freunde halfen mir. Noch in der Nacht meldeten sich Hans-Dietrich Genscher und Johannes Rau. Am frühen Morgen suchte mich Dieter Stolte auf. Carl-Ludwig Wagner kam und natürlich Georg Gölter.

Rudi Geil rief mich an. Gegen unsere Absprache hatte er sich wieder zum stellvertretenden Landesvorsitzenden wählen lassen. Das bedauerte ich zwar, aber es überraschte mich nicht.

Mit der Überzeugung, dass die Mitte der Nacht der Anfang des Tages sei, versuchte ich langsam wieder Boden unter meinen Füßen zu finden.

Kurz nach Koblenz rief mich Bruno Heck an und bat, jetzt seinen Wunsch zu erfüllen und sein Nachfolger als Vorsitzender der Konrad-Adenauer-Stiftung zu werden. Hecks politische Laufbahn hatte schon unter Konrad Adenauer begonnen, er war Bundesgeschäftsführer und später Generalsekretär der CDU gewesen und hatte von 1962 bis 1968 das Amt des Bundesministers für Familie und Jugend bekleidet.

Schon 1956, als in Schloss Eichholz bei Bonn die Gesellschaft für christlich-demokratische Bildungsarbeit gegründet worden war, hatte er den Vorsitz übernommen. Die Gesellschaft wurde 1958 in die »Politische Akademie Eichholz e.V.« umgewandelt, aus der 1964 die Konrad-Adenauer-Stiftung hervorging. 1968 wurde Heck deren Vorstandsvorsitzender. Unter seiner Führung erfolgte in den 1970er und 1980er Jahren der Ausbau der Stiftung ergänzend zu der von Helmut Kohl und seinen Generalsekretären Kurt Biedenkopf und Heiner Geißler vorangetriebenen Weiterentwicklung der CDU zu einer modernen Volkspartei.

Die Bilanz der Adenauer-Stiftung war beeindruckend: Ihr Etat hatte sich in zwei Jahrzehnten auf ca. 170 Millionen DM verzehnfacht, die Anzahl der Mitarbeiter war von ca. 150 auf über 500 angestiegen. Die in dieser Zeit neu entstandenen Institute waren in einem 1976 eröffneten Neubau in Sankt Augustin bei Bonn zusammengeführt worden. Unter den Neugründungen in Hecks Amtszeit ist neben dem Institut für Kommunalwissenschaften besonders das Archiv für Christlich-Demokratische Politik hervorzuheben, das sich zum »Gedächtnis« der christlichen Demokratie in Deutschland entwickelt hat.

Übernahme des Vorsitzes der Konrad-Adenauer-Stiftung von Bruno Heck (links) am 28. Februar 1989. Rechts hinter Vogel der langjährige Hauptgeschäftsführer und stellvertretende Generalsekretär der Stiftung, Lothar Kraft.

Bereits im Sommer 1988 hatte Bruno Heck mich an meinem Urlaubsort in Tirol aufgesucht und mich aufgefordert, mein Amt als Ministerpräsident in Mainz aufzugeben und seine Nachfolge anzutreten. Ich hatte abgelehnt, weil ich mich verpflichtet fühlte, in schwierigen Zeiten meine Aufgaben als Ministerpräsident und als Landesvorsitzender meiner Partei weiterzuführen. Jetzt fehlte mir der Mut, ihm zuzusagen und mich einer neuen Herausforderung zu stellen. Erst als mich Helmut Kohl Anfang Januar zu einer Entscheidung drängte, gab ich unter großen Bedenken nach. Am 30. Januar 1989 wählte mich die Mitgliederversammlung der Konrad-Adenauer-Stiftung zu ihrem neuen Vorsitzenden.

Die Amtsübergabe vollzog sich problemlos. Bruno Heck erläuterte mir Profil und Leistungsfähigkeit der leitenden Mitarbeiter. Als besonders fähige, allzeit einsatzbereite Mitarbeiterin verwies er mich auf seine Büroleiterin, die vor ihm ins Büro komme und noch lange nach ihm arbeite. Kurz darauf wurden sie und ihr in London tätiger Mann als Spitzel des Ministeriums für Staatssicherheit der DDR verhaftet und später verurteilt.

Bruno Heck zog sich nach Baden-Württemberg, nach Gosheim in Schwaben, zurück und starb plötzlich und unerwartet – noch vor dem Mauerfall – am 16. September 1989 während einer Wanderung in der Nähe von Blaubeuren.

Meine Aufgabe sollte es sein, die Arbeit von Bruno Heck fortzusetzen und neue Akzente hinzuzufügen. Die Arbeit der Konrad-Adenauer-Stiftung war mir seit meiner Wahl in den Bundestag vertraut, mehrere Reisen hatten mich für sie in viele Länder geführt.

Die Stiftung stand damals vor neuen Herausforderungen. Weltpolitische Veränderungen begannen sich abzuzeichnen, auch wenn noch niemand ahnte, was sich wenige Monate später in der DDR ereignen sollte. Im Oktober 1978 war der Krakauer Kardinal Karol Wojtyła zum Papst gewählt worden. Sein erster Besuch in seiner Heimat Anfang Juni 1979 wurde zum Signal einer neuen Ostpolitik des Vatikans.

Lech Wałęsa, der Vater der von der Danziger Leninwerft ausgehenden Solidarność-Bewegung, wurde 1983 mit dem Friedensnobelpreis ausgezeichnet und 1990 zum polnischen Staatspräsidenten gewählt. Der von Michail Gorbatschow ab Anfang 1986 eingeleitete Prozess zur Überwindung des politischen-wirtschaftlichen und gesellschaftlichen Systems der Sowjetunion – »Glasnost« und »Perestroika« – beherrschte die Diskussion. Auch wenn Erich Honecker zu mir bei meinem Besuch in Ostberlin in Anspielung auf ein Zitat des Chefideologen der SED, Kurt Hager, noch sinngemäß gemeint hatte: »Was kümmert es die DDR, wenn der Nachbar seine Zimmer neu tapeziert?«

Die internationale Arbeit der Stiftung hatte sich zunächst vor allem auf Lateinamerika und Afrika, später auch Asien konzentriert. In Ländern wie beispielsweise Chile, den Philippinen und Südkorea hatte sie Hilfe beim Aufbau demokratischer und rechtsstaatlicher Strukturen geleistet. Nunmehr konnte und musste sie ihre Aktivitäten auf Mittelost- und Südosteuropa ausweiten. Außenstellen in Polen, Ungarn, der UdSSR und der CSSR schienen jetzt möglich. Wir mussten, wie schon Konrad Adenauer in seiner letzten großen Rede im Februar 1967 in Madrid gefordert hatte, verstärkt »nach Osten blicken«. In der ersten Vorstandssitzung der Stiftung unter meiner Leitung bezeichnete ich Mittel- und Osteuropa sowie die »Zusammenarbeit mit Reformbewegungen« und eine »aufmerksame Beobachtung der Entwicklung in der DDR« als zentrale Aufgaben. Bereits im Sommer 1989 beschlossen wir, als Erstes eine Brücke nach Polen zu schlagen und ein Büro in Warschau zu eröffnen. Es sollte »dem polnischen Gesprächspartner Rat und Erfahrungen mit freiheitlich verfassten Systemen in Politik und Wirtschaft vermitteln«, wie ich in einem Interview mit der *Welt* erklärte. Mir lag daran, mein jahrzehntelanges Engagement für die deutsch-polnische Aussöhnung auch in meiner neuen Funktion fortzusetzen.

Das ungelöste Problem einer völkerrechtlichen Anerkennung der Oder-Neiße-Grenze stellte dabei noch immer eine fortdauernde Belastung für die bilateralen Beziehungen dar. Mir war seit Langem bewusst, dass die polnische Westgrenze von uns nicht mehr infrage gestellt werden konnte. Allerdings betrachtete ich die völkerrechtlich verbindliche Regelung der Grenzen lange Zeit als einen nur von einer freien gesamtdeutschen Regierung gegenüber einer ebenso demokratisch legitimierten polnischen Regierung zu vollziehenden Schritt. Vor dem Hintergrund anhaltender Debatten in der Bundesrepublik und unter dem Eindruck des demokratischen Wandels in Polen unterschrieb ich dann aber im August 1989 – zum 50. Jahrestag des Beginns des Zweiten Weltkriegs – eine Erklärung polnischer und deutscher Katholiken, in der wir dafür eintraten, »dass die Westgrenze Polens dauerhaft Bestand hat« und »die Völker Europas, auch das deutsche Volk, [...] das Recht auf Selbstbestimmung wahrnehmen können«. Helmut Kohl – grundsätzlich ebenfalls Befürworter einer Anerkennung der Oder-Neiße-Grenze – kam der Zeitpunkt unserer Erklärung höchst ungelegen. Er rief mich verärgert an und beschimpfte mich heftig und lautstark.

Der Fall der Mauer

Am Spätnachmittag des 9. November 1989 gibt Günter Schabowski – ein weithin unbekanntes Mitglied des SED-Politbüros – eine Pressekonferenz. Sie wird im Fernsehen live übertragen. Kurz vor ihrem Ende, gegen 19 Uhr, teilt er den erstaunten Journalisten beiläufig mit, dass ab sofort Westreisen »ohne Vorliegen von Voraussetzungen« für jedermann möglich seien, und gibt damit eine Entscheidung des Politbüros, an dessen Sitzung er selbst nicht teilgenommen hatte, falsch, zumindest aber verkürzt wieder. Die ersten DDR-Bürger drängen nach Westberlin. Am Brandenburger Tor spielen sich dramatische Szenen ab. Wildfremde Menschen liegen sich in den Armen, Freudentränen in den Augen. Gegen ein Uhr nachts beginnen unter dem Jubel der Berliner am Grenzübergang in der Bernauer Straße die »Mauerspechte« mit dem Abriss der Mauer. In den folgenden Tagen ergießt sich ein Strom von Ostdeutschen in den Westen von Berlin und in die Bundesrepublik. Endlose Trabischlangen setzen sich nach Bayern, Hessen, Niedersachen, Schleswig-Holstein in Bewegung. Westdeutsche stehen dicht gedrängt – mit Kaffee, Kuchen und Sekt – an den Straßenrändern.

Am Nachmittag des 9. November war Helmut Kohl nach Polen geflogen, zu seinem, nach dem ersten Besuch in Israel 1984, wohl schwierigsten und problembeladensten Staatsbesuch. Er hatte mich eingeladen, ihn zu begleiten. Ich wollte die Anwesenheit Helmut Kohls in Warschau nutzen, um als Vorsitzender der Konrad-Adenauer-Stiftung mit ihm und dem polnischen Ministerpräsidenten Tadeusz Mazowiecki unsere erste Außenstelle in einem Land des Warschauer Paktes zu eröffnen. Am Abend sind wir Gäste des Ministerpräsidenten. Während des Essens trifft die Nachricht ein: Das Brandenburger Tor sei offen. Im Bundestag in Bonn hätten sich die Abgeordneten erhoben und die Nationalhymne gesungen.

Wir können nicht fassen, was in Deutschland geschieht! Wir eilen in unsere Hotels und verbringen die Nacht am Fernsehgerät. Meine Eröffnungsrede am nächsten Tag – ohne Kohl und ohne Mazowiecki – muss umgeschrieben werden. Die Ereignisse in Berlin beherrschen alle Gespräche.

Helmut Kohl unterbricht – sehr zum Ärger seiner Gastgeber – seinen Staatsbesuch, eilt – eingedenk des verspäteten und darum viel kritisierten Besuchs Konrad Adenauers nach dem Beginn des Mauerbaus am 13. August 1961 – nach Berlin und kehrt, was niemand von uns erwartet hat, am nächsten Tag tatsächlich nach Warschau zurück. Der Staatsbesuch wird programmgemäß fortgesetzt. Weil Nebel uns am Fliegen hindert, brechen wir am Sonntag um vier Uhr früh mit einem Bus nach Kreisau auf, an jeder Brücke von polnischen Soldaten sicher bewacht. Während des von Bischof Alfons Nossol vor dem Schloss bei eisiger Kälte zelebrierten Gottesdienstes kommt es zum versöhnenden Bruderkuss zwischen Kohl und Mazowiecki. Am Tag darauf besuchen wir – wieder bei dichtem Nebel und wieder nach langer Busfahrt – Auschwitz.

Die Ereignisse sollten sich von nun an überstürzen: Am 28. November 1989 trug Kohl im Bundestag sein Zehn-Punkte-Programm zur Überwindung der Teilung Deutschlands und Europas vor. Am 19. Dezember traf er sich in Dresden mit Hans Modrow, dem letzten SED-Ministerpräsidenten der DDR, und hielt vor der Ruine der Frauenkirche eine der brisantesten und bewegendsten Reden seines politischen Lebens. Bei seinen Besuchen in Moskau im Februar 1990 und in Gorbatschows kaukasischer Heimat im Juli 1990 erreichte er die außenpolitische Absicherung der deutschen Einigung und den Abzug der sowjetischen Truppen aus Deutschland. Deutschland blieb Mitglied der NATO und gewährte der Sowjetunion einen Kredit von insgesamt 20 Milliarden DM.

Aus den ersten freien Wahlen für die Volkskammer am 18. März 1990 geht die Allianz für Deutschland, in der sich CDU, DSU (Deutsche Soziale Union) und DA (Demokratischer Aufbruch) auf Drängen Helmut Kohls zu einem Wahlkampfbündnis zusammengeschlossen haben, gegen alle Wahlprognosen als klare Siegerin hervor (48,15 Prozent). Lothar de Maizière, der neue Vorsitzende der CDU in der DDR, wird Ministerpräsident. Die ostdeutschen Wähler danken es der Union, dass sie als einzige Partei ohne Wenn und Aber an der Wiedervereinigung festgehalten hat, dass sie in den Jahrzehnten der Teilung keinen Kontakt zu einer der ostdeutschen Blockparteien gesucht hat, dass sie die Geraer Forderungen Erich Honeckers von 1981 (Anerkennung der DDR-Staatsbürgerschaft, Umwandlung der Ständigen Vertretungen in Botschaften, Auflösung der Erfassungsstelle Salzgitter für Gewaltverbrechen an der innerdeutschen Grenze, Festlegung der Elbgrenze in der Strommitte) stets abgelehnt hat – und sie danken Helmut Kohl.

Am 1. Juli 1990 kommt es, gegen den Rat vieler Fachleute, zur Währungs-, Wirtschafts- und Sozialunion. Die DM wird in der DDR eingeführt, die Volkseigenen Betriebe mit noch vier Millionen Beschäftigten werden von der im Juni gegründeten Treuhandanstalt übernommen. Die massenhafte Abwanderung von Ost nach West muss aufgehalten werden. Getreu dem Motto: »Kommt die D-Mark, bleiben wir, kommt sie nicht, geh'n wir zu ihr.«

Am 23. August 1990 um 2:47 Uhr morgens verkündet die Präsidentin der Volkskammer Sabine Bergmann-Pohl den Beschluss über den Beitritt der DDR zur Bundesrepublik.

Am 31. August wird der »Vertrag über die Einheit Deutschlands« durch den Parlamentarischen Staatssekretär Günther Krause für die DDR und den Bundesinnenminister Wolfgang Schäuble für die Bundesrepublik unterzeichnet. Am 12. September wird in Moskau der Zwei-plus-Vier-Vertrag von den beiden deutschen Staaten und den vier Siegermächten des Zweiten Weltkrieges paraphiert, die polnische Westgrenze wird offiziell anerkannt.

Die wiedererstandenen Länder der DDR treten am 3. Oktober auf dem »Königsweg« des Artikel 23 Grundgesetz in seiner damaligen Fassung der Bundesrepublik Deutschland bei. In Berlin schließen sich die östlichen und westlichen Bezirke der Stadt zusammen. In der Nacht vom 2. auf den 3. Oktober wird am Reichstag vor Hunderttausenden als

Zeichen der wiedergewonnenen Einheit die schwarz-rot-goldene Fahne aufgezogen, eine Stunde voller Freude und voller Dankbarkeit. Spät in dieser Nacht gehe ich allein durch das Brandenburger Tor und Unter den Linden entlang zum Kronprinzenpalais, wo die Adenauer-Stiftung ihr erstes, noch sehr provisorisches Büro eingerichtet hat, um dort auf einem Feldbett zu übernachten. Ich bin dankbar dafür, dass ich diesen Tag erleben durfte, und ich bin stolz darauf, dass meine Partei den Glauben an die Einheit unseres Vaterlandes nie aufgegeben hat.

Am 14. Oktober 1990 finden in allen ostdeutschen Ländern Landtagswahlen statt. Die CDU wird außer in Brandenburg überall stärkste Kraft und stellt vier der fünf Ministerpräsidenten: Kurt Biedenkopf in Sachsen, Josef Duchač in Thüringen, Gerd Gies in Sachsen-Anhalt, Alfred Gomolka in Mecklenburg-Vorpommern. Auch die erste gesamtdeutsche Bundestagswahl am 2. Dezember 1990 wird von der Union und von Helmut Kohl deutlich gewonnen (CDU 43,8 Prozent, SPD 33,5 Prozent).

Die Eröffnung unseres Stiftungsbüros in Warschau am 10. November 1989 verlief natürlich anders als geplant, Helmut Kohl und Tadeusz Mazowiecki nahmen nicht teil. Ich übermittelte die Grüße Kohls und betonte, es seien bewegende Stunden, die gerade die Polen gut nachempfinden könnten. Die Konrad-Adenauer-Stiftung sehe in der Eröffnung ihres ersten Büros in einem Land des Warschauer Paktes die Folge einer Entwicklung, die zu der Hoffnung

Anlass gebe, Europa könne »endgültig aus dem Schatten des Ost-West-Konfliktes« heraustreten«. Hierbei seien die »Ereignisse von gestern ein weiterer Meilenstein«. Ich dankte der polnischen Regierung für ihre Politik, die die Einrichtung des Büros erst möglich gemacht habe. Die Konrad-Adenauer-Stiftung wolle damit »dazu beitragen, zu Polen Brücken zu bauen« und »die Verbindung zu gesellschaftlichen Gruppen, auch zu den Kirchen, und zu den staatlichen Institutionen pflegen«. Der »moralische Rang einer Aussöhnung mit Polen« sei »nur vergleichbar mit der Verständigung und der Aussöhnung, die wir mit Frankreich in den vier Jahrzehnten seit der Entstehung unserer Demokratie erreichen konnten«.

Schon vor dem Fall der Mauer hatte ich in einer Rede vor dem Kuratorium Unteilbares Deutschland, einer 1954 gegründeten überparteilichen Organisation, die sich dem Ziel verschrieben hatte, den Gedanken der deutschen Einheit wachzuhalten, am 5. Juni 1989 betont, die bisher geleistete deutschlandpolitische Arbeit der Stiftung fortsetzen und intensivieren zu wollen. Notwendig sei es, »sich mit dem politischen System der DDR zu beschäftigen, sich über die alltägliche Lebenswirklichkeit der Menschen dort, »über ihre Erfahrungen, Sorgen und Nöte zu informieren, Studienfahrten zu organisieren und persönliche Einsichten und Erfahrungen, Kontakte und Begegnungen zu ermöglichen«.

Mit dem Fall der Mauer und dem Zusammenbruch der DDR kamen über Nacht von niemandem vorauszusehende neue Aufgaben auf uns zu. Die KAS konnte ihre Arbeit auf das Gebiet der DDR ausdehnen. Sie musste zur Stiftung des vereinten Deutschlands werden.

Maxime unseres Handelns musste dabei die Einbettung des deutschen Weges in die gesamteuropäische Entwicklung sein, wie auch Helmut Kohl in seinem Zehn-Punkte-Plan vom 28. November 1989 betont hatte. Deshalb war die weitere Entwicklung in der Sowjetunion, wo Michail Gorbatschow, dessen Politik die Veränderungen im Ostblock ja erst ermöglicht hatte, zunehmend unter Druck konservativer kommunistischer Kräfte geriet, für uns von entscheidender Bedeutung. Die Grundlinien der bisherigen Stiftungsarbeit in Polen sollten Richtschnur für unser Agieren in anderen Ländern des noch bestehenden Ostblocks und auch in der DDR sein. Das hieß: Kontaktaufnahme zu gesellschaftlichen Gruppen, den Kirchen und – bei Vorliegen der entsprechenden Voraussetzungen – zu staatlichen Institutionen.

Unmittelbar nach dem 9. November 1989 stellten wir eine Gruppe von erfahrenen und engagierten Mitarbeitern zusammen, die bereit waren, in die noch bestehende DDR zu gehen. Im Verlauf des Jahres 1990 errichteten wir Bildungswerke in Leipzig, Rostock und Erfurt. Sie sollten erste Hilfe leisten. Es fehlte an allem. Es fehlte an Schreibmaschinen, an Vervielfältigungsgeräten, an Papier, an Telefonanschlüssen. Die Mitarbeiter sollten zu den Bürgerrechtsbewegungen wie dem Demokratischem Aufbruch und dem Neuen Forum und zu den sich wandelnden Blockparteien Kontakte knüpfen, Veranstaltungen zur politischen Bildung organisieren, zum Dialog einladen, Hilfe beim Aufbau der Sozialen

Marktwirtschaft und der neuen kommunalen Strukturen leisten.

Zahlreiche Mitarbeiter der Konrad-Adenauer-Stiftung wurden in den kommenden Monaten in verschiedensten Funktionen und auf den unterschiedlichsten Ebenen in der sich wandelnden DDR tätig. Etwa ein Dutzend von ihnen wechselten in die wieder entstandenen fünf Landesregierungen und wirkten dort als Staatssekretäre oder in anderer Funktion. Ähnliches galt für Angehörige der Mitgliederversammlung der Stiftung. Wir entwickelten ein Programm mit 60 westdeutschen Professoren, vor allem aus den Fächern Volkswirtschaft, Politikwissenschaft und Zeitgeschichte, die als Gastdozenten an Universitäten in der DDR lehrten. Unser Institut für Kommunalwissenschaft entwickelte gemeinsam mit dem ostdeutschen Ministerium für Regionale und Kommunale Aufgaben eine neue Kommunalverfassung und erarbeitete das Ländereinführungsgesetz. Zahlreiche Beratungsseminare und Informationsverwaltungen wurden durchgeführt, viele Weiterbildungsveranstaltungen für Bürgermeister, Dezernenten und Amtsleiter organisiert, kommunale Verwaltungen durch die Entsendung von Planern für das Bau- und Planungsgeschehen, aber auch durch die kostenlose Bereitstellung einschlägiger juristischer Fachliteratur unterstützt. Kommunalberater wurden in die jungen Länder entsandt, um mit Rat und Tat beim Aufbau neuer kommunaler Strukturen zu helfen.

Bis Ende 1991 ermöglichte die Stiftung so 546 Beratungseinsätze mit über 1000 Beratern. In einigen Städten und Kreisen wurden von uns entsandte Kommunalberater zum

Bürgermeister oder Landrat gewählt. Diese Bereitschaft zum Engagement und zum persönlichen Einsatz – nicht nur von Mitarbeitern der Konrad-Adenauer-Stiftung – kann nicht genug gewürdigt werden.

Bei einem Besuch in der Parteizentrale der Ost-CDU im Otto-Nuschke-Haus in Berlin – das Helmut Kohl nie betreten wollte – empfahl mir der als Nachfolger von Gerald Götting zum neuen Parteivorsitzenden gewählte Lothar de Maizière, die zentrale Schulungsstätte der Blockpartei, Schloss Burgscheidungen an der Unstrut, zu übernehmen und damit das Herz der Ost-CDU zu gewinnen. Diesem Rat sind wir aus guten Gründen nicht gefolgt. Vielmehr beschlossen wir schon im Frühjahr 1990, in der Mitte Deutschlands als Pendant zu Schloss Eichholz bei Bonn Schloss Wendgräben bei Magdeburg zu einem zweiten Bildungszentrum aufzubauen. Allerdings sollten die erforderlichen Umbaumaßnahmen sich über Jahre hinziehen und Wendgräben keinen mit Eichholz vergleichbaren Stellenwert erreichen.

Am 26. Juni 1991 erfolgte die Unterzeichnung des Kaufvertrags für das Grundstück an der Tiergartenstraße in Berlin, auf dem die wegen ihrer Architektur viel beachtete Akademie der Konrad-Adenauer-Stiftung entstand. Sie wurde am 25. Juli 1998 eingeweiht und ist heute das Schaufenster der Stiftung in Berlin.

Um während des sich immer zügiger beschleunigenden Einigungsprozesses der Staaten der Europäischen Gemeinschaft auch dort präsent zu sein, richteten wir in Frankreich, Italien, Spanien, Großbritannien sowie den USA Auslandsbüros ein. Die Überwindung der deutschen Teilung und die europäische Einigung mussten zwei Seiten einer Medaille seien. Immer wieder versicherte ich bei unseren Verbündeten, die Bundesrepublik werde an der Vertiefung der europäischen Einigung festhalten. Ich unterstrich, dass ein vereintes Deutschland vor der Verpflichtung stehen werde, mehr Verantwortung zu übernehmen, sich neuen Herausforderungen zu stellen, eine Konsequenz, mit der sich viele Landsleute, vor allem aus der alten Bundesrepublik, schwertäten. Vor Mitarbeitern der Konrad-Adenauer-Stiftung wurde ich im Januar 1991 deutlicher: Angesichts einer »jahrzehntelange(n) Gewöhnung an komfortable Biedermeierlichkeit«, verbunden mit der »bedrückenden Einstellung, nur begrenzt für sich selbst verantwortlich zu sein, weil andere ja die Letztverantwortung übernehmen«, sei es eine wichtige Aufgabe auch der Stiftung, das Nachdenken »über die Frage unserer Führungsverantwortung, unserer Mitverantwortung und unserer sicherheitspolitischen Erfordernisse« anzuregen und zu fördern, um einer drohenden Isolierung Deutschlands entgegenzuwirken.

Um den neuen Herausforderungen gerecht werden zu können, mussten auch innerhalb der Stiftung Strukturveränderungen vorgenommen werden. Das Profil der KAS musste geschärft, die Verwaltungsleistung sowie die Kooperation und die Durchlässigkeit zwischen den verschiedenen Instituten mussten verbessert werden. Die geplante Reform durfte sich aber nicht auf rein organisatorische Änderungen beschränken, sondern hatte ebenso die strategische Ausrichtung der Stiftungsarbeit in den Blick zu nehmen.

Nach langen und intensiven Vorbereitungen lud ich zum 28. Januar 1992 zu einer Mitarbeiterversammlung ein, um unsere Planungen vorzustellen. Die Versammlung fand statt, obwohl ich nicht hatte ahnen können, dass ich am Tage zuvor zum Thüringer Ministerpräsidenten nominiert werden würde. Ich bat darum, sowohl von Glückwünschen als auch von Beileidsbekundungen abzusehen, und versprach, die Stiftung nicht im Stich zu lassen. Ich wollte eine Zwischenbilanz der Stiftungsarbeit ziehen und ihre Leistungsfähigkeit einer kritischen Prüfung unterwerfen. Eine Änderung der Stiftungsstruktur schien mir geboten. Die bisher sieben eigenständigen Institute und die Verwaltung sollten in fünf Arbeitsbereiche gebündelt werden: Politische Bildung (PB), Forschung und Beratung (FUB), Internationale Zusammenarbeit (INT), Wissenschaftliche Dienste (WD) sowie Verwaltung. Bei Bedarf sollte es möglich sein, bereichsübergreifende Arbeitsgruppen und Projektteams zu bilden. Am 13. Juli 1992 beschloss der Stiftungsvorstand die Einführung neuer Organisationsstrukturen in der skizzierten Form, am 1. August 1992 trat sie in Kraft. Trotz einiger Umstrukturierungen und Umbenennungen hat sich die Strukturreform von 1992 in den letzten 30 Jahren in ihren Grundzügen bis heute bewährt.

Auf hilfreiches Drängen der Kölner Literaturwissenschaftlerin Birgit Lermen verleiht die Stiftung seit 1993 jährlich Autorinnen und Autoren, »die der Freiheit das Wort geben«, den

Literaturpreis der Konrad-Adenauer-Stiftung. Ich wollte den Dialog zwischen Politik, Kultur, Literatur und Wissenschaft zu einem wesentlichen Bestandteil der bildungspolitischen Arbeit der Stiftung machen. Sie öffnet sich damit zu Recht dem Dialog zwischen Literatur und Politik und macht die Förderung von Kunst und Kultur zu einer Kernaufgabe. Eine unabhängige Jury, der Birgit Lermen seit 30 Jahren – heute als Ehrenvorsitzende – angehört und über deren Unabhängigkeit sie aufmerksam wacht, macht Vorschläge, denen in aller Regel gefolgt wird.

1993 wurde der Preis erstmals in Weimar verliehen. Sarah Kirsch, die in der DDR gelebt, gegen die Ausbürgerung von Wolfgang Biermann protestiert hatte und 1977 in den Westen übergesiedelt war, war die erste Preisträgerin. Zu den späteren Preisträgern gehörte unter anderem Hilde Domin (1995), Günter de Bruyn (1996), Wulf Kirsten (2005), Uwe Tellkamp (2009) und Barbara Honigmann (2022). Lutz Seiler war 2023 der dreißigste Preisträger. Herta Müller erhielt den Preis 2004, fünf Jahre bevor ihr 2009 »für das Drama ihres Lebens« der Nobelpreis für Literatur verliehen wurde.

Verleihung des Literaturpreises der Konrad-Adenauer-Stiftung an die spätere Literaturnobelpreisträgerin Herta Müller am 16. Mai 2004 in Weimar.

Mit dem seit 1980 verliehenen Lokaljournalistenpreis wollten und wollen wir herausragende Beiträge regionaler Tageszeitung ehren, die lokale Probleme in besonderer Weise behandeln.

Nach meiner Wahl zum Thüringer Ministerpräsidenten bat ich zunächst Bundesministerin a. D. Dorothee Wilms um meine Abwesenheitsvertretung. Ich nahm aber nach einigen Wochen meine Vorstandsverpflichtungen wieder auf, bat allerdings Gerd Langguth, die laufenden Geschäfte zu führen. Der Stiftungsvorstand übertrug ihm die neu geschaffene Position eines Geschäftsführenden Vorsitzenden.

Langguth hatte sich als Vorsitzender des RCDS in den stürmischen Jahren nach 1968 bundesweite Anerkennung erworben, das Vertrauen und die Unterstützung von Helmut Kohl gefunden und war 1976 in den Deutschen Bundestag gewählt worden. Später allerdings sagte er sich von seinem Förderer los und ging eigene Wege. 1975/76 war er Leiter des Bildungswerkes der KAS in Stuttgart und anschließend Präsident der Bundeszentrale für Politische Bildung, für kurze Zeit Staatssekretär und Bevollmächtigter des Landes Berlin beim Bund und dann Leiter der Vertretung der Europäischen Kommission in Bonn. Die Position des Geschäftsführenden Vorsitzenden der Stiftung hatte er von 1993 bis 1997 inne. Nach dem Ausscheiden Gerd Langguths wurde Ottfried Hennig, 1982 bis 1992 Parlamentarischer Staatssekretär beim Bundesminister für Innerdeutsche Beziehungen und dann der Verteidigung sowie 1989 bis 1997 Landesvorsitzender der CDU Schleswig-Holstein, zum Generalsekretär bestellt. Nach seinem Tod folgte ihm 1999 Wilhelm Staudacher, der früher in der Bundesgeschäftsstelle der CDU tätig gewesen war und von 1994 bis 1999 unter Bundespräsident Roman Herzog das Bundespräsidialamt geleitet hatte. 2008 entschied er sich, nach Rom zu gehen, wo er bis zur Pensionierung 2011 die dortige Repräsentation der Adenauer-Stiftung leitete. Sein Ideenreichtum und seine Fähigkeit, auf Menschen zuzugehen, waren für die Stiftung von hohem Gewinn.

Erst als ich 1993 auch noch den Landesvorsitz der CDU Thüringen übernehmen musste, war ich aus rechtlichen Gründen gezwungen, schweren Herzens auf den Vorsitz der Stiftung zu verzichten. Es lag nahe, Günter Rinsche zu bitten, meine Nachfolge zu übernehmen. Schon seit 1968 gehörte er dem Vorstand der Stiftung an und war ihrer Arbeit durch seine Mitgliedschaften im Deutschen Bundestag, im nordrhein-westfälischen Landtag und vor allem über Jahrzehnte im Europäischen Parlament sowohl im In- wie im Ausland eng verbunden. Günter Rinsche ist es zu verdanken, dass die Konrad-Adenauer-Stiftung in den schwierigen 1990er Jahren ihre Arbeit erfolgreich fortführen konnte.

Der Vorstand der Stiftung war stets hochrangig besetzt, und seine Mitglieder nahmen nahezu vollständig an jeder Sitzung teil. Helmut Kohl gehörte dem Vorstand der Stiftung von 1968 bis zu seinem Tode 2017 – fast 50 Jahre lang! – an. Ich pflegte mich mit ihm und später auch mit Angela Merkel vor jeder Vorstandssitzung abzustimmen. Kohl nahm nachhaltigen Einfluss auf unsere Entscheidungen, und es war nicht immer ganz einfach, sich gegen ihn durchzusetzen. Die Umsetzung seines Wunsches, sich von der Villa La Collina in Cadenabbia am Comer See zu trennen, habe ich allerdings verhindern können. In der Villa La Collina, dem Feriendomizil Konrad Adenauers in den Jahren 1959 bis 1966, besitzt die Stiftung seit 1977 eine Tagungs- und Begegnungsstätte, die sich großer Beliebtheit erfreut und in der regelmäßig hochkarätige Tagungen und internationale Konferenzen stattfinden. Probleme bereitete die Kritik des Bundesrechnungshofes, dass die Auslastung mit eigenen Veranstaltungen unter der Marke von 80 Prozent liege. Sie wurde dank der hilfreichen Unterstützung durch Bundesinnenminister Otto Schily auf 40 Prozent gesenkt und Cadenabbia als »Erinnerungsort von nationaler Bedeutung« anerkannt.

Übergabe des Vorsitzes der Konrad-Adenauer-Stiftung an Günter Rinsche am 17. März 1993. Von links Gerd Langguth (Geschäftsführender Vorsitzender der KAS), Bernhard Vogel, Günter Rinsche, Lothar Kraft.

Nachdem ich 2000 den Landesvorsitz der CDU Thüringen an Dieter Althaus abgegeben hatte, konnte ich im März 2001 erneut zum KAS-Vorsitzenden gewählt werden. Nach dem sich abzeichnenden Ende meines Thüringer Abenteuers wollte ich wiedergutmachen, dass ich die KAS seinerzeit Knall auf Fall verlassen hatte.

Rückkehr: zweite Amtszeit (2001–2009)

Ein neuer Vorstand war mit mir gewählt worden. Zum ersten Mal wurde einer Frau, der Chemnitzer Politikwissenschaftlerin Beate Neuss, das Amt einer stellvertretenden Vorsitzenden übertragen. Norbert Lammert wurde ebenfalls stellvertretender Vorsitzender, Wilhelm Staudacher wurde Generalsekretär, bis ihm 2009 Michael Thielen nachfolgte. Da ich in den vorausgehenden Jahren enge Verbindung zur Stiftung gehalten und bei Auslandsreisen den Kontakt zu unseren Außenstellen gepflegt hatte, vielfach als Redner für die Stiftung aufgetreten war und mit Günter Rinsche regelmäßiger Austausch bestanden hatte, fiel mir die Rückkehr nicht schwer. Dennoch: Vieles hatte sich geändert. Berlin war Hauptstadt geworden, die Union trug nicht mehr Regierungsverantwortung, Osteuropa war zum Schwerpunkt unserer Arbeit geworden. Auf Zeiten der Ausweitung folgten Jahre der Einschränkung. Wir mussten sparen, der Schlüssel der Bundeszuweisungen, nach dem die zur Verfügung stehenden Mittel unter den parteinahen Stiftungen verteilt werden, wurde zu unserem Nachteil verändert, die Mittel des Auswärtigen Amtes wurden gekürzt, auch einige Länder kürzten ihre Zuschüsse für die politische Bildung. Frei werdende Stellen konnten nicht mehr nachbesetzt werden. In einer Mitarbeiterversammlung – im Oktober 2004 – machte ich auf die unvermeidlichen Veränderungen aufmerksam.

Viel Zeit zur Einarbeitung sollte nicht bleiben, die Anschläge islamistischer Terroristen vom 11. September 2001 auf das

World Trade Center in New York und auf das Pentagon in Washington sollten für die Arbeit der Stiftung Konsequenzen haben. Nach der Befreiung Afghanistans vom terroristischen Regime der Taliban im Dezember 2001 beschlossen wir bereits 2002, in Kabul eine neue Außenstelle einzurichten, die allerdings nach der Rückkehr der Taliban wieder geschlossen werden musste. Der Irakkrieg löste eine weltweite Diskussion aus. Die Nichtbeteiligung Deutschlands sollte über Jahre zu einer schweren Belastung der deutsch-amerikanischen Beziehungen führen.

Das Jahr 2001 – in dem Konrad Adenauer 125 Jahre alt geworden wäre – war von uns zum »Adenauer-Jahr« erklärt worden. In mehr als 100 Veranstaltungen wurde seine politische Lebensleistung Schwerpunkt unserer Arbeit. Die Rückbesinnung auf sein Lebenswerk sollte Orientierung für die Zukunft geben. Vor allem die Ausstellung »Adenauer: Portraits – Bücher – Medaillen« in der Akademie in Berlin fand große Resonanz. Im Bundesrat wurde eine Gedenktafel angebracht, die an sein Wirken in Berlin als Präsident des preußischen Staatsrates erinnern sollte. Die Ausstellung »Konrad Adenauer und die europäische Integration«, 2007 aus Anlass des 50. Jahrestages der Römischen Verträge konzipiert, entwickelte sich zu einem vielfach nachgefragten »Dauerbrenner« und wurde im gesamten Bundesgebiet gezeigt. Ebenfalls 2001 stifteten wir einen »Preis Soziale Marktwirtschaft«. Mit ihm sollten Persönlichkeiten ausgezeichnet werden, die sich in hervorragender Weise für den Erhalt und die

Weiterentwicklung der sozialen Marktwirtschaft eingesetzt haben. Eine Jury unter Vorsitz von Dr. Jens Odewald sollte Vorschläge machen. Am 15. März 2002 wurde er in Berlin im Stadtschloss am Gendarmenmarkt zum ersten Mal verliehen an Werner Otto, den Gründer der größten Versandhandelsgruppe der Welt.

Besondere Aufmerksamkeit widmeten wir unserer Außenstelle in Israel. Zusammen mit Johannes Gerster, unserem langjährigen und sehr erfolgreichen Landesbeauftragten, eröffnete ich in Jerusalem das Adenauer-Konferenzzentrum. Sein Bau geht auf eine Anregung des unvergessenen Jerusalemer Oberbürgermeisters Teddy Kollek zurück, zu dem sich sehr bald eine enge freundschaftliche Beziehung entwickelte.

Der Beitritt von zehn ost- und südosteuropäischen Staaten zur EU eröffnete der Stiftungsarbeit neue Möglichkeiten. Mit Enttäuschung mussten wir hingegen zur Kenntnis nehmen, dass die von den Staats- und Regierungschefs der Mitgliedsstaaten der EU im Oktober 2004 beschlossene Verfassung für Europa, in Frankreich und in den Niederlanden bei den dortigen Referenden keine Mehrheit fand. Ein bedauerlicher Rückschlag.

Die zu Anfang der 2000er Jahre steigende Arbeitslosigkeit, das geringere Wirtschaftswachstum, die sinkenden öffentlichen Einnahmen stellten uns vor neue Probleme. Das damit verbundene Absinken unser Zuschussmittel bereitete große

Sorgen. Um dem Rechnung zu tragen, mussten die beiden Hauptabteilungen unserer internationalen Arbeit zusammengefasst und wegen der erforderlichen Nähe zum politischen Entscheidungszentrum und zu den diplomatischen Vertretungen nach Berlin verlegt werden. Ebenfalls erwies es sich als notwendig, die Zahl der Bildungswerke für die politische Bildungsarbeit in den Ländern zu reduzieren und bis auf wenige Ausnahmen in die Landeshauptstädte zu verlagern.

Wir verstärkten unser Bemühen, »Drittmittel« einzuwerben, blieben aber damit weitgehend erfolglos. Erbschaften wie der Else-Heiliger-Fonds zur Förderung bedürftiger deutscher Künstler blieben die Ausnahme.

Noch hielten wir an Sankt Augustin als gleichberechtigtem Standort der Stiftung fest, aber die Verlegung der Bundeshauptstadt nach Berlin konnte auch für uns nicht ohne Folgen bleiben.

Das 50-jährige Bestehen der Stiftung, 40 Jahre Begabtenförderung und 30 Jahre Archiv für christlich-demokratische Politik feierten wir mit 3000 Gästen noch im neuen Plenarsaal des Bundestages in Bonn. Bundespräsident Horst Köhler, die CDU-Vorsitzende Angela Merkel, die kurz darauf zur Bundeskanzlerin gewählt wurde, und Altbundeskanzler Helmut Kohl gaben uns am 5. November 2005 die Ehre und zollten unserer Arbeit hohe Anerkennung. Ich wagte in meinem Beitrag die Feststellung: »Ich glaube, es ist nicht vermessen zu sagen: Wären die politischen Stiftungen nicht entstanden, wäre die KAS vor fünfzig Jahren nicht gegründet worden, man müsste sie heute neu erfinden.« Die Stiftung müsse Zukunftswissen vermitteln, Orientierung geben, Blockaden aufbrechen und sich mit den Grundlagen des gesellschaftlichen Lebens auseinandersetzen. Angela Merkel wünschte sich, dass die KAS »ein Stachel im Fleisch des christlich-demokratischen Gedankengutes« bleibe, der Partei bohrende Fragen stelle und ihr Anregungen gebe. Und sie fügte den Wunsch hinzu, dass die Beziehung zwischen Stiftung und Partei »niemals enger als nahe« sein dürfe.

Am 31. Oktober 2009 gedachten wir im Berliner Friedrichstadtpalast mit 1800 Gästen des 20. Jahrestags des Mauerfalls. Bundespräsident Köhler hielt die Laudatio auf Helmut Kohl, George H. W. Bush und Michail Gorbatschow, die zu der Veranstaltung angereist waren. Auch Tadeusz Mazowiecki, der erste frei gewählte Ministerpräsident Polens, Władysław Bartoszewski, der unermüdliche Wegbereiter der polnisch-deutschen Aussöhnung, und Sabine Bergmann-Pohl, die Präsidentin der frei gewählten Volkskammer und damit das letzte Staatsoberhaupt der DDR, sowie mehr als 70 Botschafter nahmen teil.

Festveranstaltung »20 Jahre Mauerfall: Der Sieg der Freiheit« am 31. Oktober 2009 im Berliner Friedrichstadt-Palast. Von links sitzend: Michail Gorbatschow, George H. W. Bush, Helmut Kohl; von links stehend: Bundeskanzlerin Angela Merkel, Eva-Luise Köhler, Bundespräsident Horst Köhler, Bernhard Vogel.

Im selben Jahr – ich war inzwischen 76 Jahre alt – trat ich nicht noch einmal als Vorsitzender an, wenngleich mir der Abschied auch diesmal schwerfiel. Ich war überzeugt, Hans-Gert Pöttering, seit 1979 Mitglied des Europäischen Parlaments, dort von 1999 bis 2007 Fraktionschef der Europäischen Volkspartei und von 2007 bis 2009 dessen Präsident, sei nun »der richtige Mann am richtigen Platz«.

Mein Vorschlag überraschte Angela Merkel zwar, aber sie stimmte zu. Anders war es acht Jahre später, als ich mich für den langjährigen Bundestagspräsidenten und durch seine Tätigkeit als stellvertretender Vorsitzender mit der Stiftungsarbeit bestens vertrauten Norbert Lammert als Nachfolger Pötterings engagierte, Angela Merkel aber unbedingt Annette

Schavan, die wegen Kritik an ihrer Doktorarbeit als Bundesbildungsministerin zurückgetreten war, durchsetzen wollte.

Pöttering hat erwartungsgemäß die europäische und internationale Ausrichtung der Stiftung gestärkt. Norbert Lammert beweist, warum viele ihn gerne als Bundespräsidenten gesehen hätten. Er führt die Stiftung souverän, selbstbewusst und außerordentlich erfolgreich.

Symbolische Schlüsselübergabe an den Nachfolger im Vorsitz der Konrad-Adenauer-Stiftung, Hans-Gert Pöttering (Januar 2010).

Die politischen Stiftungen haben für unsere freiheitlich-demokratische Grundordnung lebensnotwendige Bedeutung. Mit ihnen ziehen wir die Lehre aus dem Scheitern der Weimarer Republik, und mit ihrem Einsatz in vielen Ländern der Welt geben wir dankbar zurück, was wir nach 1945 an Hilfe empfangen haben. Die staatliche Förderung zwingt die politischen Stiftungen nicht zur Neutralität, im Gegenteil: Ihre politische Grundrichtung, ihre Nähe zu einer der im Bundestag vertretenen Parteien, ist die Begründung für den Erhalt der öffentlichen Mittel. Die Stiftungen sollen sich zu ihrer Nähe zu politischen Parteien und Ideen bekennen, zugleich aber rechtlich, organisatorisch und finanziell unabhängig sein. Sie werden überwiegend aus dem Bundeshaushalt finanziert. In den Anfangsjahren bildete die politische Bildungsarbeit ihre Schwerpunkttätigkeit. Das Bundesverfassungsgericht hat 1986 in diesem Sinne hervorgehoben, die Stiftungen sollten »die Beschäftigung der Bürger mit politischen Sachverhalten anregen und den Rahmen bieten für eine – allen interessierten Bürgern zugängliche – offene Diskussion politischer Fragen«, um »das Interesse an einer aktiven Mitgestaltung des gesellschaftlichen und politischen Lebens« zu wecken und das nötige Handwerkszeug zu vermitteln. Seit den 1960er Jahren erfolgte eine zunehmende Internationalisierung der Arbeit der politischen Stiftungen. 1995 würdigte Bundespräsident Roman Herzog anlässlich des 70-jährigen Bestehens der Friedrich-Ebert-Stiftung dieses internationale Engagement: »Indem die Stiftungen weltweit für den Aufbau demokratischer und rechtsstaatlicher Strukturen wirken, gehören sie zu den wirksamsten und bewährtesten Instrumenten deutscher Außenpolitik.«

Aufgabe der KAS muss es sein, die christlich-demokratische Idee zu bewahren und sie zeitgemäß weiterzuentwickeln. Ihre Arbeit im In- und Ausland zieht Menschen an, die zwar keine Parteiversammlungen besuchen wollen, die gleichwohl zum politischen Engagement bereit sind. Dass man mich 2010 zum Ehrenvorsitzenden berief, ehrt mich, verpflichtet mich aber auch, in den Gremien der Konrad-Adenauer-Stiftung weiter mitzuarbeiten und ihr weiter zu dienen.

KAPITEL VII

Das Abenteuer Thüringen

Der Rücktritt von Josef Duchač

Ich sah nach der Wiedervereinigung meine Aufgabe als Vorsitzender der Konrad-Adenauer-Stiftung darin, wie geschildert alle der Stiftung zur Verfügung stehenden Mittel für das Gelingen des Zusammenwachsens des wiedervereinten Deutschlands einzusetzen. Aber es sollte anders kommen.

Am 23. Januar 1992 tritt der thüringische Ministerpräsident Josef Duchač zurück. Er hatte zunächst als Landesbeauftragter und danach als Ministerpräsident alles getan, um seiner Aufgabe gerecht zu werden. Aber er schien überfordert, zumal die notwendige Unterstützung vonseiten der Partei und der Landtagsfraktion fehlte. Eine Reihe von Namen für seine Nachfolge kommen ins Gespräch: Rudi Geil, langjähriges Mitglied meines rheinland-pfälzischen Kabinetts, inzwischen Chef der Staatskanzlei in Mecklenburg-Vorpommern, die Bundestagspräsidentin Rita Süssmuth, Klaus Töpfer, der Bundesumweltminister, Lothar Späth, viele Jahre Ministerpräsident von Baden-Württemberg und inzwischen »Aufbauhelfer« in Jena, und andere – auch mein Name fällt.

Viele Telefongespräche werden geführt. Christoph Böhr, Landesvorsitzender der CDU Rheinland-Pfalz, ruft mich an, ich solle mich auf Thüringen gefasst machen. Willibald Böck, der Thüringer CDU-Vorsitzende, drängt mich, nach Thüringen zu kommen. Volker Rühe, der CDU-Generalsekretär, meldet sich, ob er mich vorschlagen dürfe. Am Wochenende steht das Telefon nicht still. Ich reagiere mehr als zurückhaltend und verweise auf meine Aufgabe in der Konrad-Adenauer-Stiftung.

Für den 27. Januar lädt Helmut Kohl die Verantwortlichen der Thüringer CDU zu einem Gespräch, an dem auch Volker Rühe teilnimmt, nach Bonn ins Bundeskanzleramt ein: den Parteivorsitzenden Willibald Böck, den Fraktionsvorsitzenden Jörg Schwäblein, Josef Duchač und Christine Lieberknecht, die als Mitverfasserin des Briefes aus Weimar entscheidend zur Verselbstständigung der Blockpartei CDU in der DDR beigetragen hatte. Am Abend zuvor – einem Sonntag – führe ich ein langes, ausführliches Telefongespräch mit Helmut Kohl. Wir werden uns einig: Ich bleibe Vorsitzender der Adenauer-Stiftung und gehe nicht nach Thüringen. Ich habe den Eindruck, dass Kohl sehr wohl weiß, wie er das Thüringer Personalproblem lösen will, dass er Rudi Geil als Ministerpräsident bevorzugt. Zwei Tage zuvor, am 24. Januar, hatte er am Rande des rheinland-pfälzischen CDU-Parteitages der Presse gegenüber geäußert, Rudi Geil werde in Kürze eine wichtige Aufgabe übernehmen.

Am Montagmorgen fahre ich von Speyer zu einem lang geplanten Treffen der Leitungen von Adenauer-Stiftung und CSU-naher Hanns-Seidel-Stiftung nach München. Bei einem Mittagessen in einem Münchener Wirtshaus ruft eine dralle bayerische Kellnerin: »Hoasd hia oana Vogel?« Helmut Kohl ist am Telefon, man müsse mich in die Pflicht nehmen. Rita Süssmuth komme nicht infrage, Rudi Geil werde von den Thüringern nicht akzeptiert. Es sei sein und der Thüringer CDU-Politiker einhelliger Wunsch, dass ich stehenden Fußes nach Erfurt aufbreche. Kein anderer Personalvorschlag sei konsensfähig.

Ich esse noch die bereits auf dem Tisch stehende Suppe und mache mich dann auf den Weg. Viel geht mir durch den Kopf während der Fahrt. Ich verständige meinen Bruder und meinen Freund Georg Gölter von der eingetretenen Situation, damit sie es nicht erst aus dem Radio erfahren. Ich bin hin- und hergerissen. Mein Scheitern in Mainz liegt erst gut drei Jahre zurück. Die neuen Aufgaben in der Konrad-Adenauer-Stiftung fordern und erfüllen mich. Kann der Kelch an mir vorübergehen? Soll ich mir das antun, und muss ich mir das antun, und wie verhält sich das zu dem Kuriosum, dass ich mir ein anderes Land suche, weil ich in Rheinland-Pfalz nicht mehr Ministerpräsident bin? Aber darf ich andererseits unsere Freunde in Thüringen im Stich lassen, wenn ich dort gebraucht werde? 60 Jahre habe ich auf der Sonnenseite Deutschlands gelebt. Hätte meine Mutter nicht verhindert, dass wir mit dem Institut meines Vaters, um dem Bombenkrieg zu entgehen, 1944 nach Schleiz verlagert wurden, wäre ich in Thüringen zur Schule gegangen. Hätte mein Vater 1947 einen Ruf an die Universität Greifswald nicht abgelehnt, wäre ich in Mecklenburg-Vorpommern aufgewachsen.

Vier Stunden später, am frühen Abend, treffe ich in Erfurt ein. Man lässt mich lange warten, schließlich kommt es zum ersten Zusammentreffen mit Parteivorstand und Landtagsfraktion. Gegen 22 Uhr halte ich eine kurze Ansprache. Ich käme nicht leichten Herzens, weil ich eigentlich einer Thüringer Lösung den Vorzug geben würde. Wenn man mich aber in die Pflicht nehmen wolle, wenn es keinen anderen Weg aus der entstandenen Lage gebe und wenn der Koalitionspartner, die FDP, die Entscheidung mittrage, stellte ich mich zur Verfügung.

Die anschließende geheime Abstimmung ergibt 40 Ja- und eine Neinstimme. Unter unbeschreiblichem Gedränge trete ich vor die Presse, erst weit nach Mitternacht bin ich im tristen ehemaligen Gästehaus der SED-Bezirksleitung Erfurt, ohne Zahnbürste und ohne ein Hemd zum Wechseln.

Die folgenden Tage sind ausgefüllt mit hektischer Betriebsamkeit und zahllosen Gesprächen. Als Erstes treffe ich mich mit Andreas Kniepert, dem Fraktionsvorsitzenden der FDP, und vereinbare ein Koalitionsgespräch. Man hatte sich offensichtlich zuvor mit Otto Graf Lambsdorff, dem FDP-Vorsitzenden, und mit den Freien Demokraten in Rheinland-Pfalz abgestimmt. Bei der Verleihung des Dolf-Sternberger-Preises in Heidelberg an Willy Brandt am 1. Februar wünscht dieser mir parteiübergreifend viel Erfolg für meine neue Aufgabe in Thüringen.

Am 5. Februar 1992 kurz nach 13 Uhr wird im Plenum des Thüringer Landtags der Tagesordnungspunkt »Wahl des Ministerpräsidenten« aufgerufen. 50 der 51 Stimmen der Koalition entfallen auf mich. Auf dem kurzen Weg von der hinteren Stuhlreihe des Plenarsaales durch den Mittelgang zum Rednerpult wird mir schlagartig bewusst, was mir bevorsteht. Fast wäre ich wieder umgekehrt. In meinem Dankeswort spreche ich von der großen Verantwortung, die mir auferlegt worden sei: »Diese Verantwortung ist kein Anspruch, sondern diese Verantwortung wird ein Dienst sein.« Ein Wagnis mit ungewissem Ausgang. Ich ahne nicht, was mich erwartet. Heute weiß ich: Es begann das größte Abenteuer meines Lebens!

Vereidigung als Ministerpräsident von Thüringen durch Landtagspräsident Gottfried Müller am 5. Februar 1992.

Ich wollte helfen

Ich wollte Thüringen und den Thüringern helfen und versuchen, meine Regierungserfahrung einzubringen, aber ich war nicht der Meinung, dass ich es besser wüsste. Ich habe versucht, auf die Menschen zuzugehen. Meine westdeutsche Herkunft hat man mir nur selten zum Vorwurf gemacht. Wildfremde Menschen sprachen mich auf der Straße an, um mir zu danken, dass ich gekommen sei. Während meiner Reisen von Mainz aus in die DDR hatte ich mehrfach auch Thüringen besucht. Die Wartburg über Eisenach, Schloss Friedenstein in Gotha, den Erfurter Dom, das Goethe-Haus in Weimar hatte ich kennengelernt – streng abgeschirmt von den Sicherheitskräften der DDR. Einen Industriebetrieb, eine Schule oder ein Krankenhaus aber hatte ich bisher nie von innen gesehen. Das Land und seine Leute kannte ich nicht. Ich kannte nur fünf Thüringer mit Namen, denen ich bei meinen Besuchen als Vorsitzender der Konrad-Adenauer-Stiftung und beim Vereinigungsparteitag der CDU in Hamburg am 1. Oktober 1990 begegnet war. Kaum dass die Grenzen offen waren, kamen Tausende Westdeutsche, vor allem aus Hessen und Rheinland-Pfalz, aber auch aus Bayern, die helfen wollten – in der Regel allein und unter widrigen Umständen –, montags bis freitags. Viele blieben, zogen später ihre Familien nach und wurden zu Thüringern. Die meisten von ihnen haben unschätzbare Dienste geleistet und darum Dank und Anerkennung verdient. Aber natürlich kamen auch schwarze Schafe – von ihren Vorgesetzten geschickt, um sie zu Hause loszuwerden. Oder in der Hoffnung auf Aufstiegschancen, die sie zu Hause nicht hatten. Und manche kamen, die belehrend auftraten und meinten, alles besser zu wissen.

Die Menschen in Mitteldeutschland hatten seit 1933 unter den Bedingungen von zwei wenn auch völlig unterschiedlichen Diktaturen gelebt. Anders als in Westdeutschland 1945 gab es im Osten Deutschlands 1990 kaum noch jemanden, der einer demokratisch verfassten Partei, einem frei gewählten Parlament, einem Kreis- oder Stadtrat angehört hatte. Die neue

Ordnung musste erst Fuß fassen in Politik und Gesellschaft, in den Gerichten und in den Verwaltungen, aber auch im Alltag in den Betrieben. In die Parlamente und in die Regierungen zogen Physiker, Mathematiker, Programmierer, Tierärzte und evangelische Theologen ein. Juristen, Beamte, Lehrer gab es kaum. Aus dem Stand heraus haben sie in den Kommunen, in Kreisen und Städten, in der Verwaltung und vor allem in der Wirtschaft Aufgaben übernommen, auf die sie nicht vorbereitet waren und deren Schwierigkeiten sie nicht kannten. Die meisten von ihnen haben sich in ungewöhnlichem Ausmaß bewährt, haben Außergewöhnliches geleistet. Ihnen sollte man ein Denkmal setzen.

Der Osten musste vom Westen lernen. Aber auch der Westen musste begreifen, dass die friedliche Revolution die Bundesrepublik nicht nur vergrößert, sondern auch verändert hatte. Die Deutschen, die über Jahrzehnte in verschiedenen Welten gelebt hatten, mussten einander erst wieder kennenlernen und sich gegenseitig ihre Biografien erzählen.

Mit der üblich gewordenen Bezeichnung »neue Länder – alte Länder« konnte ich mich nicht anfreunden. Sachsen, Brandenburg, auch Thüringen sind »alte« Länder. Die westdeutschen Bindestrichländer Nordrhein-Westfalen, Rheinland-Pfalz, Baden-Württemberg sind erst nach dem Zweiten Weltkrieg entstanden, sie sind »neue« Länder. Allenfalls als junge Länder lassen sich die 1990 dem Geltungsbereich des Grundgesetzes beigetretenen Länder bezeichnen. Noch widersinniger ist es, wie schon betont, von »Bundesländern« zu sprechen, als ob sie die Länder des Bundes wären.

Eine feste Vorstellung, wie lange ich in Thüringen gebraucht würde, hatte ich nicht. Die in zwei Jahren anstehende Landtagswahl wäre jedenfalls zu bestehen. Dann aber wollte ich zur Konrad-Adenauer-Stiftung zurückkehren, die ich Knall auf Fall und nicht ohne schlechtes Gewissen verlassen hatte. So bald wie möglich musste ein Thüringer mir nachfolgen. Dass daraus mehr als elf Jahre werden sollten, ahnte ich nicht.

Die drängendsten Aufgaben

Die Wiedervereinigung kam über Nacht. Niemand verfügte über einen Plan, was zu tun sei. Es gab ein Ministerium für gesamtdeutsche Fragen – zur Zeit Willy Brandts als Bundeskanzler in Ministerium für innerdeutsche Beziehungen umbenannt –, ein Ministerium für gesamtdeutsche Antworten gab es nicht. Alles musste neu geordnet werden, die wiedererstandenen Länder standen vor einem Berg von Schwierigkeiten. Wie am Fließband mussten Entscheidungen getroffen werden. Es ging zu wie auf einem großen Verbandsplatz. Am Anfang erwies sich für mich das Telefonieren als schwieriger als das Regieren. Man musste im Morgengrauen auf eine Anhöhe bei Erfurt fahren. Aber wer ging schon im Morgengrauen in Bonn ans Telefon?

Der gesellschaftliche, wirtschaftliche und soziale Umbruch erzeugte einen außergewöhnlichen Handlungs- und Entscheidungsdruck. Die strukturellen, personellen und rechtlichen Voraussetzungen für den wiedererstandenen Freistaat mussten neu geschaffen, die in der DDR völlig vernachlässigte kommunale Selbstverwaltung musste gestärkt werden. Das Justizwesen musste neu geordnet werden. Die Schulen, von der DDR-»Volksbildungsministerin« Margot Honecker als ideologische Kaderschmiede missbraucht, verlangten nach neuen Inhalten und neuen Strukturen. Wir entschieden uns für die Zweigliedrigkeit – Regelschule und Gymnasium – und kämpften gemeinsam mit Sachsen um das achtjährige Gymnasium, dessen Abschluss man im Westen zunächst nicht anerkennen wollte. Weil bis 1990 alle Schüler Russisch lernen mussten, wollte man sich so schnell wie möglich von diesem Zwang befreien. Aber wo über Nacht Englischlehrer hernehmen? Und was tun mit den Marxismus-Leninismus-Lehrern?

Um der rapide wachsenden Verkehrsströme Herr zu werden, musste der Ausbau der völlig vernachlässigten Verkehrswege, die Planung neuer Verkehrsprojekte sofort in Angriff genommen werden. In der DDR waren nach 1945 so gut wie keine neuen Autobahnstrecken gebaut und die vorhandenen nicht auf einen neuen Stand gebracht worden. Vor allem die Transitstrecken mussten so schnell wie möglich auf Westniveau gebracht werden. In den ersten Nachkriegsjahren hatten Reparationszahlungen an die Sowjetunion zum Abbau vieler zweiter Eisenbahngleise geführt. Viele Strecken waren zudem nicht elektrifiziert. Die im April 1991 beschlossenen Verkehrsprojekte »Deutsche Einheit« gaben die Richtung vor und verkürzten die Planungs- und Bauzeiten erheblich. Im

Herbst 1992 konnte ich zusammen mit meinem hessischen Ministerpräsidentenkollegen Hans Eichel das zweite Gleis der Werratalbahn freigeben.

Die ICE-Neubaustrecke München–Berlin durfte nicht, wie von Kurt Biedenkopf favorisiert, von Leipzig über Plauen und Hof nach Nürnberg führen, sondern sie musste Thüringen, die Mitte Deutschlands, an das internationale ICE-Netz anschließen und über Erfurt und durch den Thüringer Wald verlaufen – auch wenn das die Fahrzeit um wenige Minuten verlängerte und etwa eine Milliarde höhere Baukosten verursachte.

Symbolischer Beginn des Weiterbaus der ICE-Trasse zwischen Erfurt und Nürnberg mit Bahn-Chef Hartmut Mehdorn und Bundesverkehrsminister Kurt Bodewig (von links) am 11. September 2002 in Erfurt-Bischleben.

Als die bei Weitem größte, auch von mir zunächst unterschätzte Herausforderung sollte sich der Aufbau einer neuen Wirtschaftsordnung erweisen. Die DDR hatte nicht nur politisch, sondern auch wirtschaftlich vor dem Bankrott gestanden. Der Untergang der Sowjetunion und die Auflösung des Warschauer Paktes führten nun zum weitgehenden Zusammenbruch des Außenhandels.

Die noch zur Zeit der Krenz-Regierung am 30. Oktober 1989 – als »Geheime Verschlusssache« – vorgelegte, später als »Schürer-Bericht« bekannt gewordene Analyse der wirtschaftlichen Situation der DDR kam zu einem vernichtenden Urteil: Die Verschuldung der DDR im nichtsozialistischen Ausland stelle ihre Zahlungsfähigkeit infrage. Die Arbeitsproduktivität liege um 40 Prozent hinter der »BRD« zurück. Die Betriebe seien veraltet, der Großteil der Industrie sei »weitgehend Schrott«. Die öffentliche Infrastruktur sei kaum mehr funktionsfähig. Um die Auslandsverschuldung auch nur zu stoppen, sei eine Senkung des Lebensstandards um 25 bis 30 Prozent erforderlich. Dies werde die DDR unregierbar machen. Erforderlich sei eine »grundsätzliche Änderung der Wirtschaftspolitik der DDR«. Auch wenn der von Gerhard Schürer, dem Chef der Staatlichen Plankommission beim Ministerrat der DDR, vorgestellte Bericht nach dem 9. November 1989 weitgehend unbeachtet blieb und schnell in Vergessenheit geriet, so verdeutlicht doch auch diese DDR-interne Analyse: Wir standen vor der Aufgabe, die gescheiterte sozialistische Planwirtschaft zur Sozialen Marktwirtschaft umzubauen. In den Universitätsbibliotheken fand sich reichlich Literatur darüber, wie man aus Kapitalismus Sozialismus macht. Erfahrungen, wie man aus Planwirtschaft Marktwirtschaft macht, fehlten dagegen.

Bald sollte sich erweisen: Umbau kann schwieriger sein als Neubau. Ein in Trümmern liegendes Land nach den Grundsätzen der Sozialen Marktwirtschaft neu aufzubauen, unterscheidet sich gravierend von der Aufgabe, eine sozialistische Planwirtschaft nach diesem Konzept umzubauen. Ludwig Erhards Entschluss, nach der Währungsreform von 1948 den Markt weitgehend freizugeben, hatte den Wiederaufbau der westdeutschen Wirtschaft eingeleitet und zu jährlich wachsendem Wohlstand und in wenigen Jahren zum »Wirtschaftswunder« geführt. Der notwendige Umbau in den jungen Ländern dagegen führte zunächst zu steigender Arbeitslosigkeit. Auch wenn neue Arbeitsplätze entstanden: Drei von vier Arbeitsplätzen gingen zunächst verloren. Der Umbau sollte außerdem für Jahrzehnte tiefe Narben hinterlassen.

Bis heute schreiben viele Zeitgenossen irrigerweise die Folgen des Zusammenbruchs der sozialistischen Planwirtschaft nicht der SED und nicht der DDR, sondern der Treuhandanstalt zu. Sie wurde zum Sündenbock und zum Prügelknaben – viel gescholten und heftig kritisiert. Zu Unrecht! Die Treuhand stand vor einer Herkulesaufgabe, die sie, trotz mancher Fehler, alles in allem erfolgreich gelöst hat. Es ist ihr gelungen, die Deindustrialisierung der jungen Länder zu stoppen und zu verhindern, dass Ostdeutschland zu einer verlängerten Werkbank des Westens wurde. Wer ihre Arbeit beurteilen will, muss beachten, was sie vorfand. Für ihre Aufgabe gab es weltweit kein

Vorbild, an dem sie sich hätte orientieren können. »Schnell privatisieren – entschlossen sanieren – behutsam stilllegen« war ihr Motto, war die Aufgabe zunächst von Detlev Karsten Rohwedder und nach seiner Ermordung durch die RAF im April 1991 von Birgit Breuel. Nicht, wie von der Volkskammer erwartet, mit 600 Milliarden DM Überschuss, der durch Anteilsscheine als Volksvermögen der Bevölkerung zurückgegeben werden sollte, sondern mit einem Defizit von 250 Milliarden DM schloss die Treuhand am 30. Dezember 1994 ihre Arbeit ab.

Birgit Breuel und Klaus Schucht, der spätere sozialdemokratische Wirtschaftsminister von Sachsen-Anhalt, und ihre Mitarbeiter wurden zu unseren täglichen Gesprächspartnern. Die Regionen Jena und Eisenach sollten zu industriellen Schwerpunkten in Thüringen entwickelt werden. Schon mein Vorgänger konnte Lothar Späth, den langjährigen baden-württembergischen Ministerpräsidenten, als »Aufbauhelfer« für Jena verpflichten. Ihm gelang es, mit milliardenschwerer Anschubfinanzierung Tausende Arbeitsplätze der »Jenoptik« zu sichern und Jena tatsächlich zu einem industriellen Leuchtturm zu entwickeln. In Eisenach produzierte das »Automobilwerk Eisenach« den »Wartburg«. Seine Gebäude und seine Maschinen waren für eine rentable Produktion unbrauchbar. Und niemand wollte nach der Wiedervereinigung mehr einen Wartburg kaufen, auf dessen Lieferung man in der DDR bis zu 20 Jahre hatte warten müssen. Opel war bereit, eine neue moderne Fabrik zu errichten. 2000 Arbeiter des alten Automobilwerks konnten übernommen werden, 8000 Arbeiter wurden jedoch arbeitslos.

Das von Franz Schuster über neun Jahre (1994–2003) geführte Landeswirtschaftsministerium sollte die Hauptlast des Umbaus zu tragen haben. In seinem Buch *Thüringens Weg in die Soziale Marktwirtschaft* (Köln 2015) hat er sich selbst zu Recht ein Denkmal gesetzt.

Als Erstes musste ein neues Kabinett gebildet werden. Für 112,80 DM erstand ich einen »OECKL« – das Handbuch über das öffentliche Leben in Deutschland –, um einen Überblick über die Zahl und den Zuschnitt der Ressorts in den jungen Ländern zu gewinnen. Am ersten Wochenende nach meiner Wahl sprach ich mit den bisherigen Ministern und stellte ihnen vier Fragen: Wer sind Sie, und wie haben Sie Ihr Leben in der DDR bestanden? Was sind die dringendsten Probleme Ihres Ressorts? Wie stellen Sie sich den Weg aus der Krise vor? Um aufgebrochene Gräben zuzuschütten, wollte ich auch Minister, die aktiv am Rücktritt von Duchač beteiligt gewesen waren – Lieberknecht, Zeh, Lengemann –, in das neue Kabinett berufen. Der Westdeutsche Hans-Joachim Jentsch blieb Justizminister, musste aber seine Zuständigkeit für Bonn und Brüssel an Christine Lieberknecht abgeben. Weil mir unsere Präsenz in Bonn und Brüssel besonders wichtig erschien – und weil ich sie als Kultusministerin ablösen wollte –, bildete ich für sie ein neues Ministerium für Bundes- und Europaangelegenheiten. Willibald Böck (Inneres), Klaus Zeh (Finanzen), Volker Sklenar (Landwirtschaft und Forsten) und Hans-Henning Axthelm (Soziales und Gesundheit) behielten ihre Ämter. Zum neuen Kultusminister berief ich den jungen katholischen Eichsfelder Landtagsabgeordneten Dieter Althaus und stieß damit auf heftige Kritik – wie zehn Jahre zuvor, als ich in Rheinland-Pfalz mit Georg Gölter zum ersten Mal einen Protestanten zum Kultusminister berufen hatte. »Lieber einen Atheisten als einen Katholiken«, meinte ein einflussreiches evangelisches Landtagsmitglied mich warnen zu müssen.

Obwohl ich vermeiden wollte, westdeutsche Minister – gar aus meinem früheren rheinland-pfälzischen Kabinett – zu berufen, tauschte ich den Westdeutschen Jürgen Lengemann als Minister in der Staatskanzlei gegen den mir durch unsere enge Zusammenarbeit in der Adenauer-Stiftung seit Langem vertrauten Franz Schuster aus. Der Chef der Staatskanzlei, Michael Krapp, bot mir seinen Rücktritt an, um Platz für Schuster zu machen, was ich ablehnte. Mein engster Mitarbeiter musste mit Land und Leuten vertraut sein. Krapp sollte mir für meine ersten sieben Thüringer Jahre, bis er 1999 Dieter Althaus im Kultusministerium nachfolgte, durch seine ungewöhnliche Verlässlichkeit und seine beispielhafte Loyalität zu einem unentbehrlichen Begleiter werden. Der Koalitionspartner, die FDP, die am Sturz meines Vorgängers nicht beteiligt gewesen und bereit war, die Koalition fortzusetzen, wollte in der Besetzung ihrer Ressorts keine Veränderung vornehmen. Ulrich Fickel blieb Minister für Wissenschaft und Kunst und stellvertretender Ministerpräsident, Hartmut Sieckmann blieb Minister für Umwelt und Landesplanung, Jürgen Bohn blieb Wirtschafts- und Verkehrsminister. Das neu berufene Kabinett fand nur mühsam zu kontinuierlicher Arbeit. Die erste

Kabinettssitzung musste verschoben werden, weil der Schlüssel zum Kabinettssaal nicht aufzufinden war.

Im August 1992 brachte die oppositionelle SPD einen Missbilligungsantrag gegen die Landesregierung ein, der sich insbesondere gegen die nicht zu übersehende Führungsschwäche des jugendlichen Wirtschaftsministers wandte, die Beendigung der Koalition forderte und anbot, eine CDU-Minderheitsregierung bis zur vorgezogenen Neuwahl zusammen mit den Kommunalwahlen im Juni 1993 zu tolerieren. Ich lehnte ab: »Vielen Dank für das Angebot, um das ich nicht gebeten habe.« Ich wollte keine Minderheitsregierung, keine vorgezogenen Wahlen und keine Große Koalition. Die latente Kritik an Böck und Axthelm aber nahm rasch weiter zu. Böck wurde beschuldigt, in eine »Raststättenaffäre« verwickelt zu sein. Er habe von einem hessischen Tankstellenbetreiber Schmiergelder entgegengenommen. Axthelm warf man unter anderen die umstrittene Verpachtung eines landeseigenen Erfurter Hotels vor. Ein Brief des CDU-Fraktionsvorsitzenden Jörg Schwäblein an die Mitglieder unserer Fraktion und an mich, in dem er die Entlassung von Böck und Axthelm forderte und der natürlich die Öffentlichkeit erreichte, beflügelte die Auseinandersetzung und zwang mich, nach Ende der Parlamentsferien zu handeln. Der Notwendigkeit, Böck und Axthelm zu entlassen, kamen beide erfreulicherweise durch ihren Rücktritt zuvor. Franz Schuster wechselte in das Innenressort, zwei Mitglieder der Landtagsfraktion traten in mein Kabinett ein: der Arzt Frank-Michael Pietzsch als Sozial- und Gesundheitsminister und Andreas Trautvetter als Minister in der Staatskanzlei.

Wir kamen voran. Manches gelang, das Land wurde wieder regiert, aber das meiste ging langsamer, war schwieriger und vor allem teurer als erhofft und erwartet. Die bedrückend hohe Arbeitslosigkeit, die hohe Neuverschuldung sollten uns noch lange begleiten.

1. Kabinett Vogel in Thüringen 5. Februar 1992. Vorn von links Hartmut Sieckmann (Umwelt), Christine Lieberknecht (Europa), Bernhard Vogel, Dieter Althaus (Kultur), Hans-Joachim Jentsch (Justiz); Mitte von links Franz Schuster (Staatskanzlei), Volker Sklenar (Landwirtschaft), Ulrich Fickel (Wissenschaft und Kunst), Jürgen Bohn (Wirtschaft); hinten von links Willibald Böck (Inneres), Klaus Zeh (Finanzen), Hans-Henning Axthelm (Soziales und Gesundheit).

Die Führung des Kabinetts bereitete mir keine Schwierigkeiten. Jedes Mitglied wusste, dass dem Ministerpräsidenten nach der Verfassung (Artikel 76,1) die Richtlinienkompetenz zustand. Also musste ich von ihr nicht ausdrücklich Gebrauch machen. Natürlich musste der Koalitionsvertrag beachtet werden. Abgestimmt wurde nur selten. Gelegentlich enthielt sich der eine oder andere Minister der Stimme.

In meiner ersten Regierungserklärung unter der Überschrift »Thüringen – Deutschlands Mitte«, die ich am 26. Februar 1992 vor dem Thüringer Landtag abgab, habe ich versucht, die Grundzüge der künftigen Regierungsarbeit zu umreißen und die Vielzahl der Probleme, die zur Lösung anstanden, anzusprechen. Die von Josef Duchač erfolgreich begonnene Erneuerung musste zügig fortgesetzt werden. Die bedrückend hohe Arbeitslosigkeit – sie lag bei einer Quote von 18 Prozent – drohte weiter zu steigen. Darum seien, wie ich ausführte, Lohnkostenzuschüsse und Arbeitsbeschaffungsmaßnahmen weiter notwendig. Ein tiefgreifender Wandel der Wirtschaftsstruktur müsse vollzogen, Eigentumsfragen müssten geklärt, die Grundbuch- und die Vermessungsämter müssten modernisiert und insbesondere der Mittelstand müsse gefördert werden. Eine Landesentwicklungsgesellschaft, eine Wirtschaftsfördergesellschaft und eine Aufbaubank sollten gegründet werden. Einer gemeinsamen Sparkassenorganisation Hessen-Thüringen, der Helaba, müsse zugestimmt werden. Um die zentrale Lage Thüringens – mitten in Deutschland, mitten in Europa – nutzen zu können, müssten die Verkehrsinfrastruktur erneuert und ausgebaut und die Verkehrsprojekte »Deutsche Einheit« verwirklicht werden. Die allseits geforderte Gebiets- und Verwaltungsreform gehöre zu den wichtigsten aktuellen Vorhaben. Die Gründung einer zweiten Landesuniversität in Erfurt mit geisteswissenschaftlichem Schwerpunkt und europäischem Akzent wurde von mir ebenfalls angekündigt.

Ungewöhnliche Schwierigkeiten bereitete die Aufstellung des jährlichen Landeshaushalts. Die eigenen Steuereinnahmen des Landes deckten noch nicht einmal die Personalkosten. Das Übrige musste aus Transfermitteln des Bundes, der westdeutschen Länder und der EU gedeckt werden sowie durch Kredite, also durch neue Schulden. Später hat man mir gelegentlich die in der Tat überdurchschnittlich hohe Verschuldung des Freistaates vorgeworfen. Dabei wurde übersehen, dass Thüringen unter allen jungen Ländern auch darum die geringste Arbeitslosigkeit aufzuweisen hatte. Inzwischen ist sie seit Langem niedriger als in Nordrhein-Westfalen. Natürlich sind Schulden Belastungen für die Zukunft. Aber durfte man die Chance vergeben, den kulturellen Reichtum des Freistaates zu nutzen, die große Zahl von Theatern und Orchestern weitgehend zu erhalten, Weimar 1999 zur Kulturstadt Europas zu machen, die Erfurter Universität wieder zu gründen und Thüringen wieder zu einem der angesehensten Länder Deutschlands zu machen?

Vor allem wollte ich mit meiner ersten Regierungserklärung Mut machen und Zukunftsperspektiven aufzeigen: »Unsere Ziele sind klar, Thüringen muss zum voll entwickelten, unverwechselbaren und gleichberechtigten Land im Kreise der deutschen Länder und zum selbstbewussten Gliedstaat Deutschlands werden.« Die Deutschen in Ost und West sollten nach jahrzehntelanger Trennung wieder zusammenfinden. »Trotz aller Schwierigkeiten werden wir uns nicht von Kleinmut und Pessimismus leiten lassen. Zur Resignation besteht kein Anlass. Realistischer Optimismus ist gefragt.«

Zwei Tage später befasste sich der Landtag in kontroverser Debatte mit meinen Ausführungen. Alle fünf Fraktionsvorsitzenden und 17 weitere Abgeordnete meldeten sich zu Wort. Als erster Redner sprach Gerd Schuchardt, der Fraktionsvorsitzende der SPD. Er begrüßte mich freundlich – als »Neubürger« – und wünschte mir »für das schwere Amt des Ministerpräsidenten Gesundheit, Kraft und den Erfolg, den das Land so dringend braucht«, um sich dann ausführlich, durchaus sachlich, wenn auch sehr kritisch mit der bisherigen Arbeit der CDU/FDP-Koalition und mit meiner Regierungserklärung auseinanderzusetzen, die ihn »nicht vom Stuhl gerissen« habe. Gabriele Zimmer, die Vorsitzende der »Linken Liste/PDS« verübelte mir, dass ich ihrer Fraktion keinen Antrittsbesuch gemacht hatte. Christine Grabe, die Sprecherin der Fraktion »Neues Forum/Grüne/Demokratie Jetzt« meinte, ich sei »in Thüringen nicht gewählt und vom überwiegenden Teil der Thüringer Bevölkerung nicht gewollt und den hier gestellten Aufgaben in keiner Weise gewachsen«. Außerdem sah sie die »ökumenische Solidarität« in Thüringen preisgegeben, weil »zunehmend politische Ämter mit Rücksicht auf konfessionelle Zugehörigkeit vergeben werden«: »Der lange Arm des Papstes oder auch […] Organisationen wie ›Opus Dei‹ machen mir Angst.« Ein Vorwurf, der erfreulicherweise in den folgenden Jahren nur noch höchst selten zu hören war.

Die Landtagsdebatte fand ein breites und überwiegend sachliches Presseecho. Die kritischen Stimmen überwogen, aber meine Positionen kamen zu Wort.

Das Land kennenlernen

Ich musste das Land kennenlernen, und die Thüringer mussten mich kennenlernen. Am Tag nach meiner Wahl fuhr ich nach Apolda, eine – wie man mir sagte – besonders typische Thüringer Kleinstadt. Die Neugier war groß. Noch wurde fast überall gearbeitet. In einer Strickerei nähten Frauen von Hand im Akkord Knöpfe an Strickjacken. Wenige Tage später begleitete ich Bundespräsident Richard von Weizsäcker nach Altenburg, das Skatspielern wie mir als Skatstadt und Sitz des Deutschen Skatgerichts bekannt war. Seither bin ich dieser Stadt, ihrem Schloss – dem Wahrzeichen der Stadt –, dem Lindenau-Museum – eines der ungewöhnlichsten Kunstmuseen Deutschlands – und seinem Theater in besonderer Weise verbunden. Der Sanierung des Altenburger Schlosses habe ich meine besondere Aufmerksamkeit geschenkt. Mit den anlässlich meines 60. Geburtstages erbetenen Spenden konnte der Hausmann-Turm saniert werden. Die auf Thüringen entfallenden fünf Millionen DM aus dem Erlös einer von Bundesfinanzminister Theo Waigel herausgebrachten Gedenkmünze des Bundes führten zur Sanierung des Prinzenpalais. Dieter Stolte, der Intendant des Zweiten Deutschen Fernsehens, der seine Kindheit in der Nähe von Altenburg verbracht hatte, unterstützte die Sanierung des Torbogens. Um weitere Hilfe zu mobilisieren, wurde der Altenburger Schlossverein gegründet. Altenburg verlangte unsere besondere Aufmerksamkeit. Nirgendwo war die Arbeitslosigkeit mit zwischenzeitlich rund 30 Prozent so hoch wie hier. Seit

Mitte der 1980er Jahre hatten 11 000 Einwohner die Stadt verlassen. Zu Recht entstand das erste nach der Wende neu erbaute Krankenhaus Thüringens in Altenburg. Und wie selbstverständlich fand der erste Thüringentag ebenfalls dort statt. Bundespräsident Roman Herzog folgte meiner Einladung und sprach am Tag der Deutschen Einheit. 100 000 Besucher strömten in die Stadt.

Ich begann, mir das Land zu erwandern. An zehn Wochenenden, von Freitag bis Sonntag, lief ich jeweils 50 bis 60 Kilometer zu Fuß von Dorf zu Dorf, von Abgeordneten und Landräten, von Revierförstern, Mitarbeitern und Freunden aus Rheinland-Pfalz und Thüringen, oft von Hunderten neugierigen und um ihre Zukunft besorgten Mitbürgern begleitet. Den Rennsteig entlang, von Hörsel an der Werra bis Blankenstein an der Saale, durch das ehemalige Sperrgebiet und auf dem früheren Todesstreifen an der innerdeutschen Grenze, von Edmund Stoiber, dem bayrischen Ministerpräsidenten, begleitet, sechsmal die Grenze zwischen Thüringen und Bayern überschreitend, durch die Rhön, vorbei an Point Alpha, zum Kyffhäuser, entlang der Ilm und der Saale, durch Südthüringen, durch den Saale-Holzland-Kreis, über das Schlachtfeld von Auerstedt und durch das Eichsfeld. An der Gemeindegrenze wurde ich in der Regel von der Bürgermeisterin, dem Bürgermeister freundlich empfangen, auf die Sorgen und Nöte der Gemeinde angesprochen und reichlich mit Thüringer Bratwürsten versorgt. Am Ende sollte ich das »grüne Herz Deutschlands« besser kennen als Rheinland-Pfalz.

Rast am 28. August 1992 während einer dreitägigen Rennsteigwanderung über die Höhen des Thüringer Waldes.

Ich nahm auch meine schon in Rheinland-Pfalz bewährten Kreisbereisungen wieder auf. Einen ganzen Tag widmete ich jeweils einem Kreis oder einer kreisfreien Stadt. Ich besuchte Industriebetriebe, sprach mit Handwerkern und Gewerbetreibenden, mit mittelständischen Unternehmern, besuchte Krankenhäuser und Schulen, aß mit den Bürgermeistern und den zuständigen Landtagsabgeordneten zu Mittag und besprach mit ihnen ihre örtlichen Probleme, gab Pressekonferenzen und lud am Abend zu einem Bürgerempfang ein, an dem jeder teilnehmen und sich zu Wort melden konnte. In meinen ersten beiden Amtsjahren besuchte ich alle damals bestehenden 35 Kreise und kreisfreien Städte. Insgesamt 52 solcher Kreisbereisungen sollte ich am Ende meiner Thüringer Amtszeit bewältigt haben.

Dagegen, als »Landesvater« bezeichnet zu werden, habe ich mich in Thüringen im Gegensatz zu Rheinland-Pfalz nicht mehr gewehrt. Mit inzwischen über 60 Lebensjahren konnte ich mich mit einer solchen Anrede eher abfinden als mit Mitte 40. Die Identifizierung mit Thüringen half mir bei der Erfüllung meiner Aufgaben. An die ständige Begleitung durch Personenschützer war ich schon in Rheinland-Pfalz seit der Entführung und Ermordung Hanns Martin Schleyers gewöhnt. Der »Thüringer Vogelschutzverein«, eine Sondereinheit des Landeskriminalamts, erwies sich sehr bald als verlässliche, einsatzfreudige Truppe, die ihre Aufgabe vorbildlich erfüllte.

Um das Landesbewusstsein zu stärken und das Zugehörigkeitsbewusstsein zu fördern, findet – ebenfalls nach rheinland-pfälzischem Vorbild – seit 1996 jährlich im Herbst ein Thüringen-Tag statt, meist verbunden mit der Feier des Tages der Deutschen Einheit und mit einem Festzug am Sonntag, an dem sich alle Städte und Kreise mit eigenen Beiträgen beteiligen. Auch unser Bemühen, Weimar als erste Stadt in den jungen Ländern 1999 zur Kulturhauptstadt Europas zu machen, sollte diesem Ziel dienen.

Obwohl bei mir zunächst die Sorge überwog, die Erinnerung an den Missbrauch und den inflationären Umgang vergangener Machthaber mit Orden und Ehrenzeichen könnte diese Initiative in Misskredit bringen, entschloss ich mich schließlich, im Juli 2000 im Landtag den Entwurf eines Gesetzes über die Stiftung eines Verdienstordens einzubringen. Er sollte hervorragende, vor allem ehrenamtliche Verdienste um den Freistaat und seine Bevölkerung auszeichnen. Um seine Bedeutung zu unterstreichen, sollte die Zahl der Ordensträger begrenzt bleiben.

In die Staatskanzlei, die wiedererstandene ehemalige Kurmainzer Statthalterei, lud ich regelmäßig zum »Erfurter Dialog« ein, um namhafte Wissenschaftler auf Thüringen aufmerksam zu machen und den Thüringern Persönlichkeiten vorzustellen, denen sie jahrzehntelang nicht begegnen konnten.

Am Geburtshaus von Max und Alfred Weber am Erfurter Gagarinring brachte ich, begleitet von zahlreichen Heidelberger Schülern Alfred Webers, eine Gedenktafel an. Beide waren, ganz im Gegensatz zur Bundesrepublik, in der DDR weithin in Vergessenheit geraten.

Die CDU Thüringen

Ich musste das Land kennenlernen. Vor allem aber musste ich auch meine Partei, die CDU Thüringen, kennenlernen.

So erfolgreich die Allianz für Deutschland dank Helmut Kohl bei den Volkskammerwahlen 1990 auch abschnitt, die CDU musste sich in den jungen Ländern nach 1989 neu aufstellen. Mitglieder aus der Zeit der DDR-Blockpartei, nach der friedlichen Revolution in großer Zahl neu eingetretene Mitglieder, frühere Mitglieder des Demokratischen Aufbruchs, der sich im Dezember 1989 gegründet, aber im August 1990 unter der Führung von Klaus Zeh mit der CDU Thüringen und Mitgliedern der Demokratischen Bauernpartei fusioniert hatte, mussten zusammenfinden.

Der »Brief aus Weimar« wurde zum »Schlüsseldokument« der Erneuerung der jahrzehntelang SED-hörigen Blockpartei CDU, verfasst von Gottfried Müller, dem Chefredakteur der Thüringer evangelischen Kirchenzeitung *Glaube und Heimat*, der Pastorin Christine Lieberknecht, der Synodalin der Evangelischen Landeskirche Martina Huhn und von Landeskirchenrat Martin Kirchner, der Mitglied der Volkskammer und Generalsekretär seiner Partei werden sollte, danach allerdings wegen seiner inzwischen nachgewiesenen Tätigkeit als Inoffizieller Mitarbeiter der Staatssicherheit aus der CDU ausschied. Der im September 1989 veröffentlichte Brief löste an der Parteibasis eine Welle der Zustimmung aus und führte zum Rücktritt des seit 1966 amtierenden Parteivorsitzenden Gerald Götting und zur Wahl seines Nachfolgers Lothar de Maizière. Die Anerkennung der führenden Rolle der SED wurde aus der Satzung der CDU gestrichen. Im Januar 1990 beschloss die Thüringer CDU die Wiedergründung des CDU-Landesverbandes. Wie die anderen wiedererstandenen Landesverbände trat er zwei Tage vor der Wiedervereinigung, am 1. Oktober 1990, auf dem Bundesparteitag in Hamburg der CDU Deutschlands bei. Ein bewegender, unvergesslicher Augenblick.

Willibald Böck (»Willi der Hammer«) war im August 1990 in der Nachfolge von Uwe Ehrich zum Landesvorsitzenden in

Thüringen gewählt worden. Die Landtagswahlen bestätigten das gute Abschneiden der CDU, sie erreichte 45,4 Prozent der Stimmen und ging eine Koalition mit der ebenfalls erfolgreichen FDP ein. Böck wurde auf dem ersten Landesparteitag im wiedervereinten Deutschland im Juli 1991 bestätigt. Aber die Partei kam nicht zur Ruhe. Als er auf dem Parteitag in Suhl im Juli 1992 erneut antrat, stimmten nur 51 Prozent der Delegierten für ihn. Er trat bald darauf zurück und schlug mich als seinen Nachfolger vor: »Ich mache den Weg frei für die Erneuerung der Partei! Der Karren muss nicht aus dem Dreck gezogen werden, sondern kontinuierlich weiter gezogen werden.« Ich erbat mir Bedenkzeit. Ist der, der einen Zentnersack zu schultern hat, besonders geeignet, noch einen zweiten Sack aufzunehmen? Ich musste schließlich einsehen, dass meine Aufgaben als Ministerpräsident nur gestützt auf eine handlungsfähige Partei zu bewältigen waren. Und nicht mit einer Partei, in der es zuging wie auf einem Hühnerhof. Wer seine Partei nicht in Ordnung halten kann, kann auch den Staat nicht in Ordnung halten. Ich musste daher bereit sein, auch den »zweiten Koffer« aufzunehmen. Erneut sollte sich bestätigen: Die Ämter des Regierungschefs und des Parteivorsitzenden gehören vor allem in schwierigen Zeiten in eine Hand.

Am 23. Januar 1993 wählte mich der Parteitag in Jena mit großer Mehrheit (90,2 Prozent) zum Landesvorsitzenden und auf meine nachdrückliche Bitte hin Christoph Bender, den 32-jährigen Vorsitzenden der Jungen Union, zu meinem ersten Stellvertreter. Jung, unverbraucht, erst vor Kurzem der CDU beigetreten, sollte er die Brücke zur jungen Generation schlagen und mir helfen, »den Karren aus dem Dreck zu ziehen«. Unsere gemeinsame Aufgabe musste es sein, die herrschende Disziplinlosigkeit zu überwinden und einen neuen Abschnitt in der Arbeit der Thüringer CDU zu beginnen. Zu einem meiner weiteren Stellvertreter wurde – ebenfalls mit hoher Stimmenzahl – Dieter Althaus gewählt. Da ich angekündigt hatte, zwar Ministerpräsident bleiben, aber mein neues Amt nur bis nach der Landtagswahl ausüben zu wollen, galt er seitdem als einer meiner möglichen Nachfolger im Parteivorsitz. Den Vorsitz der Konrad-Adenauer-Stiftung musste ich, da beide Ämter rechtlich nicht miteinander vereinbar waren, wie geschildert nach der Wahl zum Parteivorsitzenden schweren Herzens abgeben.

Die Kommentierung des Parteitags in der Presse war, was meine Wahl betraf, zwar grundsätzlich freundlich, aber kritisch hinsichtlich der Aufgabe, die zerstrittene Partei zu einen. Sergej Lochthofen, der Chefredakteur der *Thüringer Allgemeinen*, notierte: Die Wahl Vogels sei kein Zeichen neuer Geschlossenheit und Stärke, sondern das Eingeständnis der Ohnmacht, ohne Hilfe von außen dem selbstzerstörerischen Treiben ein Ende zu setzen: »Die Zeit läuft der CDU davon und – was Umfragen belegen – zunehmend auch die Wähler.«

Wie allgemein erwartet, trat ich ein Jahr später für die bevorstehende Landtagswahl als Spitzenkandidat an. Bei meiner Nominierung im März 1994 warnte ich vor falscher, für den Erfolg nicht hilfreicher Siegeszuversicht: Unser Ziel sei es, wieder stärkste Partei zu werden und unsere Koalition mit der

FDP fortzusetzen. Einer der vier Erfurter Wahlkreise nominierte mich wenig später zum Direktkandidaten.

Am 17. Juni 1995 – 50 Jahre nach der Gründungsversammlung des CDU-Landesverbandes Thüringen, 42 Jahre nach dem Volksaufstand von 1953 – trafen wir uns in Weimar zu unserem 7. Landesparteitag. Klaus Zeh, der Mitgründer des Demokratischen Aufbruchs, hatte es übernommen, für die von uns eingesetzte »Zukunftskommission« über die leidvolle Geschichte der Ost-CDU zu berichten. Er schilderte den anfänglichen opfervollen Widerstand gegen die Zwangsgleichschaltung, aber auch die schrittweise Vereinnahmung zu einer systemkonformen Blockpartei, zum willfährigen Hilfsorgan der SED. Ich hatte inzwischen gelernt: Nicht alle Mitglieder an der Parteibasis hatten Schuld auf sich geladen, waren mitschuldig geworden, hatten sich gleichschalten lassen. Manche traten der CDU bei, um Schutz zu suchen, der SED zu entgehen und der Tochter oder dem Sohn das Studium zu ermöglichen. Viele bekannten sich bewusst zu einer Partei, die trotz allem das »C« in ihrem Namen trug. Ich hatte daher keine Skrupel mehr, etwa die aus Thüringen stammende Frau des ehemaligen rheinland-pfälzischen Innenministers Heinz Schwarz, die vor 50 Jahren in Schmalkalden der CDU beigetreten war, für ihre langjährige Mitgliedschaft zu ehren.

Die Aufarbeitung ihrer Geschichte sollte die CDU Thüringen über Jahrzehnte begleiten, auch wenn die Mehrheit ihrer Mitglieder erst nach der friedlichen Revolution zu ihr gefunden hatte. Im Juli 2015 berief der amtierende Landesvorsitzende Mike Mohring erneut eine unabhängige Historikerkommission, die 2018 einen vertieften, aufschlussreichen Abschlussbericht vorlegte. Aus der Arbeit der Kommission ist eine Studie des Historikers Bertram Triebel über Geschichte und Rolle der Thüringer CDU in der DDR hervorgegangen. Sie zeichnet ein differenziertes Bild einer – wie es treffend im Titel heißt – »Blockpartei mit Eigeninteresse«.

Die ostdeutschen Nachbarn

Da alle jungen Länder vor den gleichen Problemen standen und wir Ministerpräsidenten die gleichen Sorgen teilten, entwickelte sich zwischen uns unabhängig von der Parteizugehörigkeit sehr bald eine enge und vertrauensvolle Zusammenarbeit. Wir trafen uns häufig und regelmäßig, um uns abzustimmen und um unsere Gespräche mit der Bundesregierung und den westdeutschen Ländern vorzubereiten. Wir waren aufeinander angewiesen. Der historisch bedingten engen Verbundenheit der beiden südlichen ostdeutschen Länder – Sachsen und Thüringen – kam dabei vom ersten Tag an besondere Bedeutung zu. Obwohl Kurt Biedenkopf nicht mit meiner Wahl zum Thüringer Ministerpräsidenten gerechnet hatte, kam es mit ihm sehr rasch zu engen freundschaftlichen Beziehungen.

Ministerpräsidentenkonferenz am 27. Februar 1993 in Potsdam. Von links Manfred Stolpe, Berndt Seite, Werner Münch, Bernhard Vogel, Kurt Biedenkopf, Eberhard Diepgen.

Biedenkopf und ich waren uns in Präsidium und Bundesvorstand unserer Partei seit seiner Zeit als Kohls Generalsekretär (1973–1977) unzählige Male begegnet. Wir waren häufig unterschiedlicher Meinung, aber ich schätzte seine Unabhängigkeit, seine geistreiche Analyse, seine häufig sehr kritischen Anmerkungen. Während ich – wo immer ich konnte – Helmut Kohl unterstützte, begleitete er ihn mit wachsender Distanz. In seinem ausführlichen Tagebuch aus seiner sächsischen Zeit setzte er sich fast in jedem Eintrag kritisch mit ihm auseinander. Um nur zwei Beispiele zu zitieren: »Eine traurige – hässliche Gestalt!« und an anderer Stelle: »Ich halte Kohl für ungeeignet, am Schalthebel der Macht zu sitzen.« Lob für Kohl findet sich nur selten. Während ich mich von Anfang an in Thüringen voll in Anspruch genommen sah und nicht im Traum an ein darüber hinausgehendes bundespolitisches Engagement dachte, erwog Biedenkopf über Jahre, gegen Kohl als Bundesvorsitzender der CDU und als Kanzler anzutreten oder aber Bundespräsident zu werden. Er war noch vor der Wiedervereinigung als Gastprofessor an die Universität Leipzig gegangen und nach der ersten Landtagswahl zum Ministerpräsidenten Sachsens gewählt worden. Obwohl in Ludwigshafen geboren, war er von 1938 bis zum Einmarsch der Amerikaner 1945 in der Nähe von Merseburg aufgewachsen. Er fühlte sich schon darum Sachsen eng verbunden und sah sich konkurrenzlos als natürlicher Anwalt Ostdeutschlands. Ich dagegen fühlte mich als westdeutscher Nothelfer, der sein Amt so bald wie möglich an einen Thüringer weitergeben wollte.

Nach den ersten Landtagswahlen von 1990 wurde nur Brandenburg von einem Sozialdemokraten – von Manfred Stolpe – regiert. Mit ihm war gut zurechtzukommen. Er führte sein Amt mehr als Präsident denn als Regierungschef. Die Details waren seine Sache nicht. Den immer wieder erhobenen Vorwürfen einer zu engen früheren Nähe zum DDR-Regime begegnete er mit Gelassenheit. In Berlin war Eberhard Diepgen nach den ersten Gesamtberliner Wahlen vom 2. Dezember 1990 als Regierender Bürgermeister in der Nachfolge von Walter Momper ins Rathaus zurückgekehrt. Er hatte sich innerparteilich erfolgreich gegen Hanna-Renate Laurien durchgesetzt, der ich auch in ihrem Amt als Präsidentin des Abgeordnetenhauses freundschaftlich verbunden blieb. In Mecklenburg-Vorpommern folgte auf den ersten Ministerpräsidenten Alfred Gomolka, dessen

Sturz ich sehr bedauerte, im März 1992 Berndt Seite. Beiden war ich schon zuvor als Vorsitzender der Konrad-Adenauer-Stiftung wiederholt begegnet. Mit Berndt Seite entwickelte sich rasch ein freundschaftlicher Kontakt. In Sachsen-Anhalt war zunächst Gerd Gies zum Ministerpräsidenten gewählt worden, der ähnlich wie Duchač in Thüringen überfordert schien. Ihm folgte schon im Juli 1991 sein Finanzminister, der aus Niedersachsen stammende Werner Münch, mit dem mich keine besondere Beziehung verband. Seine Regierung scheiterte im November 1993. Der Rechnungshof hatte beanstandet, dass er und die aus dem Westen kommenden Minister sich zu hohe Bezüge bewilligt hatten. Seinem Nachfolger Christoph Bergner gelang es zunächst erstaunlich schnell, in sein neues Amt zu finden, er verlor allerdings die folgenden Landtagswahlen. Reinhard Höppner von der SPD folgte ihm nach. Der Umgang mit ihm verlief nicht ohne Spannungen. Dass er sich von den Linken zunächst tolerieren ließ und dann später mit ihnen koalierte, stieß auf meine heftige Kritik.

Helmut Kohls vierte Amtszeit (1991–1994)

Helmut Kohl hatte die ersten gesamtdeutschen Bundestagswahlen als Kanzler der Einheit mit Bravour gewonnen und war im Januar 1991 erneut zum Kanzler einer CDU/CSU-FDP-Koalition gewählt worden. Gleichwohl sollte sich seine vierte Amtszeit als ungewöhnlich schwierig erweisen. Im Bundesrat waren wir nach den rheinland-pfälzischen Landtagswahlen von

1991 in die Minderheit geraten. Kohl war gezwungen, sein Kabinett aus den unterschiedlichsten Gründen häufig umzubilden. Es entwickelte sich eine regelrechte »Ministerwechselbörse«. So wechselte schon im November 1991 Wolfgang Schäuble vom Innenministerium als Nachfolger von Alfred Dregger an die Spitze der CDU/CSU-Bundestagsfraktion. Zunächst wurde Rudolf Seiters sein Nachfolger, bis er nach dem Terroranschlag von Bad Kleinen und dem missglückten Zugriff der GSG 9, für den Seiters die politische Verantwortung übernahm und bei dessen öffentlicher Bewertung – wie wir heute wissen – *Monitor* und *Spiegel* eine unrühmliche Rolle spielten, zurücktrat. Im März 1992 trat Gerhard Stoltenberg als Verteidigungsminister zurück, im Mai 1992 verließ Gerda Hasselfeldt das Gesundheitsministerium. Besondere Aufmerksamkeit fand im Mai 1992 der Entschluss Hans-Dietrich Genschers, nach 18 Jahren als Außenminister auszuscheiden. Im Dezember 1992 trat Christian Schwarz-Schilling wegen seiner abweichenden Meinung zum Bürgerkrieg in Ex-Jugoslawien als Minister für Post- und Telekommunikation zurück. Im Januar 1993 musste Jürgen Möllemann als Wirtschaftsminister und Vizekanzler zurücktreten. Ebenfalls im Januar 1993 verließ Forschungsminister Heinz Riesenhuber das Kabinett. Im Juni 1993 trat Ignaz Kiechle aus Gesundheitsgründen als Landwirtschaftsminister zurück. Nachfolger von Günther Krause wurde Matthias Wissmann, der nach wenigen Monaten aus dem Forschungsministerium in das Verkehrsministerium wechselte.

Die häufigen Ministerwechsel trugen dazu bei, dass Rudolf Scharping – seit 1991 rheinland-pfälzischer Ministerpräsident –

für Helmut Kohl zum ernsthaften Herausforderer wurde. Das ZDF-Barometer vom Juni 1993 weist aus, dass damals 49 Prozent der Befragten ihn und nur 35 Prozent Kohl als nächsten Kanzler sehen wollten. Scharpings Wahl zum Vorsitzenden der SPD in der Nachfolge des im März zurückgetretenen Björn Engholm auf dem Bundesparteitag in Wiesbaden im November 1993 stärkte seine Position nachhaltig. Nach harten innerparteilichen Auseinandersetzungen mit Oskar Lafontaine und Gerhard Schröder ging er als Oppositionsführer nach Bonn. Angesichts dieser Entwicklung kam die Bildung einer Großen Koalition nach der nächsten Bundestagswahl mit Kohl als Kanzler und Scharping als Vizekanzler ins Gespräch und fand aus den schon genannten Gründen meinen heftigen Widerspruch.

Auch sonst waren es auf Bundesebene politisch bewegte Zeiten mit zum Teil heftig umkämpften Themen. Ein hartes Ringen um die Pflegeversicherung beschäftigte uns über viele Monate. Um die Aufteilung der notwendigen Beiträge zwischen Arbeitgebern und Arbeitnehmern entbrannte ein heftiger Streit. Der Vermittlungsausschuss wurde vom Bundesrat und mehrfach von der Bundesregierung angerufen, bis wir schließlich im April 1994 im Bundesrat zustimmen konnten. Alle Länder – außer Sachsen – verzichteten als Kompensation für den Arbeitgeberanteil auf den Buß- und Bettag als gesetzlichen Feiertag.

Noch heftiger und länger wurde um eine Neuregelung des Asylrechts gestritten. Der Parlamentarische Rat hatte aus den nationalsozialistischen Verbrechen die Konsequenzen gezogen und in Artikel 16 des Grundgesetzes festgelegt: »Politisch Verfolgte genießen Asyl.« Anfang der 1990er Jahre stieg die Zahl der Asylsuchenden in bis dahin nicht gekannte Höhen. Eine Welle rassistischer und ausländerfeindlicher Gewalttaten erschütterte die Bundesrepublik. Schließlich kam es zwischen der Regierung Kohl und der oppositionellen SPD zu einem Asylkompromiss. Im Mai 1993 beschloss der Bundestag eine Neufassung des Artikel 16, die das Asylrecht zwar bestehen ließ, aber mit erheblichen Einschränkungen versah.

Der Vertrag von Maastricht, der 1993 in Kraft trat, machte den Weg frei für die Schaffung einer einheitlichen europäischen Währung, den Euro. Aus der Europäischen Wirtschafts- und Währungsunion wurde die Europäische Union.

Im Frühjahr 1994 erschütterten mich die Nachrichten aus Ruanda, dem Land, zu dem ich mit Rheinland-Pfalz eine Partnerschaft aufgebaut, das ich mehrfach besucht hatte und mit dem ich mich freundschaftlich verbunden fühlte. Am 6. April war das Flugzeug des ruandischen Präsidenten Juvénal Habyarimana abgeschossen worden. Bereits eine halbe Stunde später begann das Morden an moderaten Hutu-Politikern und an der Tutsi-Bevölkerung. In nur 100 Tagen – bis zum 4. Juli – wurden über 800 000 Ruander ermordet, die meisten von ihnen Tutsis. Die Welt war entsetzt, griff aber nicht ein.

Angesichts der vielen umstrittenen Themen kam den Ministerpräsidentenkonferenzen, an denen vielfach auch der Bundeskanzler teilnahm, ihren Kamingesprächen, den Vorbesprechungen der A- und der B-Länder, eine vorher nicht gekannte Rolle zu.

Da Richard von Weizsäcker nach zwei Amtszeiten als Bundespräsident nicht mehr antreten konnte, begann die Diskussion um seine Nachfolge in der CDU und im Kreis der Ministerpräsidenten sehr frühzeitig. Kurt Biedenkopf schlug seinen Justizminister Steffen Heitmann als Kandidaten vor und fand zunächst auch meine volle Unterstützung. Die Wahl eines Ostdeutschen könnte, so schien es mir, einen hilfreichen Beitrag zur Vollendung der deutschen Einheit leisten. Erst als er sich in zahlreichen Interviews unglücklicher Formulierungen bediente und in der Öffentlichkeit keine Resonanz fand, rückte auch ich von Heitmann ab. Die Diskussion zog sich lange hin. Der Gedanke, Johannes Rau zu nominieren – und dadurch Norbert Blüms Aussichten, als Spitzenkandidat der CDU in Nordrhein-Westfalen die Landtagswahlen zu gewinnen, zu erhöhen –, wurde erwogen, aber nach der verfrühten Nominierung Raus durch die SPD und weil die CSU nicht bereit war, einen sozialdemokratischen Kandidaten zu unterstützen, wieder verworfen. Richard Schröder, der Fraktionsvorsitzende der SPD in der frei gewählten Volkskammer der DDR, kam ins Gespräch, stieß aber bei seiner eigenen Partei auf kein Interesse. Kurt Biedenkopf schien durchaus geneigt, selbst anzutreten, konnte sich aber über Monate nicht entscheiden. Im November 1993 verzichtete Heitmann auf seine Kandidatur, und die Union beschloss, Roman Herzog vorzuschlagen. Ich begrüßte diesen Vorschlag sehr. Ich war ihm seit seiner Zeit als Professor an der Verwaltungshochschule Speyer und danach als Leiter der rheinland-pfälzischen Landesvertretung in Bonn eng und freundschaftlich verbunden. Die SPD nominierte Johannes Rau, die FPD Hildegard Hamm-Brücher. Am 23. Mai 1994 wurde Roman Herzog im dritten Wahlgang gewählt.

Natürlich habe ich von Erfurt aus die bundespolitische und europapolitische Entwicklung aufmerksam verfolgt und kritisch begleitet und, sooft ich konnte, meine Bonner Verpflichtungen – im Bundesrat und im Bundesvorstand meiner Partei – wahrgenommen. Aber im Unterschied zu Rheinland-Pfalz zwang mich Thüringen zu einer anderen Prioritätensetzung.

Herausforderungen und Weichenstellungen

Gemeinsame Verfassungskommission – Unabhängige Föderalismuskommission

Mit meiner Wahl zum Ministerpräsidenten war unter anderem verbunden, dass ich sowohl in der im November 1991 eingerichteten Gemeinsamen Verfassungskommission von Bundestag und Bundesrat als auch in der 1991 berufenen und ebenfalls paritätisch besetzten Unabhängigen Föderalismuskommission den Platz meines Vorgängers einzunehmen hatte. In beiden Kommissionen standen Entscheidungen an, die sowohl der Zustimmung der Koalition wie der Opposition bedurften.

In der Verfassungskommission mussten wir uns mit den sich aus dem Einigungsvertrag ergebenden Änderungen und Ergänzungen des Grundgesetzes befassen. Das Verhältnis von Bund und Ländern, die Frage der Neugliederung der Länder, die Staatszielbestimmungen und vor allem die Neuformulierung des Artikels 146, der die Geltung des Grundgesetzes bis zum Inkrafttreten einer neuen Verfassung regelte, sollten uns besonders beschäftigen. Die Kommission legte nach 25 Sitzungen zwei Jahre später ihren Abschlussbericht vor. Der für das Gelingen der Wiedervereinigung entscheidende Artikel 23 über den Geltungsbereich des Grundgesetzes war bereits im Vertrag über die Herstellung der Einheit Deutschlands gestrichen und im Dezember 1992 neu gefasst worden. Unseren Nachbarn und den Mitgliedsländern der Europäischen Gemeinschaft, vor allem aber Russland musste die Angst genommen werden, wir strebten auch noch den Beitritt von Königsberg zum Geltungsbereich des Grundgesetzes an. Der Artikel 23 wurde daher vom »Wiedervereinigungsartikel« zum »Europaartikel« und machte dadurch den Weg für den Vertrag von Maastricht frei. Mit Zustimmung des Bundesrates können seither deutsche Hoheitsrechte auf supranationale Gemeinschaften übertragen werden.

Auch die Präambel des Grundgesetzes hatte bereits im Einigungsvertrag ihre neue Fassung erhalten. Sie betont den Willen des deutschen Volkes, in einem geeinten Europa dem Frieden der Welt zu dienen. Bundespräsident Richard von Weizsäcker hatte sie während der Berliner Einigungszeremonie in der Nacht vom 2. auf den 3. Oktober 1990 feierlich verlesen.

Die Föderalismuskommission hatte den Auftrag, Bundeseinrichtungen in die jungen Länder zu verlegen und sie dabei zu begleiten – eine Aufgabe, deren Umsetzung sich als ungewöhnlich schwierig erweisen sollte, zumal es einer Zustimmung von zwei Dritteln ihrer 32 Mitglieder bedurfte. Meine Ko-Vorsitzende aus dem Bundestag, Gerlinde Hämmerle, überließ es weitgehend mir, Vorschläge zu machen und sie auch durchzusetzen. Nur Karlsruhe, vor allem das Bundesverfassungsgericht, dürfe nicht betroffen sein. Als Karlsruherin war sie über die Landesliste der SPD in den Bundestag gewählt worden, 1994 wurde sie für mehr als zehn Jahre Regierungspräsidentin des Regierungsbezirks Nordbaden.

Mit aktiver Unterstützung des Leiters des von ihm in Erfurt eingerichteten »Hessenbüros« Wolfgang Egerter gelang es mir schließlich, einen Beschluss der Kommission herbeizuführen, wonach 16 Behörden in die jungen Länder zu verlegen seien. So kamen das Bundesverwaltungsgericht und der 5. Senat des Bundesgerichtshofes nach Leipzig, das Umweltbundesamt nach Dessau und das Bundesarbeitsgericht nach Erfurt – um einige Beispiele zu nennen. Vor allem der Kassler Oberbürgermeister wehrte sich mit Händen und Füßen gegen den Verlust dieses Gerichtes mit seinen 400 unmittelbar betroffenen Mitarbeitern. Er verwies auf die für westdeutsche Verhältnisse hohe Arbeitslosigkeit in seiner Stadt. Dass sie in Erfurt dreimal so hoch war, nahm er nur höchst widerwillig zur Kenntnis. Für das Arbeitsgericht entstand in kurzer Zeit ein repräsentativer Neubau.

Zeichen des guten Willens konnten gesetzt werden. Aber eine wirkliche Bereitschaft, die Folgen der Teilung unseres Vaterlandes zu überwinden, fehlte in Westdeutschland weithin. Mein Versuch etwa, das Goethe-Institut von Münster nach Weimar (zurück) zu verlagern, scheiterte am heftigen Widerstand seines Leiters.

Solidarpakt I, Solidarpakt II

Sehr bald sollte uns bewusst werden, nicht nur Helmut Kohl, wir alle hatten die Kosten der deutschen Einheit falsch eingeschätzt. Auch die Ostdeutschen kannten den wahren Zustand der DDR nicht. Die Westdeutschen glaubten, die Kosten der deutschen Einheit aus der Portokasse finanzieren zu können. Der Versuch, sie ohne Steuererhöhungen, nur mit Kreditaufnahmen zu stemmen, musste fehlschlagen. Zumal hinzukam, dass die Auflösung der Sowjetunion zum drastischen Rückgang – von 50 Milliarden auf nur noch fünf Milliarden DM – des Exports ostdeutscher Erzeugnisse nach Russland und in die anderen Warschauer-Pakt-Staaten führte, der Abzug der sowjetischen Truppen aus Ostdeutschland Milliarden kostete und Deutschland die Koalitionsstreitkräfte im ersten Golfkrieg unterstützen musste. Man entschloss sich – »für ein Jahr« –, einen Solidarzuschlag zu erheben, die Mineralölsteuer um 22 Pfennige je Liter, die Erdgas- und die Tabaksteuer um zehn Prozent zu erhöhen und die Mehrwertsteuer von 14 auf 15 Prozent anzuheben. Das alles sollte nicht reichen. Nicht nur unsere Kenntnisse, auch unsere Sorgen nahmen von Tag zu Tag zu.

Um den »Aufbau Ost« langfristig zu sichern, Planungssicherheit zu schaffen und die bevorstehenden Gespräche mit der Bundesregierung vorzubereiten, trafen sich die 16 Ministerpräsidenten im Februar 1993 in Potsdam zu einer zweitägigen Klausur. Es gelang, alle Länderchefs unter einen Hut zu bringen und alle Beschlüsse einstimmig zu fassen. Wir stimmten darin überein, dass der Aufbau Ost, die Belebung der deutschen Wirtschaft und die Sicherung solider finanzieller Grundlagen zentrale Aufgaben der deutschen Politik seien. Kurt Biedenkopf, der als Sprecher der jungen Länder bei diesen Beratungen eine entscheidende Rolle spielte, notierte in seinem Tagebuch: »Ein voller Erfolg – es ist gelungen, alle Ministerpräsidenten unter einen Hut zu bringen. […] 48 Jahre nachdem die Siegermächte über Deutschland sich in Potsdam trafen, um Europa und einen Teil der Welt unter sich aufzuteilen, und wenige Jahre nachdem ihre Ordnung unter der Last der Unfreiheit zusammengebrochen ist, treffen wir uns in demselben Raum, um die Trümmer der alten Ordnung zu beseitigen und am geeinten Deutschland zu bauen.«

Im März kam es bei einer dreitägigen Klausurtagung des Bundeskanzlers und der Regierungschefs der Länder sowie der Partei- und Fraktionsvorsitzenden zu einer in dieser Form einmaligen gemeinsamen Kraftanstrengung. Wir waren uns einig, dass ein hoher Nachholbedarf der ostdeutschen Länder für öffentliche Investitionen und für Wirtschaftsförderungsmaßnahmen bestünde, dass der Fonds Deutsche Einheit verstetigt werden und dass der Kreditrahmen der Treuhandanstalt zur Sanierung industrieller Kerne erweitert werden müsse. Es gelang, sich auf ein Konzept zur Belebung der Wirtschaft zu einigen, um den Aufbau Ost voranzutreiben und eine dauerhafte finanzielle und soziale Grundlage für die künftige Entwicklung des geeinten Deutschlands zu schaffen.

Das Kernstück dieses Solidarpaktes I war die dauerhafte, langfristige Sicherung eines ausgewogenen bundesstaatlichen Finanzausgleiches, der ab 1995 alle Länder gleichberechtigt mit einbezog. Der Fonds Deutsche Einheit wurde bis 1995 auf 160,7 Milliarden DM aufgestockt. Die Umsatzsteuerverteilung wurde erheblich verändert, der Anteil des Bundes sank von 63 auf 56 Prozentpunkte. Die fünf jungen Länder und Berlin erhielten für zehn Jahre Transferzahlungen des Bundes in Höhe von 20,6 Milliarden DM. Ein Erblastentilgungsfonds wurde eingeführt. Der Solidarzuschlag in Höhe von 7,5 Prozent auf die Einkommens- und Körperschaftssteuer wurde verlängert und die private Vermögenssteuer erhöht. Im Westen ist oft übersehen worden, dass der »Soli« nicht in die Kassen der ostdeutschen Länder, sondern in die Kasse des Bundes floss und dass er bei entsprechendem Einkommen auch im Osten bezahlt werden musste. Dass er zwar 1998 auf 5,5 Prozent gesenkt, aber erst 28 Jahre später wenigstens teilweise wieder abgeschafft wurde, belegt, wie langlebig Sondersteuern zu sein pflegen. Die Sektsteuer, 1902 vom Reichstag zur Finanzierung der deutschen Kriegsflotte eingeführt, wird heute noch erhoben!

In einer Regierungserklärung vor dem Landtag zog ich eine nüchterne Bilanz, der auch die SPD-Opposition grundsätzlich zustimmte. Oppositionsführer Schuchardt konstatierte: »Die Politik hat bewiesen und nachdrücklich demonstriert, dass sie in der Bundesrepublik Deutschland handlungsfähig ist!«

Der Solidarpakt I trat 1995 in Kraft und lief nach zehn Jahren 2004 aus. Schon nach ein paar Jahren ließ sich absehen, dass sein Ziel, die jungen Länder bis 2004 auf eine vergleichbare Ebene mit den westlichen Ländern zu bringen, nicht erreicht werden würde. Die Verhandlungen zu einem Solidarpakt II begannen. 2001 wurde vereinbart, dass der Bund von 2005 bis 2019 den jungen Ländern insgesamt 156,5 Milliarden Euro zur Verfügung stellen werde.

Beide Solidarpakte bewiesen, dass sich die Wiedervereinigung unseres Vaterlands eben nicht aus der »Portokasse« finanzieren ließ, sondern auch Westdeutschland erhebliche Opfer erbringen musste.

Gebietsreform

Der Wiederaufbau einer leistungsfähigen Landes- und Kommunalverwaltung verlangte eine Gebietsreform. Dank des engagierten Einsatzes des kommunalpolitisch erfahrenen Innenministers Franz Schuster gelang es uns in für heutige Verhältnisse erstaunlich kurzer Zeit, aus 35 Landkreisen und fünf kreisfreien Städten 17 Kreise mit durchschnittlich ca. 100 000 Einwohnern und fünf kreisfreie Städte werden zu lassen. Nur in einem Fall konnte ich mich nicht durchsetzen: Der Koalitionspartner FDP bestand darauf, die Kreise Eisenach und Bad Salzungen zusammenzulegen und Bad Salzungen, den Wohnort des FDP-Wirtschaftsministers, zum Sitz des Landratsamtes zu machen. Weil Eisenach den Sitz des Landratsamtes verlor, wurde es zur kreisfreien Stadt. Eine

Fehlentscheidung, die ich bis heute bedauere und die erst nach fast 30 Jahren korrigiert wurde.

Es kam zum freiwilligen Zusammenschluss von 187 Gemeinden zu 48 neuen Gemeinden, 974 Gemeinden schlossen sich zu 156 Verwaltungsgemeinschaften zusammen. Die kommunale Selbstverwaltung wurde gestärkt. Die Veterinär- und die Gesundheitsämter, das Katasteramt, die Bauaufsicht, der Denkmalschutz, die Gewerbeaufsicht, Bereiche des Naturschutzes wurden zu Aufgaben der Kreisverwaltung. Bürgermeister und Landräte wurden dem allgemeinen Trend entsprechend nicht mehr von den Gemeinde- und Kreisparlamenten, sondern direkt von den Bürgerinnen und Bürgern gewählt. Eine Fehlentscheidung, wie ich auch heute noch meine. Ein vom Gemeinde- oder Kreisparlament gewählter Bürgermeister oder Landrat kann sich auf eine Mehrheit der Gemeinderats- oder Kreistagsmitglieder stützen. Ein vom Volk gewählter Bürgermeister oder Landrat muss sich stets aufs Neue um eine Mehrheit bemühen oder sich zeit- und kräfteraubend mit einer gegnerischen Mehrheit auseinandersetzen.

Weil ich mich scheute, die in Rheinland-Pfalz – in Westdeutschland – erfolgreiche Einführung von Verbandsgemeinden auch auf Thüringen – in Ostdeutschland – zu übertragen, entschieden wir uns zur Erfüllenden Gemeinde. Nur die zweitbeste Lösung, wie ich heute zugeben muss. Die Verbandsgemeinde handelt für alle ihr angehörenden Gemeinden, die Erfüllende Gemeinde handelt im Auftrag der ihr zugeordneten benachbarten Gemeinden. Mittlerweile bilden in Thüringen Erfüllende Gemeinden die Ausnahme, dominierend sind nunmehr Verwaltungsgemeinschaften.

Wir entschieden uns, auf Bezirksregierungen zu verzichten, schon um jeden Bezug zu den verhassten DDR-Bezirken Erfurt, Gera und Suhl zu vermeiden, schufen aber zur Entlastung der Ministerien ein Landesverwaltungsamt als ressortübergreifende Mittelinstanz mit Sitz in Weimar.

Buchenwald

Das von den Amerikanern im April 1945 befreite Konzentrationslager Buchenwald gewann für mich von Erfurt aus neue Bedeutung. Auch Buchenwald gehört zur Geschichte Thüringens. Ich war mir mit Gerd Schuchardt einig, dass, wer in Weimar über Goethe und Schiller sprechen wolle, über Buchenwald nicht schweigen dürfe. Das KZ war im Juli 1937 als Lager Ettersberg errichtet worden. So könne man es nicht nennen, schrieb der erste Kommandant an Heinrich Himmler, »wegen des Dichters Göthe«. Er bekam den Befehl: »Lager Buchenwald«! In diesem Lager und in seinem Außenlager Mittelbau-Dora nördlich von Nordhausen, einer unterirdischen Rüstungsfabrik, in der unter anderem die »Vergeltungswaffe V2« produziert wurde, starben mehr als 56 000 Menschen. Menschen aus über 50 Nationen, Juden, Sinti und Roma, »Asoziale«, Homosexuelle, Zwangsarbeiter, Kriegsgefangene.

Die sowjetische Besatzungsmacht, die, wie in Jalta vereinbart, im Juli 1945 in Thüringen einrückte, errichtete in Buchenwald eines ihrer »Speziallager«, in denen KZ-Schergen und andere

Naziverbrecher, aber auch aktive Gegner der entstehenden DDR inhaftiert waren. Über 6000 Menschen kamen nach 1945 in diesem »Speziallager« ums Leben.

Es ist das Verdienst von Volkhard Knigge, der von 1994 bis 2020 Direktor der Gedenkstätte Buchenwald-Mittelbau-Dora war, sehr bald vom Krisenmanager zum einfühlsamen Gestalter zu werden – dank seiner wissenschaftlichen Qualifikation und eines klaren Konzeptes, das er auch in schwierigen Auseinandersetzungen verteidigte. Es war ein Gewinn, mit ihm zusammenzuarbeiten und dafür zu sorgen, dass die benötigten finanziellen Mittel bereitgestellt wurden. Er sorgte für eine strikte Trennung beider Lager. Schon 1993 entstand an der Stelle des ehemaligen jüdischen Blocks ein Mahnmal für die jüdischen Häftlinge, die in der DDR-Zeit totgeschwiegen worden waren. 1995 wurde die Ausstellung zur Geschichte des Konzentrationslagers eröffnet und ein Denkmal für die Sinti und Roma eingeweiht. 1997 wurde in einem gesonderten, neu errichteten Gebäude eine Dauerausstellung zur Geschichte des sowjetischen Speziallagers eröffnet. Aus dem überwachsenen Gräberfeld wurde ein Friedhof. 1999 wurde eine ständige Ausstellung zur Geschichte der Gedenkstätte Buchenwald eröffnet.

Im Oktober 1994 wurde dem spanischen Schriftsteller Jorge Semprún der Friedenspreis des Deutschen Buchhandels verliehen. Er war 1944 nach Buchenwald deportiert worden und hatte überlebt. Lange hatte er sich nicht überwinden können, an die Stätte seines Martyriums zurückzukehren. Aber er hat dem Grauen des Lagers in vielen seiner Bücher eine Stimme gegeben. In seiner Dankesrede bei der Preisverleihung regte er an, »den Hügel des Ettersberg« zum »Sitz einer europäischen Institution« zur Erforschung der Entstehung und Entwicklung europäischer Diktaturen und ihrer Überwindung im 20. Jahrhundert, insbesondere der Aufarbeitung der SED-Diktatur, zu machen. Wir griffen seinen Vorschlag auf. Ich traf mich mehrfach in Paris und auch in seinem Urlaub in Lanzarote mit dieser beeindruckenden Persönlichkeit. Wir blieben bis zu seinem Tod 2011 freundschaftlich verbunden.

Im Jahre 2000 gründeten wir die Stiftung Ettersberg. Sie soll die Erinnerung an die beiden, wenn auch unterschiedlichen Formen totalitärer Herrschaft in Europa wahren und die nachfolgenden Generationen für die latente Gefährdung von Freiheit und Demokratie sensibilisieren. Es gelang uns, den mit der Konrad-Adenauer-Stiftung als Vorstandsmitglied seit Langem eng verbundenen Adenauer-Biografen Hans-Peter Schwarz für den Vorsitz des wissenschaftlichen Beirats zu gewinnen, einen der führenden Politologen und Zeithistoriker Deutschlands. Hans-Joachim Veen, ein langjähriger, wissenschaftlich einschlägig ausgewiesener Mitarbeiter der Konrad-Adenauer-Stiftung, wurde Gründungsvorsitzender der Stiftung Ettersberg und blieb es bis 2014. 2012 wurde die Stiftung auch Trägerin der Gedenk- und Bildungsstätte Andreasstraße, der ehemaligen Untersuchungshaftanstalt des Ministeriums für Staatssicherheit in Erfurt.

Auch in der Gedenkstättenarbeit kann der Westen Deutschlands von Ostdeutschland, von dem, was in den letzten Jahrzehnten im Osten geleistet worden ist, lernen. Im Westen Deutschlands ist lange Zeit nicht genug getan worden, um aus den Stätten des Grauens Orte der Erinnerung, des Gedenkens, der Besinnung und der Erkenntnis werden zu lassen.

50 Jahre nach dem Ende des Zweiten Weltkrieges, im Januar 1996, erklärte Bundespräsident Roman Herzog den 27. Januar, den Tag der Befreiung des Vernichtungslagers Auschwitz, als nationalen Gedenktag zum »Tag des Gedenkens an die Opfer des Nationalsozialismus«.

Im Juni 2009 – 64 Jahre nach der Befreiung des Lagers – besuchte US-Präsident Barack Obama, begleitet von Angela Merkel und den überlebenden Häftlingen Elie Wiesel und Bertrand Herz, Buchenwald. Nach seinem Rundgang erklärte er, er werde nie vergessen, was er gesehen habe. Die Gedenkstätte sei eine beständige Mahnung an die Lebenden, »in unserer Arbeit, wo wir auch sein mögen, Ungerechtigkeit und Intoleranz und Gleichgültigkeit abzulehnen, welche Formen sie auch annehmen mögen, und sicherzustellen, dass diejenigen, die ihr Leben hier ließen, nicht umsonst gestorben sind«.

Universität Erfurt

Von Anfang an habe ich mir die Wiedergründung der in den napoleonischen Wirren untergegangenen Universität Erfurt zu meiner besonderen Aufgabe gemacht.

Nachdem uns in Rheinland-Pfalz mit Trier und Kaiserslautern die beiden letzten deutschen Universitätsgründungen des 20. Jahrhunderts gelungen waren, sollte in Erfurt die erste neue deutsche Universität nach der Wiedervereinigung entstehen. Schon 1990 hatte ich – noch als Vorsitzender der Konrad-Adenauer-Stiftung – in einem Vortrag in Leipzig leichtsinnigerweise davon gesprochen, Erfurt schreie nach einer Wiedergründung seiner Universität, der einstmals größten und bedeutendsten in Deutschland. Kein Wunder, dass man den Thüringer Ministerpräsidenten jetzt beim Wort nahm.

Die Verwirklichung unseres Planes sollte allerdings aus drei Gründen auf erhebliche Schwierigkeiten stoßen: Erstens fehlte uns das Geld; zweitens ließ die noch auf die Zeit vor der friedlichen Revolution zurückgehende Initiative Erfurter Bürger zur Gründung einer »Europa-Universität«, die die wortmächtige und öffentlich wirksame Unterstützung des amtierenden Bundespräsidenten Richard von Weizsäcker fand, jedes Gespür für das tatsächlich Realisierbare vermissen und wurde darum konsequenterweise vom Wissenschaftsrat abgelehnt; drittens stieß die nach unserer Überzeugung unabdingbare Umwidmung der 1954 gegründeten Medizinischen Akademie Erfurt in ein Krankenhaus der Maximalversorgung in Erfurt auf unerbittlichen Widerstand.

Auch die Gebäude der Medizinischen Fakultät der Universität Jena befanden sich in verheerendem Zustand. Die seit Jahrzehnten vorliegenden Neubaupläne mussten umgesetzt werden. Da der Haushalt einer Medizinischen Fakultät etwa die Hälfte eines Universitätshaushaltes ausmacht, schien es sinnvoll, die medizinische Lehre und Forschung auf eine Thüringer Hochschule zu konzentrieren. Für Erfurt hieß das: Universitätsgründung oder Erhalt der Medizinischen Akademie? Ein in solcher Heftigkeit von mir nicht erwarteter Entrüstungssturm brach los. Es kam zu Montagsdemonstrationen und zu einem Hungerstreik der Studenten. Eine Lawine von Protestbriefen erreichte meinen Schreibtisch. Der Pfarrer von Crucis und Wigberti, meiner eigenen Pfarrei, schrieb mir: »Es ist der Eindruck entstanden, dass die CDU nicht auf die Wähler achtet [...]. Inzwischen glauben nur noch wenige Menschen an die Einrichtung der Universität Erfurt.« Dass die Akademie abgewickelt werden sollte, glaubte man, dass die Universität wirklich entstehen sollte, glaubte man nicht.

Wir hielten durch, und der Wissenschaftsrat gab unserer realistischen Planung sein Plazet: Am 12. November 1992 beschloss der Landtag die Schließung der Medizinischen Hochschule zum 1. Januar 1996. Im Dezember 1993 lud die Medizinische Hochschule zu einem »Akademischen Requiem« in den Festsaal des Rathauses ein und übergab ihre Insignien – Ratskette und Zepter – dem Magistrat der Stadt Erfurt zur Aufbewahrung, »bis an der neu zu gründenden Universität Erfurt eine Medizinische Fakultät wieder ersteht«.

Zum ersten Rektor der neuen Universität berief ich 1996 – auf Vorschlag von Gerd Schuchardt – Peter Glotz, eine als Bundesgeschäftsführer der SPD und als Senator für Wissenschaft und Forschung in Berlin ausgewiesene Führungspersönlichkeit. Er akzeptierte meinen Wunsch, das philosophisch-theologische Studium – das auch zu DDR-Zeiten staatsunabhängige katholische Priesterseminar – als Fakultät in die Universität einzugliedern, und ging mit Feuereifer und voller Ideen an seine neue Aufgabe. Weil seine Frau nicht nach

Thüringen übersiedeln wollte, verließ er uns leider schon nach drei Jahren. Seinem Nachfolger Wolfgang Bergsdorf sollte die Aufgabe zufallen, wenigstens einen Teil der von Glotz begonnenen Initiativen umzusetzen. Ein besonderer Erfolg war die Gründung des Max-Weber-Kollegs für kultur- und sozialwissenschaftliche Studien, in dem Wissenschaftler aus Soziologie, Geschichtswissenschaft, Philosophie, Theologie, Religions-, Rechts- und Wirtschaftswissenschaft zusammenarbeiten. Es hat sich seit Aufnahme des Lehr- und Forschungsbetriebs am 1. April 1998 einen ausgezeichneten Ruf erworben.

Wismut – Rositz – Bischofferode

Die Arbeitslosigkeit in den jungen Ländern stieg von Monat zu Monat weiter an. 1993 erreichte sie in Thüringen mit 19,2 Prozent ihren bisherigen Höchststand. Besonders schmerzhaft war der fast völlige Niedergang des Bergbaus (Braunkohle, Uran, Kali). Zwischen 1991 und 1993 sank die Zahl der im Bergbau Beschäftigten von 11 125 auf 1512. Drei gigantische Altlasten der DDR in Ostthüringen sollten uns besondere Sorge bereiten. Die WISMUT, einer der weltgrößten Uranproduzenten mit Standorten unter anderem in Ronneburg und Seligenstädt und über Jahrzehnte Rohstofflieferant für die sowjetische Atomindustrie, gefährdete nicht nur die Mitarbeiter, sondern vergiftete die gesamte Umgebung. Ihre Sanierung und Rekultivierung wurden vom Bund übernommen. Im wahrsten Sinne des Wortes mussten Berge versetzt und Gruben verfüllt werden. Mehr als drei Milliarden Euro flossen dafür allein in Thüringen in den Bereich um Ronneburg. Niemand hätte es damals für möglich gehalten, 14 Jahre später, 2007, dort und in Gera die Bundesgartenschau auszurichten.

Die Sanierung der »Neuen Sorge«, eines mit Teerabfällen verfüllten Teersees in der Gemeinde Rositz, eine der größten Umweltsünden der DDR, dagegen war von der Treuhand uns übertragen worden. Sie sollte den Freistaat mehr als 80 Millionen Euro kosten und 14 Jahre dauern.

Es gelang uns nicht, die Schließung der Kaligrube Bischofferode zu verhindern. Der von den Kumpeln aus Sorge um ihre Arbeitsplätze ausgerufene wochenlange Hungerstreik erregte bundesweite und schließlich sogar internationale Aufmerksamkeit. Ich besuchte Bischofferode mehrfach, brachte Verständnis für ihren Hungerstreik auf und bat sie nachdrücklich, ihn zu beenden. Ich kämpfte auf verlorenem Posten – obwohl ich Himmel und Hölle in Bewegung setzte, um den Beschluss des Treuhand-Verwaltungsrates, das Thüringer Kalibergwerk stillzulegen, zu verhindern. Ich konnte weder den Verwaltungsrat der Treuhand noch die Bundesregierung, noch den Treuhandausschuss des Bundestages, noch meine Länderkollegen zur Unterstützung gewinnen. Auch die Wirtschaft, die Gewerkschaften und der Gesamtbetriebsrat unterstützten das Fusionskonzept der Treuhand mit den für uns drastischen Konsequenzen. Ein deutsch-deutsches Bündnis für Arbeit sollte entstehen, waren doch die vielfältigen ökonomischen, verkehrstechnischen, sozialen und kulturellen Verflechtungen des bis 1945 einheitlichen Wirtschaftsraumes erst durch die deutsche Teilung unverschuldet in eine Randlage geraten.

Anders sei der internationale Wettbewerb nicht zu bestehen. Auf dem Weltmarkt herrschte ein Überangebot an Kali, der Dollarkurs sank, die Nachfrage ging drastisch zurück. Gemeinsame Modernisierungsinvestitionen und gemeinsame Verwaltung schienen sinnvoll. Der Kalibergbau beiderseits der alten Zonengrenze sollte daher zusammengeführt werden. Aber warum in Niedersachsen und nicht in Thüringen? Vor allem erbitterte uns, dass die Treuhand bereit war, Mittel aus ihrem für die Reindustrialisierung Ostdeutschlands zur Verfügung stehenden Portfolio nicht nur für die Modernisierung ostdeutscher, sondern auch westdeutscher Anlagen zur Verfügung zu stellen. Die »kalte Fratze des Kapitalismus« – wie ich in für mich ungewöhnlicher Schärfe formulierte – obsiegte. Bischofferode wurde leider zu einem der erfolglosesten Kapitel meiner Thüringer Amtszeit.

Auch wenn wir die Schließung von Bischofferode letztlich nicht verhindern konnten und viele Arbeitsplätze verloren gingen, so konnten immerhin rund 3000 Stellen in der ostdeutschen Kaliindustrie dennoch gesichert werden.

Jahre später, 1998, sollte es mit Zustimmung des Landtags zum Abschluss eines Generalvertrages »über die abschließende Finanzierung der ökologischen Altlasten im Freistaat Thüringen« mit der Bundesanstalt für vereinigungsbedingte Sonderaufgaben – der Nachfolgerin der Treuhandanstalt – kommen. Wir stimmten diesem Abschluss zu, weil der Freistaat sich durch die vorgesehene Pauschalierung die dringend benötigte finanzielle Handlungsfreiheit sichern wollte. Die finanziellen Chancen und Risiken waren uns durchaus bewusst, aber sie schienen uns überschaubar zu sein. In einer Revisionsklausel wurde festgelegt, dass der Freistaat weder jetzt noch in Zukunft benachteiligt werden dürfe, dass es nach zehn Jahren zu einer Überprüfung kommen solle und dass bei 20 Prozent Kostenüberschreitung nachverhandelt werden müsse. Zu einer solchen Nachverhandlung ist es bis heute trotz deutlicher Kostenüberschreitung nicht gekommen.

Besucher und Besuche

Sehr bald sollten sich ausländische Besucher in großer Zahl einstellen. Sie kamen, um eines der jungen Länder kennenzulernen, und sie wollten Weimar, der Stadt Goethes und Schillers, ihre Referenz erweisen. Für uns waren sie willkommene Botschafter, um auf Thüringen aufmerksam zu machen.

Im September 1993 gab uns der japanische Kaiser Akihito mit seiner Frau, Kaiserin Michiko, die Ehre. Die Präsidenten Rumäniens (1996) und Bulgariens und das schwedische Königspaar (2002) folgten.

Am 7. Juli 1994 sollte der Besuch des chinesischen Ministerpräsidenten Li Peng weithin Beachtung finden und für mich zu einem der schwierigsten Tage meiner Amtszeit werden. Er hatte anlässlich seines Staatsbesuchs in Deutschland den ausdrücklichen Wunsch geäußert, auch das Goethe-Haus in Weimar zu besuchen. Sehr bald erhob sich dagegen lautstarker Protest. Der Oppositionsführer im Thüringer Landtag, Gerd Schuchardt, die Junge Union, evangelische Pfarrer und andere kündigten Demonstrationen an. Der Hauptverantwortliche für das Massaker auf dem »Platz des Himmlischen Friedens« 1989 habe in der Stadt Goethes und Schillers nichts zu suchen.

Am Eingang des Goethe-Hauses empfing der Hausherr, der Präsident der Stiftung Weimarer Klassik, Bernd Kauffmann, den mit Goethe durchaus vertrauten Gast mit einer bewusst provozierenden Rede. Li Peng unterbrach ihn und verbat sich jede Belehrung. Vor dem Haus hatten sich etwa 100 Demonstranten, darunter zahlreiche Abgeordnete des Thüringer Landtags und aus dem Bundestag, versammelt, von der Polizei mit Absperrgittern auf Distanz gehalten. Sie artikulierten lautstark ihren Protest mit Buhrufen, Pfeifkonzerten und Sprechchören: »Mörder, Mörder« – »Für Dichter und Denker, nicht für Mörder und Henker«. Li Peng forderte mich auf, den Protest abzustellen und den Platz räumen zu lassen, sonst werde er seinen Besuch unverzüglich abbrechen. Ich antwortete ihm, dass es für mich unmöglich sei, in einem Land, in dem sich die Menschen in der friedlichen Revolution die Freiheit und damit auch das Demonstrationsrecht erfolgreich erstritten hätten, seinen Wunsch zu erfüllen.

Li Peng machte seine Drohung wahr und verlangte, unverzüglich zum Flughafen Erfurt zurückgebracht zu werden. Die dafür notwendige Vorbereitung seiner Wagenkolonne sollte über eine Stunde in Anspruch nehmen, die wir – Christine Lieberknecht, die zuständige Ministerin für Bundes- und Europaangelegenheiten, und ich – in einer fensterlosen, allerdings lärmgeschützten, abgelegenen Kutscherstube mit dem verärgerten Gast bei Tee und Keksen verbrachten. Li Peng bestand darauf, dass ich ihn nach Erfurt zurückbegleiten sollte. Bei der Verabschiedung am Flughafen lud er mich zu einem Gegenbesuch nach Peking ein, »um die Gespräche dort in Ruhe fortzuführen«. Protest müsse ich nicht erwarten!

Im September 1994 wurde die erste Etappe seiner Deutschlandreise für den früheren sowjetischen Präsidenten Michael Gorbatschow zu einem Triumphzug durch Thüringen. Er kam für zwei Tage, begleitet von seiner charmanten, klugen Frau Raissa, um im Erfurter Kaisersaal zusammen mit Hans-Dietrich Genscher und dem früheren britischen Premierminister Edward Heath über »Europa auf dem Weg ins 21. Jahrhundert« zu sprechen. In Erfurt, in Gotha und vor allem in Weimar füllten Tausende die Straßen und begrüßten ihn mit nicht enden wollenden »Gorbi, Gorbi«-Rufen. Sie feierten ihn als den Politiker, mit dem durch Glasnost und Perestroika eine neue Zeit angebrochen war, und als einen der Väter der Wiedervereinigung. Fünf Wochen vor dem Fall der Mauer, am 7. Oktober 1989, bei den Feierlichkeiten zum 40. Jahrestag der DDR, hatte er den SED-Führern zugerufen: »Wer zu spät kommt, den bestraft das Leben.« Erich Honecker kam zu spät. Er sollte sehr bald bestraft werden.

Im Festsaal des Erfurter Rathauses fasste Gorbatschow seine Eindrücke zusammen: »Thüringen ist wunderschön. Ich habe hier in diesen Tagen so viel gelernt wie in meinem ganzen Leben noch nicht.« Ganz anders mein Eindruck, als ich ihn Jahre später in Moskau wiedertraf. Am Rande der Stadt, in einer verfallenden Villa, ein einsamer, vergessener Mann, um den es still geworden war, dessen Versuch, die Sowjetunion zu reformieren, gescheitert war. Im Juni 2005 kam er noch einmal nach Thüringen, auf Point Alpha nahm er zusammen mit George Bush sen. und Helmut Kohl den Point-Alpha-Preis entgegen. Gorbatschow hat die Welt verändert – die Sowjetunion zu verändern und damit zu retten, gelang ihm nicht.

Umjubelter Besuch Michail Gorbatschows am 6. September 1994 in Erfurt.

Am 14. Mai 1998 kam US-Präsident Bill Clinton während seines Deutschlandbesuchs nach Eisenach. Begleitet von Helmut Kohl, besuchte er die Opelwerke, das Bachhaus, das bei ihm nur begrenztes Interesse fand, und die Wartburg. Auch ihm bereitete die Bevölkerung vor dem Rathaus einen begeisterten Empfang.

Im Jahr 2000 besuchte Irans Präsident Mohammed Chātami Weimar. Zusammen mit Bundespräsident Johannes Rau enthüllte er anlässlich des »Internationalen Jahres des Dialogs der Kulturen« auf dem Beethovenplatz ein Denkmal, das den beiden größten Dichtern Persiens und Deutschlands – Goethe und Hafis – gewidmet ist, »um den kulturellen Austausch zwischen Ost und West zu fördern«.

Besuch des iranischen Präsidenten Mohammed Chātami im Weimarer Goethehaus, 12. Juli 2000.

Weil ich im Ausland auf Thüringen aufmerksam machen wollte und weil meine als ZdK-Präsident und als Vorsitzender der Adenauer-Stiftung geknüpften internationalen Kontakte nicht zum Erliegen kommen sollten, war ich im Rahmen meiner zeitlichen Möglichkeiten bemüht, meist begleitet von Journalisten und einer Wirtschaftsdelegation, Auslandsreisen zu unternehmen. Das Interesse an den jungen Ländern und insbesondere an Thüringen, dem Land Goethes und Schillers, war groß. Im März 1993 unternahm ich meine erste Asienreise als Thüringer Ministerpräsident nach Peking, Xiang, Schanghai, Hongkong. Das Erschließen neuer Märkte für Thüringer Unternehmer und die Entwicklung partnerschaftlicher Beziehungen auf regionaler Ebene waren das Hauptziel dieser und vieler folgender Reisen. Ich fuhr natürlich nach Frankreich und Großbritannien, nach Bulgarien und Rumänien, nach Wien und Rom, nach Südamerika, mehrfach nach Südkorea, nach Japan und regelmäßig nach Israel, unter anderem zur Entgegennahme der Ehrendoktorwürde der Negev-Universität. Regelmäßig war ich auch in den USA, etwa 1993 als Schirmherr der Steubenparade in New York, zur Eröffnung des Holocaust-Museums, zu Gesprächen mit jüdischen Organisationen, mit Wirtschaftsvertretern und zum Meinungsaustausch mit dem früheren amerikanischen Außenminister, dem aus Fürth stammenden, kürzlich verstorbenen Henry Kissinger, und um den mir freundschaftlich verbundenen bedeutenden Historiker Fritz Stern zu treffen, dessen Familie wegen ihrer jüdischen Abstammung 1938 aus Deutschland in die USA geflohen war. Im März 1999 folgte ich einer

Einladung der katholischen Universität New York, die mir die Ehrendoktorwürde verliehen hatte. Der Vorsitzende der Deutschen Bischofskonferenz, der Mainzer Bischof Lehmann, hielt die Laudatio. Besonders aber bemühte ich mich, zu unseren östlichen Nachbarn partnerschaftliche Beziehungen aufzubauen. Vor allem meine vielfältigen Verbindungen zu Polen lagen mir am Herzen. Zur Woiwodschaft Krakau entstanden enge Beziehungen, die nach der polnischen Gebietsreform auf die Woiwodschaft Kleinpolen ausgedehnt wurde. In Sankt Petersburg, wo inzwischen Josef Duchač die Konrad-Adenauer-Stiftung vertrat, besuchte ich den dortigen Bürgermeister Anatoli Sobtschak. Bei einem festlichen Mittagessen traf an einem bescheidenen Nebentisch mein Pressesprecher Hans Kaiser den persönlichen Referenten und späteren Vizebürgermeister Wladimir Putin.

Nicht mehr erwünschte Gäste hingegen sollten uns alsbald verlassen. Zum Zeitpunkt meiner Wahl zum Ministerpräsidenten waren allein in Thüringen noch 80 000 Soldaten der Roten Armee stationiert. Ihr Abzug vollzog sich – wie mit Gorbatschow vereinbart – trotz der Auflösung der Sowjetunion planmäßig und fristgerecht. Der zuständige sowjetische General erschien monatlich, um mir Bericht über den Stand des Abzugs zu erstatten. Am 31. Juli 1994 verließen die letzten Truppen Thüringen – wohlgeordnet, wenn auch unter Mitnahme von allem, was nicht niet- oder nagelfest war. Für uns ein historischer Tag, den wir auf dem Friedensplatz in Weimar festlich begehen wollten. Dort versammelten sich dann allerdings vorwiegend nostalgische Mitglieder der Gesellschaft für Deutsch-Sowjetische Freundschaft mit Tränen der Rührung in den Augen. Ihre Begeisterung über den Abzug hielt sich in Grenzen. Der von mir eingeladene russische General sprach über den Sieg der Sowjetunion über Hitler-Deutschland, über den »Großen Vaterländischen Krieg«, nahm aber auf meine Worte, in denen ich den Anlass unseres Treffens gewürdigt hatte, keinen Bezug. Anders als in Rheinland-Pfalz, wo sich über die Jahrzehnte vielfältige freundschaftliche Beziehungen zwischen Amerikanern und Deutschen entwickelt hatten, viele amerikanische Familien bei Deutschen wohnten und sich etwa auf dem Wochenmarkt in Kaiserslautern Soldaten und deren Frauen aus Ramstein einfanden, war es den Angehörigen der Roten Armee nur bei besonderen Anlässen gestattet, sich mit Deutschen zu treffen. Sie durften nur zu dritt ihre Kaserne verlassen.

Am 31. August 1994 verabschiedete Helmut Kohl in Berlin die »Westgruppe der Truppen«. Die letzten Streitkräfte der früheren Sowjetunion verließen das Gebiet der ehemaligen DDR. Ein sichtlich angeheiterter Präsident Boris Jelzin dirigierte die russische Militärkapelle.

Landesverfassung

Der erste frei gewählte Landtag Thüringens hatte zu Beginn seiner Tätigkeit eine vorläufige, zeitlich befristete Landessatzung beschlossen. Sie sollte wie in den anderen jungen Ländern so bald wie möglich durch eine Verfassung abgelöst werden, deren Ausarbeitung einem »Verfassungsausschuss« des Landtages übertragen wurde. Unter Federführung des CDU-Abgeordneten Frank-Michael Pietzsch und unter der engagierten Beratung des aus Rheinland-Pfalz stammenden Landtagsdirektors Joachim Link entstand eine erste Beratungsgrundlage. Weil ich das Hoheitsrecht des Parlamentes achten wollte, legte die Landesregierung im Gegensatz zu den fünf Landtagsfraktionen keinen eigenen Verfassungsentwurf vor. Nur wenn die Verhandlungen festgefahren waren, bemühten Schuchardt und ich uns um konsensuale Lösungen. Wie die über 40 Jahre früher verabschiedeten westdeutschen Landesverfassungen spiegelt auch die Thüringer Verfassung die besondere historische Situation ihres Entstehens wider. Im Rückgriff auf die Verfassung von März 1921 bekennt sie sich zur Tradition, Thüringen als »Freistaat« zu bezeichnen. In der Präambel wird auf den »kulturellen Reichtum und die Schönheit des Landes, seine wechselvolle Geschichte, die leidvolle Erfahrung mit überstandenen Diktaturen« und den »Erfolg der friedlichen Veränderungen im Herbst 1989« verwiesen. Erst in ihrem Schlusssatz, nicht wie in der Präambel des Grundgesetzes in ihrem ersten Satz, wird – auf nachdrückliches, von mir unterstütztes Drängen der CDU-Fraktion – in deutlich abgeschwächter Form auf die Verantwortung vor Gott verwiesen: »In freier Selbstbestimmung und auch in der Verantwortung vor Gott.«

Die Verfassung setzt eigene Akzente durch einen umfangreichen Katalog der Grundrechte und Grundpflichten sowie der Staatsziele und tritt für eine strikte Trennung von Legislative und Exekutive ein. Der Ministerpräsident, nicht aber die Minister wird vom Landtag gewählt und kann nur durch ein konstruktives Misstrauensvotum abgelöst werden. Neu – und bis heute wohl einmalig – ist die Regelung in § 54 Abs. 2, der die Höhe der Abgeordnetenentschädigung an die jährliche allgemeine Einkommensentwicklung und die Höhe der Aufwandsentschädigung an die allgemeine Preisentwicklung im Freistaat bindet. Dem Vorwurf der Entscheidung in eigener Sache, dem bösen Schein der Selbstbedienung, sollte Vorschub geleistet werden. Das Plenum des Landtags billigte den Verfassungsentwurf mit Zweidrittelmehrheit. Die Fraktionen von CDU, SPD und FDP stimmten zu, die Fraktionen von PDS und Bündnis 90/Die Grünen lehnten die Verfassung ab. Am 25. Oktober 1993 wurde die neue Landesverfassung in einem Festakt auf der Wartburg vorläufig in Kraft gesetzt. Nach der mit der Landtagswahl 1994 verbundenen Volksabstimmung, die eine Zustimmung von 70,13 Prozent der Wähler erbrachte, trat sie endgültig in Kraft. Bisher ist sie dreimal geändert worden. Im November 2003 wurde die Dauer der Wahlperiode von vier auf fünf Jahre verlängert, und es wurden – um dem Wunsch nach mehr direkter Beteiligung der Bürger an der Gesetzgebung des Landes entgegenzukommen – die plebiszitären Elemente der Verfassung wesentlich gestärkt. So entsprach es dem lautstark artikulierten Zeitgeist, aber nicht meiner eigenen Überzeugung. Plebiszite entscheiden endgültig. Niemand kann bei sich als falsch oder gar schädlich erweisenden Entscheidungen zur Rechenschaft gezogen werden. Die repräsentative Demokratie hingegen gibt den Bürgern die Möglichkeit und das Recht, getroffene Entscheidungen bei der nächsten Wahl zu bestätigen oder zu korrigieren.

Eine erste Zwischenbilanz

Am Ende der ersten Legislaturperiode – im Juli 1994 – habe ich versucht, in einer Regierungserklärung vor dem Landtag eine knappe Bilanz meiner ersten zwei Jahre als Ministerpräsident zu ziehen. Ich wollte das bisher Erreichte darstellen und Mut machen, auch die vielen noch vor uns liegenden Aufgaben bewältigen zu können. Ich verwies darauf, dass in fast allen Bereichen – im Aufbau rechtsstaatlicher Strukturen, im Sozialsystem, im Gesundheitswesen, im Bildungswesen, in der Forschung, in der Landwirtschaft, vor allem in der Wirtschaftsordnung – ein Umbau begonnen habe, der in der Geschichte ohne Beispiel sein dürfte. Der Solidarpakt sollte die langfristige Finanzierung der deutschen Einheit sichern. Mit dem Beschluss zur Einführung der Pflegeversicherung war die letzte große Lücke im System der sozialen Sicherheit in Deutschland geschlossen worden. Das Landeserziehungsgeld war eingeführt, die Gebietsreform war abgeschlossen, die Technische Hochschule Ilmenau war zur Universität geworden, die Universität Erfurt gegründet. Die Luft war besser und die Flüsse sauberer. Die vier Jahre zuvor eingegangene Koalition von CDU und FDP habe durchgehalten und sei erfolgreich gewesen. Der neue Landtag werde geordnete Verhältnisse vorfinden. Ich dankte dem noch amtierenden Landtag für seine ungewöhnliche Arbeitsleistung, nicht weniger als 188 Gesetze waren von ihm verabschiedet worden. 31 Große, 680 Kleine und 776 Mündliche Anfragen hatten das Gesetzgebungswerk begleitet. 669 Rechtsverordnungen waren erlassen worden, vor allem hatte sich das Land seine neue Verfassung gegeben. Aber Wesentliches bleibe noch zu tun. So werde es in der Zukunft vor allem vom Ausbau der Verkehrsinfrastruktur, von der Realisierung der Verkehrsprojekte »Deutsche Einheit« abhängen, ob Thüringen seine Lage in der Mitte Deutschlands nutzen könne. Dem Bau der ICE-Strecke Nürnberg–Erfurt–Berlin, dem Bau der Südharzautobahn von Göttingen nach Halle und der Autobahn Bamberg–Schweinfurt–Erfurt–Sömmerda und ihrer Fortsetzung nach Magdeburg würden dabei besondere Bedeutung zukommen.

Die Mühen der Ebene (1994–1999)

Das Superwahljahr 1994

Im Spätjahr 1993 erlitt die CDU bei den Bürgerschaftswahlen in Hamburg wie auch bei den Kommunalwahlen in Brandenburg schwere Verluste. Das Ansehen der Partei befand sich zu Beginn des »Superwahljahres 1994« auf einem Tiefpunkt. Der *Spiegel* kündigte – gestützt auf eine Emnid-Umfrage vom Februar 1994 – für die bevorstehenden Wahlen in den fünf ostdeutschen Ländern einen politischen Erdrutsch ohnegleichen an. Der CDU stehe eine vernichtende Niederlage bevor. Sie werde »aller Voraussicht nach absacken wie ein Flugzeug, dessen Triebwerke ausgefallen sind«. In Sachsen-Anhalt, Thüringen und Mecklenburg-Vorpommern werde es zu einem Machtwechsel kommen. In Thüringen sei die Union seit der Landtagswahl von 1990 von 45,4 auf 29 Prozent abgestürzt und hinter die SPD mit 31 Prozent zurückgefallen. Die Sympathiewerte für Gerd Schuchardt, den Vorsitzenden der SPD, in einer Skala von –5 bis +5 lägen bei plus 0,7, für mich nur bei plus 0,3. Viel werde sich vermutlich nicht mehr ändern, denn »zurzeit gibt es für neue Entwicklungen nicht das geringste Anzeichen«. Auch für die Bundestagswahlen kündige sich ein Meinungsumschwung an. Die CDU werde von 43,8 auf 36 Prozent zurückgehen, die SPD von 33,5 auf 39 Prozent zulegen. Wir hatten als Union allen Grund, dem Wahlmarathon des Jahres 1994 mit großer Sorge entgegenzusehen.

Neben der Europawahl und der Bundestagswahl sollten in acht Ländern Landtagswahlen und in neun Ländern Kommunalwahlen stattfinden. Im März gelang es Gerhard Schröder, Ernst Albrecht in Niedersachsen als Ministerpräsident abzulösen. Nach Hessen und Berlin wurde dort die dritte rot-grüne Landesregierung gebildet. Bei den Landtagswahlen in Sachsen-Anhalt im Juni verlor die CDU 4,6 Prozent, die SPD gewann acht Prozent hinzu und die PDS 7,9 Prozent. Der CDU als knapp stärkster Partei gelang es nicht, eine Koalition mit der SPD zu bilden. Der Sozialdemokrat Reinhard Höppner bildete eine Minderheitsregierung aus SPD und Grünen – toleriert von der PDS. Dieses »Magdeburger Modell« löste in der ganzen Bundesrepublik heftige Diskussionen aus. Durfte eine demokratische Partei mit der SED-Nachfolgepartei kooperieren oder gar koalieren?

Bei den ersten Europawahlen nach der Wiedervereinigung im Juni legte dann aber die CDU um ein Prozent zu, die SPD verlor 5,1 Prozent. Ein Stimmungswandel begann sich abzuzeichnen, die wirtschaftliche Lage verbesserte sich, die Anzeichen eines Endes der Rezession nahmen zu.

Kurt Biedenkopf wollte in Sachsen nicht zusammen mit der Bundestagswahl wählen lassen, weil eine Umfrage ergeben hatte, dass zwei Drittel der Befragten mit der Arbeit der Landesregierung, aber nur ein Drittel mit der Arbeit der Bundesregierung zufrieden seien. Sachsen wählte daher am 11. September. Die CDU legt um 4,3 auf 58,1 Prozent zu – das beste Ergebnis, das die Partei je bei Landtagswahlen erreicht hat. Die PDS erreichte mit 16,5 nur 0,1 Prozent weniger als die SPD. Am gleichen Tag gewannen Manfred Stolpe und die SPD in Brandenburg die absolute Mehrheit (plus 15,9 Prozent). Die CDU verlor deutlich (minus 10,7 Prozent) und lag dort ihrerseits fast gleichauf mit der PDS. Am 25. September wählte Bayern. Edmund Stoiber trat zum ersten Mal an und konnte trotz geringfügiger Verluste die absolute Mehrheit der Stimmen verteidigen. Die SPD verbesserte sich um vier Prozent.

Wie Mecklenburg-Vorpommern und das Saarland hatten wir uns für den Wahltermin der Bundestagswahl am 16. Oktober entschieden. Ich versprach mir vom gemeinsamen Wahltag eine für uns günstige höhere Wahlbeteiligung. Sie sollte dann auch tatsächlich bei über 70 Prozent liegen. Die Bundestagswahl bestätigte die Koalition in Bonn, auch wenn die Union 2,4 Prozent verlor und die FDP 4,1 Prozent. Die SPD gewann 2,9 Prozent hinzu. Im Saarland verlor die SPD fünf Prozent, die CDU legte um 5,2 Prozent zu, aber die Alleinregierung Oskar Lafontaines konnte fortgesetzt werden. In Mecklenburg-Vorpommern verlor die CDU (minus 4,5 Prozent), die SPD gewann 2,5 Prozent hinzu, die PDS sieben Prozent. Berndt Seite blieb dennoch Ministerpräsident.

Eine Anfang des Jahres 1994 vorgelegte »Wahlkampfplattform« der CDU sollte dafür sorgen, bei den in Thüringen anstehenden vier Wahlen – Kommunalwahl, Europawahl, Landtagswahl, Bundestagswahl – mit einer Stimme zu sprechen und bestimmende politische Kraft zu bleiben. Als zentrale Themen legten wir fest: Arbeit schaffen, die Wirtschaft stärken, die Schwachen schützen, der Jugend eine qualifizierte Ausbildung sichern, die innere Sicherheit festigen.

Wörtlich hieß es auf der Wahlkampfplattform: »Die Grundlagen für das neue Thüringen sind gelegt. Die Richtung stimmt. Vieles ist erreicht, vieles erweist sich als schwieriger, vieles dauert länger und ist teurer als erhofft. Jetzt muss auf diesem Fundament weiter aufgebaut werden. Unser Ziel bleibt es, vergleichbare Lebensverhältnisse in Ost und West zu schaffen.« Mein Ziel war es, die Koalition mit der FDP fortzusetzen.

Der Landtagswahlkampf wurde für uns zu einer großen Kraftanstrengung. Aber es gelang der Partei, ihn in mühsam gewonnener, neuer Geschlossenheit zu führen. Eine Wählerinitiative »Pro Vogel« konstituierte sich: »Wer Vogel will, muss Vogel wählen. Der Rohbau ist fertig, es gibt keinen Grund, die Architekten zu wechseln.« Die SPD plakatierte ihren Spitzenkandidaten Gerd Schuchardt: »Ich bin einer von uns.« Meine Zustimmungswerte stiegen. Im Oktober 1993 überholte ich Schuchardt, im August 1994 lag ich nach Angaben der Forschungsgruppe Wahlen mit 45 Prozent deutlich vor ihm mit 26 Prozent. Der alte rheinland-pfälzische Button »Mein Vogel heißt Bernhard« erfreute sich neuer Aktualität. Die »Ständerlinge«, der Auftritt auf unzähligen Plätzen in fast allen Städten des Freistaates und die immer gleiche kurze Ansprache, bereiteten mir weniger Schwierigkeiten als das »Canvassing«, das Laufen von Tür zu Tür, um sich vorstellen. Die vielen vielstöckigen Plattenbauten in meinem Erfurter Wahlkreis machten den Zeitaufwand etwas erträglicher und trugen dazu bei, dass ich ihn mit deutlichem Erststimmenvorsprung vor meiner PDS-Konkurrentin gewinnen sollte (40,5 zu 29,6 Prozent).

Gerd Schuchardt, der Vorsitzende der SPD, legte beflügelt durch die guten Umfragewerte seinem Landesparteitag im Februar 1994 ein umfangreiches Programm für die Landtagswahl vor, das die Regierungsfähigkeit der SPD nachweisen sollte. Es enthielt eine Fülle von Vorhaben – die uns später in den Koalitionsverhandlungen ausgiebig beschäftigen sollten – und viele kritische Bemerkungen zur Arbeit der amtierenden CDU/FDP-Koalition: »Das Land braucht eine bessere Politik. Es darf nicht weitergehen im alten Trott, in dem eine marode Vogel-CDU einen müden Takt angibt. Es darf nicht weitergehen mit einer ausgelaugten konzeptionslosen Vogel-Regierung und ihren alten Zöpfen. Es darf nicht weitergehen mit einem Regierungschef, der mit Koalitionsgymnastik, mit Versorgungsfällen für die Seinen und mit Machterhaltungsstrategie mehr beschäftigt ist als mit den wirklichen Problemen dieses Landes.« Ein Aufbauministerium wurde gefordert, die Modernisierung des vorhandenen Schienennetzes sollte Vorrang vor neuen Autobahnstrecken haben. Die Projekte des Bundesverkehrswegeplanes wurden zwar grundsätzlich befürwortet. Der Bau der ICE-Trasse Nürnberg–Erfurt aber sei »wegen der Kosten, der Eingriffe in die Natur sowie der begrenzten Nutzbarkeit für den Gütertransport« kritisch zu prüfen. Die Autobahn A 4 und A 8 seien bedarfs- und umweltgerecht auszubauen. Alle Kandidaten sollten sich einer Prüfung durch die Gauck-Behörde stellen. Kein Stasi-Spitzel dürfe dem neuen Landtag angehören.

Trotz leichter Verluste verpassten wir mit 42 von 88 Sitzen nur knapp die absolute Mehrheit, wurden aber in unserem Führungsanspruch bestätigt. Die SPD gewann 6,8 Prozent, schnitt aber schlechter ab als bei der Bundestagswahl am selben Tag. Die PDS gewann ebenfalls deutlich hinzu (plus 6,9 Prozent), FDP und Bündnis 90/Die Grünen flogen aus dem Landtag.

Die Bundestagswahl im Oktober 1994 bestätigte trotz deutlicher Stimmenverluste die Koalition von Union und FDP. Helmut Kohl blieb Bundeskanzler.

Die Große Koalition

Da der Spitzenkandidat der SPD, Gerd Schuchardt, im Wahlkampf ein Bündnis mit der PDS ausgeschlossen – »Ich bin gegen jede Koalition, gegen jede Zusammenarbeit und Abhängigkeit von der PDS« – und damit auch dem »Magdeburger Modell« einer Tolerierung durch die SED-Nachfolgepartei eine klare Absage erteilt hatte, war ihm und mir schon am Wahlabend bewusst, dass wir aus Verantwortung für das Land und aus Respekt vor den Wählern, auch wenn es beiden Partnern nicht leichtfiel, eine Große Koalition bilden mussten.

Langwierige und oft schwierige Koalitionsverhandlungen folgten. Im November konnte ein 53-seitiges Koalitionsabkommen geschlossen werden. Während ein Landesparteitag der CDU dem Abkommen und damit der Großen Koalition bei drei Enthaltungen geschlossen zustimmte und mich mit 93,8 Prozent wieder zum Vorsitzenden wählte, votierten auf einem Sonderparteitag der SPD 140 Delegierte für den Vertrag, 44 dagegen. Eine tragfähige Grundlage für die bevorstehende Regierungsarbeit war geschaffen. Die Presse sprach davon, dass beide Seiten es sich nicht einfach gemacht hätten. Sie schrieb von »zwei Siegern im Thüringer Koalitionsmarathon« *(Freies Wort)*, aber auch von einem »permanenten Schwächeanfall für die Demokratie«, von einer »großen Kapitulation vor anstehenden Entscheidungen« *(Thüringer Landeszeitung)*.

Ziel der Koalition sollte es sein, die Erneuerung Thüringens voranzubringen. Arbeit, Wirtschaftswachstum und soziale Sicherheit sollten Schwerpunkte der zukünftigen Regierungsarbeit sein. Der weitere Ausbau der Infrastruktur sollte Vorrang genießen. Der sechsspurige Ausbau von A 4 und A 9 wurde unterstützt. Die Nord-Süd-Verbindung Erfurt–Bamberg sollte mit »reduzierten Ausbauparametern und hoher Anschlussdichte« realisiert werden. Der Verkehrsflughafen Erfurt galt als unverzichtbar, der Regionalflughafen Altenburg/Lobitz sollte beschleunigt ausgebaut werden. Mit dem Aufbau der Universität Erfurt sollte begonnen werden.

Eine Bundesratsklausel legte fest, dass sich Thüringen an einer Abstimmung nicht beteiligen durfte, wenn einer der beiden Koalitionspartner einem Gesetz nicht zustimmen wollte. Das Abkommen sah die Bildung eines Koalitionsausschusses vor, dem entscheidende Bedeutung zukommen sollte. Es bewährte sich, ihn regelmäßig und nicht nur im Krisenfall einzuberufen. Es vermied allzu viel öffentliche Aufmerksamkeit. Er erwies sich als notwendig, um Entscheidungen des Kabinetts und der beiden Landtagsfraktionen vorzubereiten. Darum gehörten ihm der Ministerpräsident und sein Stellvertreter, die beiden Fraktionsvorsitzenden und je ein weiteres Mitglied an. In vielen tage- und nicht selten nächtelangen Sitzungen war es oftmals entscheidend, wer länger durchhielt und wer den Überblick zu wahren wusste.

Am 30. November 1994 wählte mich der Landtag zum zweiten Mal zum Ministerpräsidenten, mit 67 der 71 Stimmen der neuen Koalition. Es gelang uns, die Zahl der Ministerien von zehn auf acht zu reduzieren und sie zum Teil neu zuzuschneiden. Vier Ministerien gingen an die SPD: Gerd Schuchardt übernahm das Ministerium für Wissenschaft, Forschung und Kunst und wurde mein Stellvertreter. Irene Ellenberger wurde Ministerin für Soziales und Gesundheit und Otto Kretschmer Minister für Justiz und Europaangelegenheiten. Christine Lieberknecht wechselte als Ministerin für Bundesangelegenheiten in die Staatskanzlei, verlor allerdings ihre Zuständigkeit für Europaangelegenheiten. Mein Versuch, der SPD das Finanzministerium zu übertragen, scheiterte, Schuchardt bestand darauf, stattdessen das Innenministerium mit dem politikerfahrenen, machtbewussten Saarländer Richard Dewes zu besetzen – was er schon sehr bald bitter bereuen sollte und was mir heftigen Widerstand in meiner eigenen Fraktion und bei den Landräten einbrachte. Ich war deshalb gezwungen, den bei der Gebietsreform außerordentlich erfolgreichen Franz Schuster in das Wirtschaftsministerium wechseln zu lassen. Dieter Althaus blieb Kultusminister, Volker Sklenar behielt das um Naturschutz und Umwelt erweiterte Landwirtschaftsministerium. Andreas Trautvetter wechselte vom Minister in der Staatskanzlei ins Finanzministerium. Frank-Michael Pietzsch, Klaus Zeh und Hans-Joachim Jentsch mussten aus dem Kabinett ausscheiden. Pietzsch wurde Landtagspräsident. Hans-Joachim Jentsch, der schon vor der Wahl angekündigt hatte, Thüringen verlassen zu wollen, und der sich um den Aufbau des Rechtsstaates hohe Verdienste erworben hatte, wurde auf mein nachdrückliches Betreiben hin 1996 zum Richter am Bundesverfassungsgericht gewählt, zum ersten Richter mit Osterfahrung. Klaus Zeh kehrte 1999, dann allerdings als Sozialminister, in mein Kabinett zurück. Zu einem Ministerwechsel, zu einer Regierungsumbildung sollte es in den fünf Jahren der zweiten Legislaturperiode des Landtags nicht kommen.

Mit der Vereidigung des Kabinetts Vogel-Schuchardt begann ein neuer, zweiter Abschnitt beim Aufbau des wiedererstandenen Freistaats. Während die erste Legislaturperiode von der Freude über die wiedergewonnene Einheit und von der Fülle der täglich zu lösenden Probleme geprägt gewesen war, sollte die zweite Legislaturperiode durch den langen, mühsamen, oft sehr steinigen Weg durch eine trockene Ebene charakterisiert sein. Nicht das schon Erreichte, die noch zu lösenden Aufgaben standen im Vordergrund. Die mit dem wirtschaftlichen Strukturwandel verbundenen Probleme nahmen deutlich zu. Der Vergleich zu Westdeutschland beherrschte die Diskussion. Dass die östlichen Nachbarn – Polen, Tschechien, Ungarn – sich mit der Überwindung der Folgen des Sozialismus viel schwerer taten, interessierte niemanden. Und auch in Westdeutschland schwand das Interesse an den jungen Ländern, wurden die weiterhin notwendigen Hilfen vielfach eher als Belastung empfunden.

In meiner Regierungserklärung vom 7. Dezember 1994 hatte ich der zweiten Legislaturperiode das Ziel gesetzt, vergleichbare Lebensbedingungen zu den anderen Ländern der Bundesrepublik zu schaffen und das eigenständige Profil des Landes zu schärfen: »Wir wollen Thüringen zum Mittelpunkt Deutschlands machen.« Als Schwerpunkte nannte ich: die Wirtschaft voranbringen, Arbeit schaffen, die Kriminalität bekämpfen, die Umweltbelastung mindern, die Infrastruktur ausbauen – und das hieß vor allem, bald mit dem Bau der ICE-Trasse Nürnberg–Erfurt–Halle–Leipzig zu beginnen. Die Universität Erfurt galt es als forschungsorientierte Hochschule mit geisteswissenschaftlicher Zentrierung aufzubauen und eine vierte Fachhochschule in Nordthüringen zu errichten.

Koalitionen gelingen dann, wenn die Koalitionspartner ihren Erfolg wollen, wenn sie sich gegenseitig respektieren, wenn keiner den anderen überfordert. Dass die Große Koalition alles in allem erfolgreich war, ist entscheidend dem Bemühen Gerd Schuchardts zu verdanken, mit mir zusammen die Fäden in der Hand zu behalten, sich in Krisen nicht entmutigen zu lassen, Kompromisse zu suchen und das Profil beider Parteien nicht zu beschädigen. Seine eigene Partei und insbesondere der Innenminister, Richard Dewes, sollten ihm das zunehmend schwerer machen. Die Zustimmung des SPD-Parteitags zum Koalitionsvertrag und seine Wahl zum Parteivorsitzenden in der Nachfolge von Gisela Schröter, die dem linken Parteiflügel angehörte und darum von Schuchardt nicht in sein Schattenkabinett aufgenommen worden war, stärkten zunächst seine Position. Aber die SPD kam nicht zur Ruhe. Die Kritik an ihm und seiner eindeutigen Abgrenzung von der PDS nahm kein Ende. Schuchardt forderte die Mitglieder seiner Partei dazu auf, wer die Kooperation mit der PDS wolle, solle bei der vorgesehenen Mitgliederbefragung für Richard Dewes stimmen.

Dewes erreichte im Februar 1996 75 Prozent der Stimmen und wurde im März mit 96 Prozent zu Schuchardts Nachfolger im Parteivorsitz gewählt. Er bekannte sich zwar zur Fortsetzung der Großen Koalition, kündigte aber zugleich an, nach den nächsten Landtagswahlen für ein solches Bündnis nicht mehr zur Verfügung zu stehen. Die innerparteilichen Konflikte der SPD brachen erneut auf und schwächten Schuchardts Position. Gerd Schuchardt schloss ein Bündnis mit der PDS weiter aus, Richard Dewes liebäugelte damit in der Hoffnung, als Seniorpartner in die Staatskanzlei einziehen zu können.

Die Zusammenarbeit in der Großen Koalition in Erfurt sollte durch die eigenwillige Unberechenbarkeit von Richard Dewes immer wieder erheblichen Belastungen ausgesetzt sein. So durch seinen Entschluss, Anfang 1997 – als einziger SPD-Landesvorsitzender – die Erfurter Erklärung zu unterschreiben, die Sozialdemokraten, Bündnis 90/Grüne, PDS und DGB zur Zusammenarbeit aufforderte. Nicht nur bei uns, auch in der SPD selbst stieß das auf entschiedenen Widerstand. Im Dezember beschloss der SPD-Bundesvorstand, eine Koalition mit der PDS auf Bundes- oder Landesebene auszuschließen – was allerdings Richard Dewes nicht stören sollte. Ich musste lernen, in meiner eigenen Fraktion und oft auch in der Öffentlichkeit deutlich zu machen: Den Vorsitzenden der Partei des Koalitionspartners kann man nicht entlassen, es sei denn, man nimmt den Bruch der Koalition in Kauf, und das hätte möglicherweise zu einer rot-roten Koalitionsregierung geführt.

Die weitere Entwicklung der SPD begann sich abzuzeichnen: Die CDU als stärkste Partei zu überflügeln, schien unerreichbar zu sein. Aber ein Bündnis mit der PDS schien möglich. Dieses Lavieren nagte am Profil der SPD und war ursächlich dafür verantwortlich, dass sie bei den Landtagswahlen 1999 über elf Prozent verlor und dass sie heute nur noch den vierten Platz im Parlament belegt.

Fortschritte

So groß unsere Freude über die Wiedervereinigung unseres Vaterlandes nach wie vor war, die Überwindung der Hinterlassenschaften der DDR und die Angleichung der Lebensverhältnisse in Ost und West sollten uns weiterhin ungewöhnliche Schwierigkeiten bereiten. Die wirtschaftlichen und sozialen Folgen des Beitritts der jungen Länder mussten bewältigt werden. In Westdeutschland boomte die Wirtschaft, das Bruttoinlandsprodukt dort stieg. In Ostdeutschland dagegen drohte der Niedergang, das dortige Bruttoinlandsprodukt ging stark zurück. Die Deindustrialisierung drohte. Die Arbeitslosigkeit stieg sprunghaft an und traf vor allem die Frauen, die in der DDR in ihrer großen Mehrheit berufstätig gewesen waren. Die Erwerbslosigkeit in Ostdeutschland stieg bis 1998 auf 19,5 Prozent.

Trotzdem erreichten wir unverkennbare Fortschritte. So verabschiedete der Thüringer Landtag im Dezember 1997 das Gesetz über den Nationalpark Hainich. Zur Sicherung des heimischen Buchenwaldes wurde der größte zusammenhängende Buchenbestand Europas im Westen Thüringens unter Schutz gestellt. Auf dem Gebiet eines früheren Truppenübungsplatzes sollte ein mitteleuropäischer nutzungsfreier Urwald entstehen. Ein zunächst 310 Meter langer Baumkronenweg sollte zu einer besonderen Attraktion werden. Seit 2011 gehört der Hainich zum UNESCO-Weltkulturerbe.

Schon meinem Vorgänger war es ja gelungen, Lothar Späth, den langjährigen Ministerpräsidenten Baden-Württembergs, dafür zu gewinnen, den Wirtschaftsstandort Jena vor dem Zusammenbruch zu bewahren. Landesregierung und Treuhand hatten dafür viel Geld in die Hand genommen. Es sollte tatsächlich gelingen, die Jenoptik zu einem international erfolgreichen Technologiekonzern zu entwickeln. Nun sollte sich das Land als alleiniger Kapitalgeber zurückziehen und die Privatisierung und der Börsengang vorbereitet werden. Die zurückfließenden Gelder sollten einer Stiftung zugeführt werden, die der anwendungsorientierten Forschung dienen sollte. Um auch den Mitarbeitern den Zugang zu unternehmerischer Beteiligung zu ermöglichen und um ihren persönlichen Einsatz in schwierigen Jahren zu würdigen, sollte ihnen ein Teil des Aktienstandes zur Hälfte des Verkehrswertes zum Erwerb angeboten und die Arbeitnehmer so am Produktionsvermögen beteiligt werden. Die Kaufbereitschaft war zunächst groß, die Begeisterung ließ allerdings nach, als deutlich wurde, dass der Börsenkurs nicht nur steigen, sondern auch fallen kann.

Gegen heftige Konkurrenz war es uns gelungen, Weimar in der Nachfolge Stockholms als erste deutsche Stadt 1999 zur

Kulturhauptstadt Europas auszurufen. Wir wollten auch diese Chance nutzen, um auf die jungen Länder, auf Thüringen und auf die Stadt Goethes und Schillers aufmerksam zu machen. Während überregionale deutsche Zeitungen mit Kritik an der »Provinzstadt« nicht sparten, waren ausländische Zeitungen durchgängig voll des Lobes. Die offizielle Eröffnung fand am 19. Februar 1999 im Weimarer Nationaltheater statt. Bundespräsident Roman Herzog, der Schirmherr des Kulturhauptstadtjahres, hielt die Festrede. Unter den illustren Gästen aus aller Herren Länder waren auch die beiden Bundespräsidentenkandidaten Dagmar Schipanski und Johannes Rau. Bis zum Ende des Jahres sollten mehr als fünf Millionen Menschen Weimar besuchen.

Da im Juli 1999 die Amtszeit von Bundespräsident Roman Herzog auslief und er schon zu Beginn seiner Tätigkeit festgelegt hatte, nicht ein zweites Mal kandidieren zu wollen, musste ein geeigneter Kandidat gefunden werden, auch wenn die Union nicht über eine Mehrheit in der Bundesversammlung verfügte. Da fünf Jahre zuvor der sächsische Innenminister Steffen Heitmann schon im Vorfeld gescheitert war und Hans Maier, der langjährige bayerische Kultusminister, nicht die Zustimmung der CSU-Führung fand, schien es mir an der Zeit, eine ostdeutsche Kandidatin oder einen ostdeutschen Kandidaten ins Rennen zu schicken. Ich schlug die parteilose Ilmenauer Wissenschaftlerin Dagmar Schipanski vor. Sie hatte sich als Rektorin ihrer Universität und als Vorsitzende des Wissenschaftsrates bundesweit einen Namen gemacht. Mein Vorschlag wurde vom Parteivorsitzenden Wolfgang

Schäuble und von der Union übernommen. Für die SPD trat, wie fünf Jahre zuvor, Johannes Rau an, obwohl er inzwischen auf Verlangen von Oskar Lafontaine als Ministerpräsident von Nordrhein-Westfalen zurückgetreten war. Die PDS nominierte Uta Ranke-Heinemann, eine Theologieprofessorin und Tochter des früheren Bundespräsidenten Gustav Heinemann. Bei der Bundesversammlung im Mai 1999 verfehlte Rau im ersten Wahlgang die Mehrheit knapp, im zweiten Wahlgang wurde er mit 51,6 Prozent der Stimmen gewählt. Raus Überzeugung, seine Freunde, zu denen er auch mich öffentlich zählte, würden parteiübergreifend ihn wählen, sollte sich nicht erfüllen. Dagmar Schipanski berief ich nach den Landtagswahlen im Herbst 1999 als Ministerin für Wissenschaft, Forschung und Kultur in mein Kabinett. Im Jahr 2000 trat sie in die CDU ein. Ihre Hoffnung, 2004 – wir verfügten inzwischen über eine Mehrheit in der Bundesversammlung – erneut vorgeschlagen zu werden, sollte sich allerdings nicht erfüllen.

Nach langen und heftigen Auseinandersetzungen, an denen ich mich über den Bundesrat intensiv beteiligt hatte, trat am 1. Januar 1995 das Gesetz über die Pflegeversicherung in Kraft – als fünfte Säule der gesetzlichen Sozialversicherung neben Kranken-, Unfall-, Renten- und Arbeitslosenversicherung.

Den Parteitag von Zella-Mehlis im November 1997 nutzte ich dazu, einerseits die Koalition mit der SPD zu verteidigen, uns aber andererseits frühzeitig auf die Landtagswahl von

1999 einzustimmen. Auch wenn es mir inzwischen gelungen war, die eigene Partei einigermaßen in den Griff zu bekommen, fand die Große Koalition nicht immer die notwendige Unterstützung. »An manchen Tagen habe ich den Eindruck, ich allein habe die Koalition beschlossen und es sei mein Privatvergnügen, sie voranzubringen«, erklärte ich vor den Delegierten. Ich bekannte mich dazu, die Koalition bis zum Ende der Legislaturperiode fortsetzen zu wollen, um zu verhindern, dass es noch vor 1999 zu einem Partnerwechsel im Sinn der Erfurter Erklärung käme. Vor allem aber wies ich auf die Gefahr einer SPD-PDS-Regierung nach 1999 hin. Besondere Aufmerksamkeit auf diesem Parteitag fand die Bundestagsabgeordnete Vera Lengsfeld, die ein Jahr zuvor aus Protest gegen eine von ihr befürchtete zukünftige rot-rot-grüne Koalition im Bund von Bündnis90/Die Grünen zu uns übergetreten war. Aus Sondershausen stammend, war sie seit 1981 als Bürgerrechtlerin aktiv gewesen. Von ihrem Ehemann bespitzelt und 1983 aus der SED ausgeschlossen, verhaftet, verurteilt und in den Westen abgeschoben, gehörte sie der frei gewählten Volkskammer und nach der Wiedervereinigung dem Bundestag an. Von uns mit offenen Armen aufgenommen und tatkräftig unterstützt, zog sie 1998 und 2002 über die Thüringer Landesliste erneut in den Bundestag ein. 2005 unterlag sie als Wahlkreiskandidatin und stand daraufhin für einen Listenplatz nicht mehr zur Verfügung. Später engagierte sie sich zunächst in der Werteunion, die das konservative Profil der CDU/CSU schärfen wollte, und wandte sich danach immer deutlicher rechtsextremen Positionen zu. Die Bürgerrechtsbewegung hatte sich seit dem Spätsommer 1989 in der DDR in zahlreichen oppositionellen Initiativen formiert, zum Beispiel im »Neuen Forum« und in »Demokratie Jetzt«. Sie übte öffentliche Kritik am System der DDR und wollte sie zu einem freien und pluralistischen Staat umgestalten. An die Wiedervereinigung dachten sie zunächst nicht. Als sie über Nacht kam, zogen sich viele ihrer Mitglieder enttäuscht zurück, andere – etwa Günter Nooke, Rainer Eppelmann, Hildigund und Erhart Neubert – fanden den Weg zur CDU.

Am 15. Juli 1999 zog ich vor dem Landtag eine Schlussbilanz der zweiten Legislaturperiode. Die Stimmung im Lande hatte sich deutlich verbessert: »Unsere Dörfer und Städte sind schöner geworden, die Umwelt ist sauberer, die Luft ist reiner. Häuser und Straßen wurden erneuert, viele Siedlungen sind entstanden, Krankenhäuser und Pflegeheime werden immer leistungsfähiger und bieten besten Standard. Die Arbeitslosigkeit ist deutlich reduziert.« Ich hatte Grund, die Arbeit der Großen Koalition zu loben, aber auch die Schwierigkeiten, die wir uns bereitet hatten, nicht zu leugnen. Wir hatten fünf Jahre ohne eine ernsthafte Krise durchgehalten. Das Land war vorangekommen, vor allem dank der steten Bereitschaft meines Stellvertreters von der SPD, Probleme gemeinsam zu lösen und unvermeidliche Konflikte in Grenzen zu halten.

Erinnerungen an Helmut Kohl

Schon im Bundestagswahlkampf 1998 zeichnete sich die drohende Niederlage der CDU/CSU ab. Die Kundgebungen des Bundeskanzlers waren zwar nach wie vor gut besucht, aber ein Hauch von Abschied lag über den Plätzen. Der Wahltag am 27. September 1998 bescherte der Union schwere Verluste. Sie verlor 5,3 Prozent. Die SPD gewann 4,5 Prozent hinzu, wurde zum zweiten Mal in der Geschichte der Bundesrepublik stärkste Partei (40,9 Prozent) und verfügte zusammen mit den Grünen (6,7, minus 0,6 Prozent) über eine Mehrheit im Bundestag. In den jungen Ländern waren die Verluste noch höher als im Westen. In Thüringen verlor die CDU zwölf Prozent der Stimmen und elf der zwölf Direktmandate und entsandte nur noch sechs Abgeordnete über die Landesliste in den Bundestag. Die SPD gewann hier fünf Mandate hinzu.

Am Wahlabend im Konrad-Adenauer-Haus wurde ich Zeuge eines wehmütigen Abschieds. Helmut Kohl gestand – wie später in der »Bonner Runde« – seine und unsere Niederlage ein. Die Zahl der anwesenden Getreuen war überschaubar. Nur Erwin Teufel und ich standen neben ihm vor den Mikrofonen und den Kameras.

Nachdem der niedersächsische Ministerpräsident Gerhard Schröder die Landtagswahlen im März 1998 mit der absoluten Mehrheit der Mandate deutlich gewonnen hatte, hatte sich die SPD auf ihn als Herausforderer Helmut Kohls geeinigt. Er bildete nun eine rot-grüne Regierung und wurde am 27. Oktober 1998 zum Bundeskanzler gewählt.

Noch konnten wir nicht ahnen, wie einsam es bald um Helmut Kohl werden sollte. Im November 1998 wählte der Bundesparteitag Helmut Kohl, der 25 Jahre lang die Partei geführt hatte, zum Ehrenvorsitzenden, Wolfgang Schäuble zu seinem Nachfolger und auf dessen Vorschlag hin Angela Merkel zur Generalsekretärin. Kurz darauf stürzte der »Spendenskandal«, in den führende CDU-Politiker verwickelt waren, in dem sich die Debatte aber vor allem auf Helmut Kohl konzentrierte, die CDU in eine schwere Krise. Kohl räumte ein, dass es schwarze Kassen gegeben habe, beharrte aber darauf, dass er die Spender nicht nennen werde.

In einem zuweilen als »Scheidungsbrief« bezeichneten Gastbeitrag in der *FAZ* am 22. Dezember 1999 kritisierte Angela Merkel Kohls Haltung und forderte die Partei zur »Abnabelung« auf: »Die von Kohl eingeräumten Vorgänge haben der Partei Schaden zugefügt. […] Es geht um die Glaubwürdigkeit der CDU, es geht um die Glaubwürdigkeit politischer Parteien insgesamt.« Als der Parteivorstand auf Drängen Schäubles Kohl bat, aufgrund seiner Rolle in der Finanzaffäre seinen Ehrenvorsitz ruhen zu lassen, verzichtete er auf ihn. Da auch Wolfgang Schäuble einräumte, Spenden entgegengenommen zu haben, trat er als Partei- und Fraktionsvorsitzender zurück und schlug Angela Merkel als seine Nachfolgerin vor. Kurt Biedenkopf, Jürgen Rüttgers, Peter Müller wurden ebenfalls als mögliche Nachfolger genannt. Auch mein Name fiel, und ich wäre unter Umständen durchaus bereit gewesen, mich in einer Phase des Umbruchs als Bundesvorsitzender der CDU in die Pflicht nehmen zu lassen. Angela Merkel suchte mich auf und bat mich, zu ihren Gunsten zu verzichten. Am 10. April 2000 wurde sie als erste Frau an die Spitze der CDU gewählt.

Am 5. Juli 2001 schied Hannelore Kohl, die seit Jahren unter einer heimtückischen Lichtallergie litt, offensichtlich lange vorbereitet freiwillig aus dem Leben. Die Nachricht, die mich in Krakau während eines Besuchs unserer polnischen Partnerregion erreichte, erschütterte mich tief. Drei Tage zuvor hatte ich mit ihr und Helmut Kohl in Deidesheim zu Abend gegessen. Ihr Gesundheitszustand schien sich deutlich gebessert zu haben. Im Speyerer Dom nahmen der Bischof und wir in einer bewegenden Trauerfeier von der Protestantin Abschied.

Bei einem Sturz in seinem Haus in Oggersheim erlitt Helmut Kohl im Februar 2008 ein Schädel-Hirn-Trauma, von dessen Folgen er sich nicht mehr erholen sollte. Gespräche mit ihm waren fortan nur noch mühsam möglich.

Zu meiner Überraschung ging Helmut Kohl – drei Monate nach seinem schweren Sturz – mit Meike Richter, die er als Mitarbeiterin im Kanzleramt kennengelernt hatte, seine zweite Ehe ein, mit Leo Kirch und Kai Diekmann als Trauzeugen. Dass seine Söhne nicht zur Hochzeitsfeier eingeladen waren und dass er zuließ, dass sein jahrzehntelanger, ihm eng verbundener Fahrer »Ecki« Seeber und dessen Frau, die als Haushälterin in seinem Haus tätig war, von einem auf den anderen Tag entlassen wurden, passt nicht in mein Kohl-Bild.

Helmut Kohl starb am 16. Juni 2017, erlöst von seinem jahrelangen Leiden, das ihn am Sprechen und am Ende wohl auch an selbstverantworteten Entscheidungen gehindert hatte, und fand zu meiner Überraschung seine letzte Ruhestätte in Speyer im Schatten der von Konrad Adenauer und Robert Schuman 1954 erbauten St.-Bernhard-Kirche. Bei unseren Besuchen am Grab seiner Frau Hannelore und seiner Eltern in Ludwigshafen hatte er mir gegenüber den Wunsch geäußert, an ihrer Seite beigesetzt zu werden. Da Meike Kohl-Richter einen Staatsakt in Deutschland nicht wünschte, nahmen wir mit einem Trauerakt in Straßburg und mit einem Requiem im Speyerer Dom vom Vater der deutschen Einheit und vom Vater der europäischen Einigung Abschied.

Helmut Kohl hat in meinem Leben eine entscheidende Rolle gespielt. Seit unseren gemeinsamen Studientagen in Heidelberg war ich ihm über 60 Jahre hinweg eng und freundschaftlich verbunden. Ich habe viel von ihm gelernt, und ich habe ihn, wo immer ich konnte, unterstützt, auch nach 1998. Besonders bewundert habe ich seine Verlässlichkeit, seine Glaubwürdigkeit, seine Kampfbereitschaft, seine Fähigkeit, Menschen um sich zu versammeln, seine Ecken und Kanten. Er hat meine Kandidatur zum Bundestag 1964 unterstützt. Er hat durchgesetzt, dass ich 1967 zum Kultusminister von Rheinland-Pfalz berufen wurde. Er wollte, dass ich ihm als Vorsitzender der CDU Pfalz nachfolgte. Als es nach seiner Wahl zum Bundesvorsitzenden 1974 zunächst um seine Nachfolge als Landesvorsitzender und zwei Jahre später um seine Nachfolge als Ministerpräsident ging, hatte er – wie auch 16 Jahre später, als in Thüringen die Nachfolge von Josef Duchač zu regeln war – andere Kandidaten unterstützt. Aber er hat, nachdem die Entscheidungen zu meinen Gunsten gefallen waren, keinen Moment gezögert, mit mir loyal zusammenzuarbeiten. Wir waren nicht immer einer Meinung, aber ich habe mich immer auf Helmut Kohl verlassen können.

Mit Helmut Kohl und Johannes Rau bei der Feier zum 65. Geburtstag Vogels am 19. Dezember 1997 auf der Wartburg in Eisenach.

Helmut Kohl war ein Parteivorsitzender ohne Beispiel. Er führte seine Partei wie der Vater einer großen weitverzweigten Familie. Er kannte sie wie seine Hosentasche. Er bestimmte ihr Profil, lobte und tadelte, war überall präsent, telefonierte, wenn er es für notwendig hielt, mit jedem Kreisvorsitzenden. Half in der Not, trauerte und feierte mit ihr, ließ aber auch deutlich spüren, wenn er jemanden nicht mochte oder Zweifel an seiner Loyalität hatte. Sein Parteiamt war ihm oft noch wichtiger als sein Staatsamt.

Auch wenn die Spendenaffäre den Blick auf Helmut Kohl – zumindest zeitweise – überschattet hat: Er hat seinen festen Platz in der deutschen Geschichte als Kanzler der Einheit, der die Gunst der historischen Stunde erkannte und entschlossen nutzte. Und er wird als großer Europäer und unermüdlicher Streiter für die europäische Einigung in Erinnerung bleiben.

Alleinregierung (1999–2003)

Das Wahljahr 1999

Unser Landesparteitag im Erfurter Kaisersaal Anfang Dezember 1998 stand ganz im Zeichen der verlorenen Bundestagswahl und der für uns daraus zu ziehenden Konsequenzen, aber auch im Zeichen der aufkommenden Kritik an der rot-grünen Bundesregierung. Zwischen den Koalitionspartnern und zwischen Bundeskanzler Gerhard Schröder und dem Vorsitzenden der SPD, Finanzminister Oskar Lafontaine, kam es zunehmend zu Konflikten. Die Regierung Schröder sollte in den bevorstehenden Landtagswahlkämpfen für die SPD zu einer ähnlichen Belastung werden wie für uns zuvor die von Helmut Kohl geführte Bundesregierung. Ich versuchte, Mut zu machen, und verwies auf unsere Erfolge in Thüringen: »Wir haben keinen Anlass, unser Licht unter den Scheffel zu stellen. Wir lassen uns nicht unterkriegen!« Thüringen belegte in nahezu allen Feldern den ersten Platz unter den jungen Ländern – beim Wirtschaftswachstum und bei der Exportquote zum Beispiel. Die Arbeitslosigkeit war mit 13 Prozent immer noch viel zu hoch, aber sie war mit weitem Abstand die niedrigste in Ostdeutschland. Das Institut der deutschen Wirtschaft bescheinigte uns: »Thüringen ist ein besonders erfolgreiches Land.«

Das Wahljahr 1999 stand bevor: Kommunalwahlen, Europawahlen, Landtagswahlen. Ich warb um Geschlossenheit. Fleiß, Ausdauer, Mut, Standfestigkeit und Überzeugungskraft waren gefordert. Wer um Vertrauen bitten will, Verantwortung übernehmen will, wer dem Wähler dienen will, der muss seinen eigenen Laden in Ordnung haben. Er muss an sich selbst glauben und muss andere überzeugen können. Ich appellierte an meine Partei, die bevorstehenden Wahlkämpfe in einer neuen Form zu führen; sich nicht in erster Linie mit dem politischen Gegner zu beschäftigen, sondern für die eigene Partei zu werben: »Wir wollen gewählt werden, weil wir besser sind, nicht weil die anderen so schlecht sind.«

Der Landtagswahlkampf durfte auch nicht zu einer Einmann- oder »Vogelschau« werden. Hinter mir standen Freunde, auf die sich die Partei verlassen konnte: Dieter Althaus, Christian Köckert, Andreas Trautvetter. Wenn ich am nächsten Tag aus dem Hubschrauber fallen sollte, würde das, wofür wir gemeinsam den Grund gelegt hatten, weitergeführt werden. Als Wahlziel gab ich aus: »Wir wollen so stark werden, dass an uns kein Weg vorbeiführt.« Die nach dem Machtverlust in Bonn und nach dem Ende der Ära Kohl notwendige Erneuerung der Union musste von den Ländern ausgehen, unser Ziel musste es sein, die Mehrheit im Bundesrat zurückzugewinnen.

Anfang 1999 begann sich das Blatt zu wenden. Die neue Bundesregierung hatte einen zunehmend schwierigen Stand.

Die Arbeitslosigkeit in Deutschland stieg auf vier Millionen. Joschka Fischer, Außenminister und Vizekanzler der rot-grünen Koalition, und die Grünen mussten, trotz der Proteste der eigenen Basis, der Beteiligung am Balkankrieg zustimmen. Bei Landtags- und Kommunalwahlen erlitt die SPD starke Verluste.

Obwohl die Meinungsforschungsinstitute der rot-grünen Landesregierung in Hessen einen Wahlsieg voraussagten, verlor sie wegen erheblicher Verluste der Grünen (minus vier Prozent), die von der SPD nicht aufgefangen werden konnten, die Landtagswahlen vom 7. Februar 1999. Die CDU konnte zulegen und erreichte 43,4 Prozent. Als mit wahlentscheidend sollte sich die von Roland Koch und der CDU initiierte Unterschriftenaktion gegen die von der Bundesregierung angestrebte doppelte Staatsbürgerschaft für in Deutschland wohnende Ausländer erweisen. Innerhalb von drei Wochen wurden 400 000 Unterschriften geleistet. Mir missfiel diese Kampagne, weil sie ein bundespolitisches Thema zum Thema einer Landtagswahl machte. Aber ich muss zugeben, sie war erfolgreich. Die Mehrheit der rot-grünen Regierungskoalition im Bundesrat ging verloren. Roland Koch folgte auf Hans Eichel und blieb für mehr als zehn Jahre hessischer Ministerpräsident. Die enge, freundschaftliche Zusammenarbeit zwischen unseren beiden Ländern sollte bald erste Erfolge zeitigen. Endlich war es möglich, Point Alpha an der hessisch-thüringischen Grenze, den heißesten Punkt des Kalten Krieges, wo sich amerikanische und sowjetische Soldaten buchstäblich Auge in Auge gegenübergestanden hatten, für die Zukunft als Mahn-, Gedenk- und Begegnungsstätte des Ost-West-Konflikts zu sichern.

Im März trat Oskar Lafontaine von seinen Ämtern als Bundesfinanzminister und als SPD-Parteivorsitzender zurück und verließ den Bundestag und schließlich seine Partei. Gerhard Schröder wurde im Mai zum SPD-Vorsitzenden gewählt, ohne dass der »Kanzler der Bosse« die zunehmende Entfremdung von seiner tief zerstrittenen Partei überwinden konnte.

Im Mai 1999 wurde nach langen, schwierigen Verhandlungen das umstrittene Staatsbürgerschaftsrecht von Bundestag und Bundesrat verabschiedet. Es kam schließlich zur »Orientierungslösung«. In Deutschland geborene Kinder von ausländischen Eltern erhalten eine doppelte Staatsbürgerschaft, müssen sich aber bis zum 23. Lebensjahr entscheiden, welche Staatsbürgerschaft sie behalten wollen.

Ebenfalls im Mai 1999 stellten wir unsere Landesliste auf (Vogel – Althaus – Diezel – Köckert – Trautvetter). Die Landtagswahlen wurden zu einer »Schicksalswahl«, in der es zu verhindern galt, dass auch Thüringen von der SPD und/oder der PDS regiert würde. Die Entwicklung in Mecklenburg-Vorpommern, wo sich nach der Landtagswahl vom 27. September 1998 die erste SPD-PDS-Regierung unter dem Sozialdemokraten Harald Ringstorff gebildet hatte, sollte und durfte sich bei uns nicht wiederholen. Unser Ziel musste es daher sein, alle 44 Direktmandate zu gewinnen und dadurch die absolute Mehrheit zu erreichen. Um auch den 1994 von Gerhard Schuchardt gewonnenen Wahlkreis Jena zu erobern, erklärte sich Finanzminister Andreas Trautvetter bereit, auf seinen sicheren Wahlkreis in Südthüringen zu verzichten und in Jena anzutreten.

Die Wahl zum Europäischen Parlament am 13. Juni verliefen für die CDU außerordentlich erfolgreich. Wir nahmen stark zu (48,7 Prozent, plus 9,9 Prozent). Die SPD verlor 1,5 Prozent, die PDS 1,1 Prozent. Vor allem aber gingen die Grünen von 6,4 auf 3,7 Prozent zurück. Auch in Thüringen konnten wir unser Ergebnis von 1994 deutlich verbessern. Mit dem Ergebnis der am selben Tag in Thüringen stattfindenden Wahlen der ehrenamtlichen Bürgermeister und Ortsbürgermeister konnten wir ebenfalls zufrieden sein.

Im Juni legten wir unser »Zukunftsprogramm für Thüringen« vor und umrissen, was wir uns für die nächsten fünf Jahre vornehmen wollten: mehr Beschäftigung, weniger Arbeitslosigkeit, ein schnelleres Wachsen des Bruttoinlandsproduktes, den Ausbau der Verkehrswege, die Aufhebung des von Bundesverkehrsminister Franz Müntefering verhängten Baustopps der ICE-Strecke München–Erfurt–Berlin. Wir wollten auf der Überholspur bleiben und auch alte Länder überflügeln. Wir wollten den Platz unter den Ländern erreichen, den wir ohne Sozialismus und Stacheldraht eingenommen hätten. Als Partei wollten wir erreichen, dass ohne uns und gegen uns nicht regiert werden konnte. Nach den Umfragen lagen wir bei 44, Rot-Rot aber bei 45 Prozent. Nicht ob wir gut abschnitten, sondern ob wir eine rot-rote Regierung würden verhindern können, darin lag die Bedeutung dieser Landtagswahl. Der Wahlausgang stand auf des Messers Schneide, weshalb für jeden Hauch von Überheblichkeit, für falsche Siegesgewissheit kein Platz war. Ich stellte kein Schattenkabinett auf, sondern nannte die Namen der Männer und Frauen, die nach der Wahl besondere Verantwortung tragen sollten – streng nach Alphabet geordnet, von Althaus bis Trautvetter. Zusätzlich berief ich Dagmar Schipanski in mein Wahlkampfteam.

Anfang September gewann die CDU im Saarland die absolute Mehrheit. Peter Müller löste Reinhard Klimmt als Ministerpräsident ab. Am selben Tag verlor die SPD bei den Landtagswahlen in Brandenburg 14,8 Prozent ihrer Stimmen, blieb aber stärkste Partei. Die CDU gewann 7,8 Prozent hinzu. Manfred Stolpe und CDU-Spitzenkandidat Jörg Schönbohm bildeten eine Große Koalition.

Natürlich ermutigten uns diese guten Ergebnisse in der Schlussphase unseres eigenen Wahlkampfes. Die CDU kämpfte in den abendlichen Versammlungen, auf den Straßen und Plätzen und bei Hausbesuchen in Gebieten mit vielen Wechselwählern in früher nicht gekannter Geschlossenheit. Mehrere Initiativen von Nichtmitgliedern riefen zur Wahl der CDU und ihres Spitzenkandidaten auf. Wenige Tage vor der Landtagswahl forderte der Landesvorsitzende der FDP Thüringen, Heinrich Arens, seine Wähler auf, ihre Zweitstimme der CDU zu geben. Nur so sei eine rot-rote Regierung zu verhindern. Die FDP verlor 2,1 Prozent und erreichte nur noch 1,1 Prozent. Ihr Vorsitzender selbst feierte das Ergebnis der Landtagswahl als seinen persönlichen Erfolg – und sah sich in der Folge mit einem Parteiausschlussverfahren konfrontiert.

Schon am Nachmittag des Wahltages ließen die Ergebnisse der Wahltagsumfrage ein gutes Resultat erwarten. Der Wahlabend bescherte uns dann einen in dieser Höhe nicht erwarteten Sieg. Wir erreichten 51 Prozent der Stimmen (plus 8,1 Prozent), gewannen alle Direktmandate und zogen mit 49 von 88 Sitzen in den neuen Landtag ein. Die SPD erlitt schwere Verluste (18,4 Prozent, minus 11,1 Prozent) und belegte zum ersten Mal in einem deutschen Parlament nur den dritten Platz. Die PDS wurde zur zweitstärksten Partei (21,3 Prozent, plus 4,7 Prozent) und ihr Fraktionsvorsitzender Bodo Ramelow Oppositionsführer. Grüne und FDP verfehlten erneut den Einzug in den neuen Landtag. Auch ich gewann meinen Erfurter Wahlkreis mit absoluter Mehrheit.

Nichts ist schöner als ein solcher Wahlabend. Die Freude und der Stolz über das erreichte Ziel sind riesengroß. Der Sieger wird mit Sympathiekundgebungen überhäuft. Aber bald wird einem bewusst: Das Regieren wird nicht einfacher. Auch der Umgang mit einer absoluten Mehrheit muss gelernt werden. Die Zusammenarbeit mit der eigenen, sich ihrer dominierenden Rolle bewussten Fraktion fordert vom Regierungschef viel Geduld und Einfühlungsvermögen. Die folgenden Wahlen zu gewinnen, erweist sich als besonders schwierige Aufgabe. Vom Gipfel geht es nur bergab! Wehe dem Spitzenkandidaten, der bei der nächsten Wahl die absolute Mehrheit verfehlt. Er ist nicht mehr der, der er vor fünf Jahren war. Nach dem Verlust der absoluten Mehrheit wieder eine Koalition eingehen zu müssen, wird als Demütigung empfunden. So hatte ich es selbst 1987 in Rheinland-Pfalz erleben müssen.

Weichenstellungen für die Alleinregierung

Zunächst musste ein neues Kabinett gebildet werden. Es blieb bei acht Ministerien, nur bei ihrem Zuschnitt nahm ich Veränderungen vor. Wir hatten gemeinsam gekämpft und gemeinsam gewonnen, folglich war es selbstverständlich, dass ich bisherige Kabinettsmitglieder wieder berief. Andreas Trautvetter, Volker Sklenar und Franz Schuster blieben auf ihren Posten. Frank-Michael Pietsch kehrte in das Sozialministerium zurück. Zum Innenminister berief ich den bisherigen Fraktionsvorsitzenden Christian Köckert und zum Justizminister Andreas Birkmann, der schon 1991 als »Aufbauhelfer« in der Staatskanzlei wertvolle Dienste geleistet hatte und 1995 Staatssekretär im Justizministerium geworden war. Dagmar Schipanski, die parteilose Bundespräsidentenkandidatin vom Mai 1999, wurde Ministerin für Wissenschaft, Forschung und Kultur. Diesmal gelang es mir, Dieter Althaus, der 1994 den Wechsel an die Spitze der Fraktion noch abgelehnt hatte, von der Notwendigkeit zu überzeugen, sich nicht nur in einem Ressort, sondern auch im Fraktionsvorsitz zu bewähren, dem nach meiner Überzeugung nach dem des Ministerpräsidenten zweitwichtigsten Amt. Michael Krapp zu seinem Nachfolger als Kultusminister zu berufen, lag nahe. Er hatte sich sieben Jahre lang als uneigennütziger Chef der Staatskanzlei bewährt und war mit dem Regieren vertraut. Christine Lieberknecht wurde Landtagspräsidentin. Neuer Chef der Staatskanzlei und zugleich Minister für Bundes- und Europaangelegenheiten wurde Jürgen Gnauck, der 1990 zum Aufbau des Gemeinde- und Städtetags nach Thüringen abgeordnet worden war und sich seit 1991 als dessen Landesgeschäftsführer einen Namen gemacht hatte. Da Hans Kaiser als Amtschef unserer Landesvertretung nach Berlin wechselte, wurde Uwe Spindeldreier neuer Regierungssprecher.

Im Oktober 2002 schied Andreas Birkmann aus dem Kabinett aus. Dass Zehntausende Akten der Staatsanwaltschaft zwei Tage mehr oder weniger frei zugänglich in der Tiefgarage des Justizzentrums gelegen hatten, wurde zum Skandal. Einen Monat später musste Innenminister Christian Köckert unter anderem wegen des Umgangs mit vertraulichen Daten und der Ausforschung politischer Gegner durch den ihm unterstehenden Verfassungsschutz seinen Hut nehmen. Nachfolger Birkmanns wurde Karl Heinz Gasser. Andreas Trautvetter wechselte vom Finanzministerium ins Innenministerium, und die Ostthüringerin Birgit Diezel wurde Finanzministerin.

Da keine Koalitionsverhandlungen geführt werden mussten, konnte mich der Landtag schon in seiner konstituierenden Sitzung am 1. Oktober zum dritten Mal zum Ministerpräsidenten wählen. Die PDS-Fraktion wurde zunächst von Gabriele Zimmer geführt, die 2000 zur Bundesvorsitzenden ihrer Partei gewählt wurde und später ins Europaparlament wechselte. 2001 wurde Bodo Ramelow Fraktionsvorsitzender und positionierte sich als dynamischer und medienwirksamer Oppositionsführer. Die SPD musste sich nach der dramatischen Wahlniederlage neu aufstellen. Nach heftigem Streit wurde Christoph Matschie Landesvorsitzender, und Heiko Gentzel übernahm die Führung der Fraktion.

Auch wenn mit der Wahl zum 3. Landtag und mit der Vereidigung meines 3. Kabinetts ein neuer Abschnitt des bisher von uns eingeschlagenen Weges begann – das in meiner ersten Regierungserklärung im Februar 1992 genannte Ziel blieb das Gleiche: das Land auf eigene Beine stellen, die Abhängigkeiten lösen, den Platz unter den deutschen Ländern einnehmen, den wir ohne Krieg, ohne Teilung, ohne Sozialismus längst eingenommen hätten.

In meiner ersten Regierungserklärung in der neuen Legislaturperiode nannte ich unter der Überschrift »Sparen und Gestalten« drei Schwerpunkte für unsere künftige Arbeit:

1. Verbesserung der Rahmenbedingungen, um in der Wirtschaft unseren Standortvorteil in der Mitte Deutschlands nutzen zu können. Es galt, die Bruttowertschöpfung, die Arbeitsproduktivität, die Exportquote zu steigern und die Arbeitslosenquote trotz der anhaltenden Rezession deutlich zu senken.
2. Ausbau der Verkehrsinfrastruktur (Thüringer-Wald-Autobahn, Südharz-Autobahn, sechsspuriger Ausbau der A 4 und der A 9), vor allem den von mir mit Nachdruck geforderten Neubau der ICE-Strecke München–Erfurt–Berlin realisieren, und das hieß, den im Frühjahr 1999 von Bundesverkehrsminister Franz Müntefering verfügten Baustopp aufzuheben.
3. Das Bildungsangebot zu konsolidieren, den »Hochschul- und Zukunftspakt 2002« vorzubereiten, den weiteren Aufbau der Universität Erfurt zu verwirklichen, die durch

den dramatischen Rückgang der Schülerzahlen – vor allem im ländlichen Raum – erzwungenen schmerzhaften Einschnitte im Schulwesen erträglich zu gestalten, die Zahl der Lehrer zu reduzieren, die ungewöhnliche Vielzahl von Theatern und Orchestern lebensfähig zu erhalten. Dagmar Schipanskis Vorschlag, das Theater Erfurt und das Deutsche Nationaltheater Weimar zu einem Theater zusammenzufassen, war sinnvoll, aber undurchführbar. Die Weimarer Regionalzeitung sprach von einem »kulturellen Erdbeben«. Schließlich wurde aus dem Erfurter Theater ein Musiktheater. Das Nationaltheater Weimar blieb unangetastet.

Auf dem 12. Landesparteitag am 6. November 1999 in der Weimarhalle in Weimar konnte ich dankbar und stolz verkünden: »Auftrag ausgeführt! Ziel erreicht!« Wir hatten bei allen Wahlen des Jahres 1999 in Thüringen hervorragend abgeschnitten: bei den Europawahlen plus 6,5, bei den Kommunalwahlen plus 5,3, bei den Landtagswahlen plus 8,1 Prozent. Wir hatten ein bayerisches Wahlergebnis erreicht, aber es herrschten in Thüringen noch keine bayerischen Verhältnisse. Ich warnte vor einem Selbstbestätigungs- und Schulterklopfen-Parteitag. Unser Ziel musste es sein, den eingeschlagenen Weg fortzusetzen, Thüringen auf eigene Beine zu stellen und die Schlagkraft der Union weiter zu erhöhen. Vertrauen und Glaubwürdigkeit waren unser größtes Kapital. Wir durften uns nicht auf den unter besonders günstigen Bedingungen errungenen Erfolgen ausruhen. Sie mussten vielmehr Ausgangspunkt für eine langfristige und dauerhafte Entwicklung sein.

Sosehr ich mich am Wahlabend als Wahlkämpfer über unseren Sieg gefreut hatte, als Demokrat bedauerte ich am Tag nach der Wahl den selbst verschuldeten Niedergang der traditionsreichsten deutschen Partei, der SPD.

Ein Jahr später, auf dem Landesparteitag in Zeulenroda im November 2000, hielt ich den Zeitpunkt für gekommen, den Generationswechsel einzuleiten, den Landesvorsitz in jüngere Hände zu geben und nach sieben Jahren nicht mehr zu kandidieren. Ministerpräsident allerdings wollte ich bis zum Ende der Legislaturperiode bleiben. »Ich gebe das Ruder nicht leichten Herzens aus der Hand. Die Partei ist mir ans Herz gewachsen«, erklärte ich vor den Delegierten. Ich schlug Dieter Althaus als Nachfolger vor, der mit 92 Prozent der Stimmen gewählt wurde. Als Stellvertreter wurden Andreas Trautvetter und Birgit Diezel bestätigt. Der Erfurter Oberbürgermeister Manfred Ruge trat als dritter Stellvertreter neu hinzu. Die Berichterstattung in den Medien war ungewöhnlich freundlich: »Vogel hat sein Haus bestellt«, titelte die *FAZ*.

Auf dem Parteitag in Eisenach im November 2001 stand erneut die Wirtschaftspolitik im Mittelpunk. Angela Merkel, inzwischen zur Bundesvorsitzenden gewählt, war zu Gast und erklärte: »Der Aufbau Ost muss Herzenssache sein.« Für mich fand sie den freundlichen Satz: »Sie sind und bleiben ein Glücksfall für das Land und unsere Partei.«

Die Debatte um einen Unions-Kanzlerkandidaten für die Bundestagswahl 2002 beschäftigte uns. Angela Merkel oder

Edmund Stoiber? Auch in der CDU sprachen sich viele für Stoiber aus. Erwin Teufel und ich suchten Angela Merkel auf und drängten sie, auf die Kandidatur zu verzichten. Am 11. Januar 2002 fuhr sie zu Edmund Stoiber zum Frühstück nach Wolfratshausen und trug ihm die gemeinsame Kandidatur für CDU und CSU an. Sie selbst wolle Vorsitzende der gemeinsamen Fraktion werden. Bei der Präsidiumssitzung in Magdeburg am nächsten Tag war es meine Aufgabe, ihr für ihre mutige Entscheidung zu danken.

Da Stoiber Lothar Späth, den erfolgreichen Sanierer von Carl Zeiss in Jena, in sein Wahlkampfteam berufen hatte, um gegebenenfalls das Wirtschaftsressort zu übernehmen, setzten wir Späth am 25. Mai 2002 auf Platz eins unserer Landesliste. Edmund Stoiber führte einen engagierten und erfolgreichen Wahlkampf. Erst das Hochwasser in Sachsen, Sachsen-Anhalt und Brandenburg, zu dem sich Gerhard Schröder sofort begab, während Stoiber Zurückhaltung übte, sollte das Blatt wenden. Er unterlag knapp. Die SPD lag mit 6087 Zweitstimmen vor der Union und konnte mit Bündnis 90/Die Grünen wiederum die Regierung bilden. Am 22. Oktober 2002 wurde Gerhard Schröder erneut zum Bundeskanzler gewählt.

Herausforderung direkte Demokratie

Für uns in Thüringen kam es wie erwartet: Das Regieren mit absoluter Mehrheit gab uns viel Spielraum bei der Umsetzung unseres Programms, aber es sollte sich aus unterschiedlichen

Gründen keineswegs einfacher erweisen als die Führung einer Koalitionsregierung.

Schon am Ende der zweiten Legislaturperiode hatte sich ein Bündnis »Mehr Demokratie in Thüringen« aus Parteien, Vereinen, Verbänden und Gewerkschaften gebildet. Sein Ziel war es, das in der Thüringer Verfassung verankerte Quorum für Volksbegehren und Volksentscheide abzusenken. Die Initiative hatte ein Volksbegehren auf den Weg gebracht, das Ende 2000 die hohe Zulassungshürde mit Leichtigkeit nahm. 362 000 Unterschriften kamen zusammen – vier Prozent mehr als die geforderten 14 Prozent der Wahlberechtigten. Es schien möglich, dass der von den Initiatoren vorgelegte Gesetzentwurf in einem Volksentscheid angenommen werden würde. Die PDS gehörte zu den Initiatoren des Bündnisses, die SPD unterstützte es. Obwohl der Thüringer Verfassungsgerichtshof den Gesetzentwurf für verfassungswidrig erklärte, fühlten sich die Regierung und unsere Fraktion unter Druck gesetzt. Wir mussten fürchten, dass die Opposition die Frage zum Thema des nächsten Landtagswahlkampfes machen würde, also bemühten wir uns um einen Kompromiss. Dieter Althaus führte die Verhandlungen mit der Opposition und erreichte schließlich eine Übereinkunft. Erst nach meinem Ausscheiden im November 2003 verabschiedete der Landtag einstimmig eine Neuregelung der Volksgesetzgebung. Ich war froh, an dieser Entwicklung nicht mehr beteiligt zu sein. Plebiszitäre Elemente passen nicht zur Verfassungsordnung unseres Grundgesetzes. Sie sind meiner Überzeugung nach mit der repräsentativen Demokratie nicht vereinbar. Wie schon einmal bemerkt: Bei

Volksabstimmungen oder Mitgliederbefragungen kann im Nachhinein niemand zur Rechenschaft gezogen werden. Treffen gewählte Repräsentanten falsche Entscheidungen, können sie bei der nächsten Wahl abgewählt werden.

Rechtsextreme in Thüringen

Am 20. April 2000 warfen drei junge Thüringer aus der rechtsradikalen Szene zwei Molotowcocktails auf die neue Synagoge und das angrenzende Büro- und Wohngebäude am Erfurter Juri-Gagarin-Ring. Der Brand konnte rasch gelöscht und die Täter schon nach drei Tagen gestellt und festgenommen werden.

Dass 62 Jahre nach der »Reichskristallnacht« von 1938, nur 20 Kilometer von Buchenwald entfernt, in Erfurt wieder eine Synagoge in Flammen aufgehen sollte, entsetzte und empörte ganz Thüringen. Allein in Weimar versammelten sich spontan 20 000 Bürger, um ihr Entsetzen und ihre Betroffenheit auszudrücken. Auf Antrag der SPD-Fraktion kam es schon am 3. Mai zu einer Sondersitzung des Landtags. Die drei Landtagsfraktionen – CDU, SPD, PDS – verabschiedeten einen Entschließungsantrag, in dem sie gemeinsam ihrer Bestürzung Ausdruck verliehen. In meiner Regierungserklärung zitierte ich Bundespräsident Johannes Rau: »Das Ritual der Betroffenheit reicht nicht aus!« Ich kündigte an, die Landesregierung werde in Zukunft die Universität Jena bitten, in jedem Jahr eine Studie zur politischen Kultur in Thüringen vorzulegen. Schon im November konnte ich dem Landtag den ersten

»Thüringen-Monitor« vorlegen, der von den Jenaer Professoren Klaus Dicke, Karl Schmitt und Michael Edinger erstellt worden war. Das Ergebnis der Studien machte durchaus Mut. Zehn Jahre nach der Wiedervereinigung hatte der demokratische Verfassungsstaat in Thüringen Wurzeln geschlagen. Rechtsradikale Parteien stießen auf breite Ablehnung. Besorgniserregend waren allerdings die ausländerfeindlichen Tendenzen und die schlechten Noten für die politischen Parteien. Sie müssten engeren Kontakt zu den Bürgern suchen. Dringend erforderlich seien Investitionen in die politische Bildung. Auch nach meinem Amtsverzicht wurde an meiner Zusage festgehalten. Bis heute liegen 20 Monitore zur politischen Einstellung der Thüringer Bevölkerung vor. Sie finden nach wie vor große Resonanz. Und der Thüringen-Monitor wurde zum Modell für zahlreiche andere deutsche Länder. In Thüringen und in den anderen jungen Ländern sollten sich die Verhältnisse rasch verändern. Die AfD gewann an Bedeutung und wurde zum Auffangbecken vieler Enttäuschter und Verdrossener.

Die Katastrophe von Erfurt (2002)

Der Terroranschlag auf das World Trade Center und das Pentagon am 11. September 2001, bei dem mehr als 3000 Menschen zu Tode kamen, erschütterte die Welt und auch uns in Thüringen.

Im April 2002 wird Erfurt, wird Thüringen selbst von einem Schicksalsschlag heimgesucht, der die Menschen aufwühlt und sie in Bestürzung und Trauer versetzt. Der 26. April ist ein Freitag. Der Bundesrat tagt, und ich bin in Berlin. Mein Pressesprecher informiert mich: An einer Erfurter Schule seien Schüsse gefallen, etwas später kommt die Nachricht: Es hat eine Schießerei gegeben, ein Polizist ist tot, die Zahl der Toten möglicherweise höher. Viele Schülerinnen und Schüler würden in der Schule als Geiseln festgehalten. Ich eile sofort nach Erfurt. Zum einzigen Mal in meiner Amtszeit fahren wir ab der Landesgrenze mit Blaulicht. Die Informationen während der Fahrt überstürzen sich, sie klingen unglaublich. Die Zahl der Toten wird inzwischen mit über zehn angegeben, Lehrerinnen und Lehrer, eine Schulsekretärin, ein Schüler seien darunter. Es gebe Verletzte, Hunderte von Schülern seien noch in der Schule, im Gutenberg-Gymnasium, eingeschlossen. Die Polizei arbeite sich von Raum zu Raum durch. Ein Täter sei tot aufgefunden worden, nach weiteren Mittätern werde gesucht, ein Terroranschlag sei nicht auszuschließen. Die Stunden im Auto werden für mich zur Qual. Bundespräsident Rau und Bundeskanzler Schröder rufen mich an und bieten Hilfe und Unterstützung an.

Als ich gegen 17 Uhr in Erfurt eintreffe, bietet sich mir ein verwirrendes Bild, das erahnen lässt, welche Katastrophe sich ereignet hat. Hunderte von Menschen, Krankenwagen, Rotes Kreuz, Notärzte, Polizei, Fernsehkameras, Minister, Abgeordnete, Bürgermeister haben sich vor der Schule versammelt. Man hat im nahe gelegenen Bundesarbeitsgericht eine Pressekonferenz angekündigt und erwartet von mir klärende Auskunft. Aber ich kann nur das wenige mitteilen, das ich selbst weiß. Ich fühle eine schreckliche Herausforderung auf mich zukommen und zwinge mich zur Ruhe. Einer muss versuchen, den Überblick zu bewahren. Erst am Abend steht die Zahl der Toten fest: zwölf Lehrerinnen und Lehrer, zwei Schüler, die Schulsekretärin, ein Polizist, der Täter. Der Tathergang bleibt zunächst unklar. Wer ist der Täter? Gibt es weitere Täter? Ist es ein Anschlag mit terroristischem Hintergrund? Der Terroranschlag von New York und Washington liegt erst wenige Wochen zurück. Dass ein einziger Mensch in wenigen Minuten 16 Menschen getötet haben soll, scheint kaum vorstellbar und wird dennoch schließlich zur Gewissheit. Der Täter war ein von der Schule verwiesener Neunzehnjähriger, der mit seinen Eltern und Großeltern in der Nähe der Schule wohnte, einem Schützenverein angehörte und die Tatwaffe legal erworben hatte.

Ich veranlasse noch in der Nacht, dass die Angehörigen der Toten besucht werden und ihnen Unterstützung angeboten wird. Der Tathergang muss rekonstruiert und der Einsatz der Polizei überprüft werden. Hat sie richtig gehandelt, aus Sorge um die Sicherheit zahlreicher Schüler, die sich noch in der Schule befanden, äußerst umsichtig und behutsam vorzugehen, wegen der Suche nach Mittätern Schwerverletzte zunächst unversorgt zu lassen und auch Ärzten den Zugang zur Schule zu verweigern? Am wichtigsten aber ist die Sorge um die Hinterbliebenen, die Sorge um die Schüler, um die Abiturienten, die zum Zeitpunkt der Tat ihre Abiturarbeit geschrieben hatten.

Gedenken am Erfurter Gutenberg-Gymnasium mit dem damaligen Kanzlerkandidaten Edmund Stoiber und der CDU-Vorsitzenden Angela Merkel (29. April 2002).

Ganz Erfurt, ganz Thüringen trauerte. Eine große Stille senkte sich über die Stadt. »Ich habe in dieser Stadt noch nie so viele Menschen auf der Straße gesehen, aber ich habe diese Stadt auch nie so still erlebt«, so der Kommentar eines Journalisten. Die Kirchen waren voller Menschen, der Platz vor der Schule, die Domstufen, der Platz vor dem Rathaus verwandelten sich in ein Blumenmeer, Kerzen brannten in der ganzen Stadt. Das Leben ging weiter, aber alles war anders geworden. Die Kondolenzbücher füllten sich, Tausende von Beileidsbekundungen gingen ein, bald trauerte ganz Deutschland mit uns, die Welt war erschüttert. Es ging um das Leid einer deutschen Stadt, niemand sprach von Ostdeutschland. Eine Woche nach der Tat strömten über 100 000 Menschen auf den Domplatz, einen der größten Plätze Deutschlands. Nahezu alle Repräsentanten des staatlichen Lebens waren gekommen. Alle Redner hatten Mühe, ihrer inneren Bewegungen Herr zu werden. Johannes Rau, der Bundespräsident, fand die richtigen Worte: »Wir sind ratlos […], wir sollten uns eingestehen: Wir verstehen diesen Tod nicht […]. Wie kann ein Mensch so etwas tun? […] Was immer ein Mensch getan hat: Er bleibt ein Mensch.« Und dann der entscheidende Satz: »Wir müssen einander achten, und wir müssen aufeinander achten.« Ich selbst rief dazu auf, die Angehörigen der Toten, die Lehrerinnen und Lehrer, die Schülerinnen und Schüler des Gutenberg-Gymnasiums in ihrem Schmerz nicht allein zu lassen: »Wir wollen einen menschlichen Umgang miteinander, und wir wollen füreinander Verantwortung tragen.«

Was sollte aus der Schule werden? Auf den Freitag der Tat folgte der Montag, der nächste Schultag. Ein Drittel der Lehrer war tot. Hunderte von Kindern und Jugendlichen hatten stundenlang in Lebensgefahr geschwebt. Einige von ihnen waren Zeugen der Ermordung ihrer Lehrerin oder ihres Lehrers geworden. Der Erfurter Oberbürgermeister Manfred Ruge hatte eine ungewöhnliche Idee: Er lud alle Schüler des Gutenberg-Gymnasiums ins Rathaus ein. Alle waren zusammen, und alle wollten zusammenbleiben. Es fand sich ein wenn auch unzureichendes Ausweichquartier, die Bundesrepublik übernahm die Kosten für die ohnehin anstehende Sanierung des alten Schulgebäudes. Zwei Jahre später kehrten Lehrerkollegium und Schüler in das von Grund auf sanierte Gebäude zurück. Die Schulleiterin Christiane Alt, eine außergewöhnlich tapfere, entschlossene und kluge Frau, hatte ihr Ziel erreicht: Die Schule hatte überlebt.

Wie zu erwarten, löste die Untat von Erfurt eine monatelange kontroverse Diskussion in der Öffentlichkeit, im Thüringer Landtag und im Deutschen Bundestag aus. Der Bundeskanzler lud zu einem runden Tisch, die Landesregierung legte im Juni 2002 einen vorläufigen und im April 2004 einen endgültigen Bericht vor. Der Bundestag diskutierte auf meine Bitte hin die Hintergründe des Geschehens. Landes- und Bundesgesetze wurden novelliert. Immer wieder wurde die Schuldfrage gestellt: Was hat die Gesellschaft, was hat der Staat versäumt? Zumal an den Jahrestagen belebte sich die Diskussion. Hilfreiche, aber auch manche beschämend unkundige Bücher wurden publiziert.

Die Katastrophen von Ramstein 1988 und von Erfurt 2002 waren für mich die härtesten Prüfungen meines politischen Lebens. Sie haben mir gezeigt: Politik heißt kämpfen, heißt entscheiden, heißt Position beziehen, Wahlkämpfe führen, Regierung bilden, mit der eigenen Partei und mit der eigenen Fraktion, wenn nötig, mit dem Koalitionspartner zurechtkommen, Gesetze entwerfen, um Mehrheiten streiten. Politik ist in der Tat – wie Max Weber gültig formuliert hat – »ein starkes langsames Bohren von harten Brettern mit Leidenschaft und Augenmaß«. Aber Politik heißt in Extremsituationen mehr. Politische Verantwortung verlangt auch, mit den Menschen trauern zu können, ihnen in anscheinend ausweglosen Situationen einen Weg zu zeigen, wie das Leben weitergehen kann – auch wenn das nur unvollkommen gelingt. Eine ungeheuer schwierige, aber eine menschlich erfüllende Aufgabe.

Der Eklat im Bundesrat

Trotz der Katastrophe von Erfurt: Es musste weiter regiert werden! Da schon frühzeitig abzusehen war, dass das Ziel des Solidarpaktes I, die jungen Länder bis 2004 auf einen mit den alten Ländern vergleichbaren Stand zu bringen, nicht erreicht werden würde, begannen langwierige und schwierige Verhandlungen um einen Solidarpakt II, bei denen mir die Sprecherrolle für die ostdeutschen Länder zufiel. Allein in Thüringen ließen die rückläufigen Steuereinnahmen unseren Schuldenberg von 10,1 auf 14,1 Milliarden Euro ansteigen. Den jungen Ländern sollten für den Abbau teilungsbedingter Sonderlasten im Rahmen des Länderfinanzausgleichs besondere Bundesergänzungszuweisungen zukommen. Die Gesamtverantwortung des Bundes und aller Länder für die teilungsbedingten Lasten musste fortgeschrieben werden, um für die Jahre von 2005 bis 2029 Planungssicherheit zu schaffen. Wir einigten uns schließlich auf Transferleistungen in Höhe von 156 Milliarden Euro.

Die Mitarbeit im Bundesrat, wenn es sein musste, auch im Vermittlungsausschuss war mir von Rheinland-Pfalz bestens vertraut. Wann immer möglich, nahm ich selbst an den Sitzungen teil. Anders als im Bundestag verliefen die Beratungen hier in der Regel nüchtern und sachlich, Beifall war unüblich. Schon am Vorabend wurde der Sitzungsablauf detailliert besprochen. Nur einmal – am 22. März 2002 – kam es zu einem beispiellosen Eklat. Das von der rot-grünen Bundesregierung vorgelegte und vom Bundestag nach heftigen Auseinandersetzungen beschlossene Zuwanderungsgesetz stand zur Abstimmung. Bundesratspräsident Klaus Wowereit wertete das gespaltene Votum Brandenburgs – Ministerpräsident Manfred Stolpe stimmte zu, sein Stellvertreter Jörg Schönbohm votierte ablehnend – als Zustimmung. Ein Tumult brach aus. Roland Koch bat den Bundesratspräsidenten im Namen der unionsgeführten Länder, seine Entscheidung zu korrigieren. Die Sitzung wurde auf meinen Antrag hin unterbrochen, aber mein Wunsch, sich zu vertagen, wurde abgelehnt. Die Ministerpräsidenten der Union verließen den Saal. Roland Koch sprach von einem kaltblütigen Verfassungsbruch, vom bewussten Bruch der Geschäftsordnung und des Grundgesetzes war die Rede. Vor der reichlich versammelten Presse gaben wir – zum Teil in heftigen Worten – unseren Protest zu Protokoll. Bundespräsident Rau fertigte das Gesetz dennoch aus, am 24. Juni 2002 trat es in Kraft. Die Länder Baden-Württemberg, Bayern, Hessen, Sachsen, Thüringen und das Saarland klagten gegen das Gesetz. Das Bundesverfassungsgericht erklärte nach einer mündlichen Verhandlung im Oktober 2002, bei der auch ich unsere Position vertrat, die Stimme Brandenburgs und damit das Zustandekommen des Gesetzes für ungültig.

Dem im Juni 2003 erneut vorgelegten, weitgehend identischen Text verweigerte der Bundesrat wiederum seine Zustimmung. Nach langen und schwierigen Verhandlungen im Vermittlungsausschuss fand eine geänderte Fassung schließlich im Juli 2004 auch unsere Zustimmung und konnte 2005 in Kraft treten.

Der Abschied

Im Wahlkampf 1999 hatte ich versprochen, für die ganze Legislaturperiode als Ministerpräsident zur Verfügung zu stehen, und das auch in den folgenden Jahren immer wieder bekräftigt. Dennoch trieb mich die Frage um, wie sich der spätestens 2004 notwendige Amtswechsel vollziehen und wer mir nachfolgen sollte. Musste ich meinem Nachfolger nicht die Chance geben, als Ministerpräsident in den nächsten Wahlkampf zu ziehen? In Thüringen musste der Übergang glücken, sollten sich die Dresdner Kabalen nicht wiederholen. Dort war es Kurt Biedenkopf im Frühjahr 2002 nicht gelungen, den von ihm heftig kritisierten Georg Milbradt als Nachfolger zu verhindern. Ich wollte Zeitpunkt und Umstände meines Abschieds selbst bestimmen.

Vom ersten Tag meines Dienstes in Thüringen an war mir bewusst gewesen, dass ich als »Wessi« nur eine Übergangslösung sein konnte. Mein Nachfolger musste aus Thüringen kommen. Im Laufe der Jahre hatten sich drei mögliche Kandidaten herauskristallisiert: Andreas Trautvetter, Christian

Köckert und Dieter Althaus. Trautvetter kannte das Land, und das Land kannte ihn. Dass man gelegentlich nicht sicher sein konnte, ob er über Nacht seinen Anzug gewechselt hatte, steigerte seine Popularität zusätzlich. Köckert war intelligent und ein erfreulich kritischer und selbstständiger Kopf. Mit Althaus, dem Eichsfelder Katholiken, fühlte ich mich von Jahr zu Jahr immer enger freundschaftlich verbunden. Nachdem es mir 1999 endlich gelungen war, ihn vom notwendigen Wechsel vom Kultusminister zum Fraktionsvorsitzenden zu überzeugen, und nachdem er 2000 zu meinem Nachfolger als Parteivorsitzender gewählt worden war, erwarteten unsere Partei und die Medien, dass ich Dieter Althaus als meinen Nachfolger in der Staatskanzlei vorschlagen würde.

Ohne Vorankündigung erklärte ich auf den Geraer Parteitag am 24. Mai 2003 meinen Rücktritt als Ministerpräsident und schlug in der Tat Althaus als Nachfolger vor: »Ich gehe jetzt, weil ich der Überzeugung bin, jetzt können meine Freunde es selbst.« Der Parteitag stimmte zu.

Am 5. Juni 2003 gab ich im Landtag meine letzte Regierungserklärung ab und überreichte der Landtagspräsidentin mein Rücktrittsschreiben. Ich zog eine knappe Bilanz meiner Amtszeit, dankte den Kolleginnen und Kollegen im Landtag, meinen Mitstreitern, Mitarbeiterinnen und Mitarbeitern und natürlich den Wählerinnen und Wählern. Thüringen sei wieder selbstbewusst und weltoffen geworden und brauche den Vergleich mit den alten Ländern nicht zu scheuen. Daher sei für mich der Zeitpunkt gekommen, mich als Ministerpräsident zu verabschieden. Ich sei »stolz auf Thüringen«. Der Landtag wählte Dieter Althaus zum Ministerpräsidenten. Der Übergang war geglückt, der erste Abschnitt des Wiederaufbaus des Freistaats ging zu Ende. Es war gelungen, Ruhe in die aufgewühlte See zu bringen, geordnete Verhältnisse im Landtag, in der Regierung und in der Partei herbeizuführen.

Hatte es bei meinem Amtsantritt 1992 auch skeptische Stimmen in der Presse gegeben, so war der Tenor bei meinem Abschied fast durchgehend positiv. So meinte die *Welt*, ich hätte das Maß verkörpert, »das die heimatstolzen und schon zu DDR-Zeiten renitenten Thüringer an West-Import ertrugen: ein Landesvater, der mehr moderieren als dirigieren wollte und der nach und nach zur unumschränkten Autorität wurde«. Und die *Süddeutsche Zeitung* schrieb, nun gehe nach Kurt Biedenkopf in Sachsen und Manfred Stolpe in Brandenburg »der letzte jener großen Landesväter der Nachwende-Jahre, deren Aufgabe vor allem im ideellen Bereich, im Mutmachen lag«. Es sei auch meiner Arbeit zu verdanken gewesen, »dass die Opfer leichter zu ertragen waren – ohne dass die junge Demokratie auf breiter Front in Frage gestellt wurde«. Ob das alles zutreffend ist, müssen andere entscheiden. Gelesen habe ich es natürlich gerne.

Am 22. Mai 2005 ging bei der Landtagswahl in Nordrhein-Westfalen die vermeintliche Herzkammer der SPD verloren. Noch am Wahlabend kündigte Gerhard Schröder die Auflösung des Bundestages und damit Neuwahlen an. Sie fanden am 18. September 2005 statt. Ein heftiger Wahlkampf mit

Angela Merkel als Kanzlerkandidatin endete mit einer großen Überraschung: Die CDU/CSU ging entgegen allen Vorhersagen nur ganz knapp als Siegerin hervor. Gerhard Schröder wurde für seinen mit großer Entschlossenheit geführten Wahlkampf belohnt. Statt einer sicheren Mehrheit für eine CDU/CSU-FDP-Koalition oder sogar einer absoluten Mehrheit für die Unionsparteien lag die Union nur um ein Prozent vor der SPD. Sie brachte es auf 35,2, die Sozialdemokraten auf 34,2 Prozent. In Thüringen lag die SPD mit 29,8 Prozent auf dem ersten Platz, während die CDU mit 25,7 Prozent hinter der PDS (26,1) nur den dritten Platz erreichte. In der abendlichen Elefantenrunde äußerte Gerhard Schröder, er bleibe Kanzler: »Frau Merkel kann es nicht.« Er sollte sich getäuscht haben.

Weder Schwarz-Gelb noch Rot-Grün verfügte über eine Mehrheit im Bundestag. Es blieb nur die Große Koalition. Ein rechnerisch mögliches Dreierbündnis – Union/FDP/Grüne oder SPD/FDP/Grüne – lag damals außerhalb jeder Überlegung. CDU/CSU und SPD mussten sich in das Unvermeidliche schicken. Nach einem harten und mit sich deutlich widersprechenden Programmen geführten Wahlkampf gestalteten sich die Koalitionsverhandlungen schwierig und langwierig. Erst zwei Monate nach der Wahl – am 22. November 2005 – wurde Angela Merkel zum ersten Mal zur Bundeskanzlerin gewählt.

Der für die CDU erfolgreiche Ausgang der Landtagswahlen in Hessen und in Niedersachsen im Februar 2003 hatte eine schwarz-gelbe Mehrheit im Bundesrat und eine knappe

Mehrheit von Union und FDP in der Bundesversammlung zur Folge (611 zu 595). Johannes Rau hatte erklärt, nicht für eine zweite Amtszeit als Bundespräsident antreten zu wollen. Nach meinem Rücktritt und der gelungenen Amtsübergabe in Erfurt und ihrer positiven Kommentierung in der Presse fiel häufig auch mein Name. Es gebe niemanden, so hieß es, der das Amt besser ausfüllen könne. Natürlich war ich darüber erfreut und beschämt zugleich. In einer Emnid-Umfrage vom Mai 2003 – noch vor meinem Amtsverzicht – sprachen sich 23 Prozent der Befragten für Wolfgang Schäuble und 20 Prozent für mich aus. 52 Prozent votierten für eine zweite Amtszeit von Johannes Rau.

Landesparteitag der CDU Thüringen 2003.

Angela Merkel besuchte mich in unserer Berliner Vertretung und bat mich, auf eine Kandidatur zu verzichten. Sie wolle einen Mann ihres Vertrauens gewinnen, ohne ihre Chance als Kanzlerkandidatin zu schmälern. Sie sei mit dem FDP-Vorsitzenden Guido Westerwelle im Gespräch und wolle Horst Köhler, zu der Zeit Geschäftsführer Direktor des Internationalen Währungsfonds in Washington, vorschlagen. Schäuble jedenfalls habe bei der FDP keine Chance. Natürlich folgte ich ihrer Bitte, schon weil ich der Überzeugung war und bin, dass man sich um das Amt des Bundespräsidenten nicht aktiv bewirbt. Gerhard Schröder und die SPD nominierten Gesine Schwan »als Füllkandidatin der gehobenen Klasse«. Am 23. Mai 2004 wählte die Bundesversammlung Horst Köhler – auch mit meiner Stimme – zum Bundespräsidenten. Erstaunt hat mich allerdings, dass mir Köhler, den ich aus seiner Zeit als Chef des Sparkassen- und Giroverbandes kannte und den ich auch in Washington öfter getroffen hatte, bei einer zufälligen Begegnung kurz vor seiner Wahl auf dem Frankfurter Flughafen versicherte, erst wenige Tage zuvor von Angela Merkel angesprochen worden zu sein.

58 Kollegen

Meine lange Amtszeit als Ministerpräsident – insgesamt 23 Jahre, vier Monate und fünf Tage – brachte es mit sich, dass ich 58 Ministerpräsidentenkollegen kommen und gehen sah: 28 während meiner Zeit in Rheinland-Pfalz, 30 während meiner Thüringer Jahre. Bei einigen, wie etwa bei Heinz

Kühn (Nordrhein-Westfalen) und Max Streibl (Bayern) oder bei Wolfgang Böhmer (Sachsen-Anhalt), überschnitten sich unsere Amtszeiten nur kurz. Einige sind mir nicht im Gedächtnis geblieben, zu anderen sollte sich kein persönliches Verhältnis entwickeln, etwa zu Uwe Barschel, Werner Münch, Reinhard Höppner oder auch Hans Filbinger. Mit anderen wiederum wollte ich nichts zu tun haben – mit Oskar Lafontaine zum Beispiel. Mit den meisten aber verband mich eine gute, ersprießliche und kollegiale Zusammenarbeit, so mit Eberhard Diepgen, mit Walter Wallmann, mit Hans Koschnick, mit Berndt Seite, mit Holger Börner, mit Werner Zeyer oder auch mit Kurt Beck, meinem Nach-Nachfolger in Rheinland-Pfalz. Mit Klaus von Dohnanyi kam es zunächst zu einem heftigen Schlagabtausch, als er 1979 in Rheinland-Pfalz gegen mich als Spitzenkandidat der SPD antrat. Später, in seiner Zeit als Hamburger Bürgermeister, entwickelte sich eine fruchtbare Zusammenarbeit – insbesondere in Medienfragen. Ich bewundere bis heute seine Unabhängigkeit und seinen Weitblick und auch seine Sympathie für die Politik von Angela Merkel.

Einige meiner Kollegen sahen in ihrem Amt nur eine Zwischenstation. Ihr Ziel war Bonn. Sie wurden zu Kanzlerkandidaten, wie Franz Josef Strauß, Edmund Stoiber, Rudolf Scharping oder Oskar Lafontaine. Oder zu Bundeskanzlern wie Gerhard Schröder bzw. Bundespräsidenten wie Richard von Weizsäcker, Johannes Rau und Christian Wulff. Auch Lothar Späth setzte vorübergehend zum Sprung nach Bonn an, bis ihn kurz vor dem Bremer Parteitag 1989 der Mut verließ.

Zu einigen entwickelte sich eine enge persönliche Freundschaft, mit keinem mehr als mit Erwin Teufel. Unsere Ansichten über unsere Partei und unsere Bindung zu unserer Kirche stimmen überein. Ich bewundere seine vorbildliche Amtsführung. Er hat wesentlich dazu beigetragen, dass aus dem aus drei südwestdeutschen Ländern zusammengeführten Baden-Württemberg ein deutsches Musterland werden konnte. Leider sollte es auch ihm nicht gelingen, seine Nachfolge rechtzeitig einvernehmlich zu regeln. Auch bei Johannes Rau war unser gemeinsamer christlicher Glaube der eigentliche Grund für unsere frühzeitig entwickelte Freundschaft. Schon als er Wissenschaftsminister in Nordrhein-Westfalen und ich Kultusminister in Rheinland-Pfalz war, sind wir uns begegnet. In meinem Sommerurlaub 1982 erreichte mich ein handgeschriebener Brief von Rau: Ich sollte es als Erster erfahren, er werde sich vom Junggesellendasein verabschieden und in Kürze heiraten. »Versöhnen statt spalten« war sein Lebensmotto und zugleich Anlass für große Enttäuschungen. Als er 1994 das erste Mal zum Bundespräsidenten kandidierte, aber die SPD über keine eigene Mehrheit verfügte, war er der festen Überzeugung, seine persönlichen Freunde aus anderen Parteien würden ihm ihre Stimme geben. Beim Skatspiel in Altenburg am Vorabend der Bundesversammlung versuchte ich vergeblich, ihm seinen Irrtum auszureden. Er verlor beim Skat und bei der Bundespräsidentenwahl. Gemeinsam haben wir 1988 gegen die Berufung von Kardinal Meisner zum Erzbischof von Köln »Erinnerung« erhoben, wie es in der Sprache des Konkordats mit dem Vatikan heißt. Den erbitterten, unversöhnlichen Streit zwischen ihm und Helmut Kohl wollte er über Jahre mit meiner Hilfe beilegen. Vergebens! Auf dem Sterbebett, bei meinem letzten Besuch, musste er einsehen, dass dieser Konflikt erst im Jenseits gelöst werden konnte. Auf dem Dorotheenstädtischen Friedhof in Berlin hat Johannes Rau seine letzte Ruhestätte gefunden. Der Grabstein trägt die Inschrift: »Dieser war auch mit dem Jesus von Nazareth!«

Mit dem hessischen Ministerpräsidenten Roland Koch auf dem Gelände der Gedenkstätte Point Alpha am 19. August 1999.

Auch zu Ernst Albrecht entwickelte sich bald nach seiner überraschenden, nie ganz aufgeklärten Wahl zum niedersächsischen Ministerpräsidenten im Jahr 1976 eine dauerhafte Freundschaft. Um ihm den Start zu erleichtern, wechselten mehrere meiner engsten Mitarbeiter von Mainz nach Hannover. Seine charmante, kluge, liebevolle Frau Heide-Adele war der Mittelpunkt seiner großen Familie. Ich war häufiger Gast seiner Familienfeiern – in Celle, nicht in Hannover – bei denen von ihr verfasste Theaterstücke aufgeführt wurden. Auch an der Hochzeit seines Sohnes mit der Tochter meines Pressesprechers Hans Heiner Boelte nahm ich teil. Im CDU-Präsidium und im Bundesvorstand war der Umgang mit Ernst Albrecht oft schwierig. Er ging häufig eigene, gelegentlich auch eigenwillige Wege. Hartnäckig vertrat er die Interessen Niedersachsens. Den Landesvorsitz seiner Partei übernahm er nicht. Dass Helmut Kohl ihn 1980 als Kanzlerkandidaten vorschlug, sollte sich als geschickter Schachzug erweisen. Er entsprang mehr Kohls taktischem Geschick als seinem tatsächlichen Wunsch. Die Bundestagsfraktion zog die Entscheidung an sich und entschied sich für Franz Josef Strauß. Dieser verlor die Bundestagswahl und für die Zukunft seinen Anspruch auf das Bundeskanzleramt. Mit der Landtagswahl vom 13. Mai 1990 fand Albrechts 14-jährige Amtszeit ihr Ende. Im Wahlkampf hatte er wegen schlechter Umfragewerte angekündigt, bei einem Wahlsieg nach zwei Jahren zurückzutreten. Rita Süssmuth sollte ihm dann nachfolgen. Die Wahl ging verloren, Gerhard Schröder wurde sein Nachfolger.

Roland Koch gehörte zu den begabten »jungen Wilden« der CDU. Nach einem mit großer Härte geführten Wahlkampf, unter anderem mit der Unterschriftenaktion gegen die von der Regierung Schröder geplante Reform des Staatsbürgerschaftsrechts, gelang es ihm 1999, Hans Eichel abzulösen und hessischer Ministerpräsident zu werden – ein Gewinn nicht zuletzt für Thüringen. Jede Begegnung mit Roland Koch war und ist ein Gewinn. Nicht nur, weil er die richtigen Fragen stellt, sondern weil er sie auch zu beantworten weiß. Leider hat er sich viel zu früh aus dem Kreis der Ministerpräsidenten verabschiedet. Bis heute bedaure ich, dass er sich von der Politik ab- und der Wirtschaft zugewandt hat.

Meine Verbindung zu Richard von Weizsäcker begann, als er 1969 zum ersten Mal im Wahlkreis Worms für den Bundestag kandidierte und auf Platz 2 der Landesliste Rheinland-Pfalz in den Bundestag einzog. Er war als Justiziar bei der Firma Boehringer in Ingelheim tätig und als Präsident des Deutschen Evangelischen Kirchentages bekannt geworden. Im Bundestag kandidierte er 1973 für das Amt des Vorsitzenden der CDU/CSU-Bundestagsfraktion, unterlag aber in einer Kampfabstimmung gegen Karl Carstens, der später sein Vorgänger im Amt des Bundespräsidenten werden sollte. Von 1979 bis 1981 war er Vizepräsident des Deutschen Bundestages.

Nachdem er als Spitzenkandidat bei den Wahlen zum Berliner Abgeordnetenhaus 1979 zwar ein hervorragendes Ergebnis erzielt hatte, die SPD/FDP-Koalition aber zunächst fortgesetzt worden war, kandidierte er nach dem Scheitern der Regierung des Regierenden Bürgermeisters Dietrich Stobbe

(SPD) bei der vorgezogenen Neuwahl am 10. Mai 1981 erneut und wurde Regierender Bürgermeister von Westberlin.

Wir unterstützen ihn von Rheinland-Pfalz aus nach Kräften. Als »Notopfer Berlin« wechselte nicht nur er nach Berlin. Auch Hanna-Renate Laurien, die Kultusministerin, und die beiden rheinland-pfälzischen Bundestagsabgeordneten Norbert Blüm und Elmar Pieroth gingen in den Berliner Senat. Schon zweieinhalb Jahre später sollte Richard von Weizsäcker Berlin wieder verlassen. Am 23. Mai 1984 wählte ihn die Bundesversammlung zum Bundespräsidenten der Bundesrepublik Deutschland. Die zunehmenden Meinungsverschiedenheiten zwischen Richard von Weizsäcker und Helmut Kohl sollten unsere Beziehungen zwar gelegentlich belasten, zu keinem Zeitpunkt aber ernsthaft infrage stellen.

Und schließlich mein Bruder. Nur für kurze Zeit gehörten wir gemeinsam demselben Verfassungsorgan an, dem Bundesrat. Zu einem politischen Schlagabtausch kam es auch dort nicht. 1981 nahm Hans-Jochen das Opfer auf sich, nach Berlin zu gehen und in einer für seine Partei sehr schwierigen Situation als Nachfolger des zurückgetretenen Dietrich Stobbe das Amt des Regierenden Bürgermeisters zu übernehmen. Nach fünfmonatiger Amtszeit unterlag er bei den erwähnten vorgezogenen Neuwahlen gegen Richard von Weizsäcker. Auch danach blieb er Berlin treu und vertrat die Stadt von 1983 bis 1994 im Deutschen Bundestag. Sein dortiges Bürgerbüro war für viele Berlinerinnen und Berliner eine hilfreiche, wichtige Anlaufstelle.

Beim Festakt zum 90. Geburtstag von Hans-Jochen Vogel am 4. Februar 2016 in München.

Viel, allzu viel ist in die Tatsache hineininterpretiert worden, dass mein Bruder und ich Repräsentanten unterschiedlicher Parteien waren, bis hin zu Spekulationen des *Spiegel*, meine Entscheidung für die CDU sei die Trotzreaktion eines jüngeren Bruders gewesen, der gegen den dominanten älteren aufbegehrte. Nichts falscher das! Tatsächlich verlief unsere politische Entwicklung völlig unabhängig und war davon geprägt, dass mein Bruder fast sieben Jahre älter war und aufgrund von Kriegsdienst und Kriegsgefangenschaft einen gänzlich anderen Erfahrungshorizont hatte als ich, der ich politisch von den frühen Jahren der Adenauer-Ära geprägt wurde. Wir haben auch keine kontroversen Diskussionen am heimischen Esstisch geführt, weil wir eben seit 1943 kaum noch ein gemeinsames Familienleben hatten. Für meinen Bruder und mich galt aber mit Blick auf den jeweils anderen: Besser in der falschen Partei als in gar keiner!

Kurt Biedenkopf habe ich – wie gesagt – kennengelernt, als Helmut Kohl ihn 1973 zum Generalsekretär der CDU berief. Auf Einladung des Unternehmers Fritz Ries, Biedenkopfs späterem Schwiegervater, traf man sich – Franz Josef Strauß, Helmut Kohl, Richard Stücklen und andere – einmal im Jahr in Ries' Haus in Frankenthal. Mir fiel auf, dass er im Präsidium und im Bundesvorstand der CDU alle Diskussionsbeiträge mitschrieb. Sein hochbetagter Vater interessiere sich für den Wortlaut der Gespräche, so seine Begründung. Aber auch nachdem sein Vater verstorben war, schrieb er weiter mit und galt über viele Jahre als verlässlicher Informant der ihm überwiegend wohlgesinnten Presse. Seine Distanz zu Helmut Kohl wuchs. Meine Versuche, Helmut Kohl Kurt Biedenkopf zu erklären und Kurt Biedenkopf Helmut Kohl zu erklären, blieben erfolglos. Kurt Biedenkopf hat Großes für Sachsen, für die jungen Länder geleistet. Eine einvernehmliche Nachfolgeregelung gelang auch ihm bedauerlicherweise nicht.

Mit der Sozialdemokratin Heide Simonis in Schleswig-Holstein wurde im Mai 1993 kurz nach meinem Amtsantritt in

Thüringen zum ersten Mal eine Frau zur Ministerpräsidentin gewählt. Inzwischen sind Ministerpräsidentinnen keine Seltenheit mehr: Hannelore Kraft in Nordrhein-Westfalen, Christine Lieberknecht in Thüringen, Annegret Kramp-Karrenbauer im Saarland, Malu Dreyer in Rheinland-Pfalz, Manuela Schwesig in Mecklenburg-Vorpommern, Franziska Giffey in Berlin belegen das.

KAPITEL VIII

Thüringen nach 2003

Dieter Althaus sollte mich nicht enttäuschen. Er nutzte das letzte Jahr der 3. Legislaturperiode – sein »Probejahr« – für einen erfolgreichen Start als Thüringer Ministerpräsident. Er erwies sich als gut vorbereitet und gewann, nicht nur in Thüringen, sondern auch bundesweit, rasch an Profil. Es kam ihm zugute, dass im November Thüringen der Vorsitz im Bundesrat zufiel und das Amt des Bundesratspräsidenten ihm zusätzliche Auftritte auf der Berliner Bühne eröffnete. Er stand loyal zu Angela Merkel und wurde von ihr in das Wahlkampfteam für die Bundestagswahl 2005 aufgenommen.

Sein erstes Kabinett (5. Juni 2004 bis 8. Juli 2005) wies nur wenige Veränderungen auf. Die meisten Kabinettsmitglieder blieben auf ihrem Posten. Weil Frank-Michael Pietzsch Althaus im Vorsitz der Landtagsfraktion nachfolgte, kehrte Klaus Zeh als Sozialminister ins Kabinett zurück. Karl Heinz Gasser wechselte vom Justizministerium ins Innenministerium, Harald Schliemann wurde Justizminister. Als Nachfolger von Franz Schuster, der den Wunsch hatte, mit mir auszuscheiden, berief Althaus – zu meinem Erstaunen – den Landtagsabgeordneten Jürgen Reinholz. Hans Kaiser, mein langjähriger Pressesprecher und bisher Bevollmächtigter beim Bund, wurde Minister für Bundes- und Europaangelegenheiten und neuer Chef der Staatskanzlei. Staatssekretär in der Staatskanzlei wurde der Dieter Althaus schon aus seiner Zeit als Kultusminister eng verbundene Gerold Wucherpfennig.

Bei den Landtagswahlen im Herbst 2004 musste die CDU zwar deutliche Verluste hinnehmen (43 Prozent, minus acht Prozent), verteidigte im Landtag aber ihre absolute Mehrheit der Mandate. Die SPD verlor 4,8 Prozent und fiel mit nur noch 14,5 Prozent hinter die PDS, die 4,1 Prozent hinzugewinnen konnte, auf den dritten Platz zurück. FDP und Grüne verpassten erneut den Einzug in den Landtag.

Am 1. Januar 2009 kommt es in der Steiermark zu einem tragischen und folgenschweren Unfall. Dieter Althaus prallt auf einer Skipiste mit einer jungen Slowakin zusammen. Sie stirbt noch auf dem Weg ins Krankenhaus. Dieter Althaus wird mit einem Schädel-Hirn-Trauma in eine Klinik eingeliefert. Er selbst hat an den Unfallverlauf keine Erinnerungen, steht aber zu seiner Verantwortung und wird wenige Wochen später vom Bezirksgericht Leoben wegen fahrlässiger Tötung zu einer Geldstrafe verurteilt, die nicht in sein Führungszeugnis eingetragen wird. Erschütterung macht sich breit. Ich selbst bin tief betroffen und sehr besorgt. Wie soll es weitergehen? Die CDU Thüringen zeigt eine früher nicht gekannte Geschlossenheit. Sie hofft auf die rechtzeitige Rückkehr ihres Spitzenkandidaten und vermeidet jede Diskussion um einen »Plan B«, also einen Ersatzkandidaten oder eine Ersatzkandidatin. Auch die Oppositionsparteien warten die weitere Entwicklung ab.

Unmittelbar nach dem Unfall war ich zuversichtlich und erklärte auch öffentlich, dass Dieter Althaus in seine Ämter zurückkehren werde, sobald er seine vorherige Leistungsfähigkeit wieder erreicht habe, aber Unsicherheit blieb. Bei der Beerdigung seines Vaters in Heiligenstadt, auch bei einem Spaziergang in Konstanz bewegte er sich nur langsamen Schrittes, gebeugt und von den Folgen des Unfalls deutlich gezeichnet. Seinem Bruder schien es fraglich, ob er sich tatsächlich zumuten sollte, ins Amt zurückzukehren. Er sei nicht mehr der Alte. Die Diskussion in der Presse ging weiter. Bei einer Umfrage der *Thüringer Allgemeinen* sprachen sich 57,7 Prozent der Beteiligten dafür aus, dass Althaus erneut antrat, 41,1 Prozent waren dagegen. In einer Forsa-Umfrage befürworteten 59 Prozent seine Rückkehr in die Politik. »Kann das gut gehen?«, fragte Jasper von Altenbockum in der *FAZ*. Eine Rückkehr in die Politik war für Althaus und die CDU ein Wagnis. Ich besuchte ihn zwei Tage vor dem Nominierungsparteitag für die Landtagswahlen in einer Rehaklinik in Allensbach mit der festen Absicht, ihm von einer erneuten Kandidatur abzuraten. Aber er und insbesondere seine Frau ließen keinen Widerspruch aufkommen. Er war fest entschlossen, wieder anzutreten. Schweren Herzens beugte ich mich seinem Entschluss und versprach ihm, ihn zu unterstützen.

Der Parteitag in Waltershausen am 15. März 2009 zur Aufstellung der Bewerber für die Europawahl am 7. Juni, für die Landtagswahl am 30. August und für die Bundestagswahl am 27. September fand ein ungewöhnliches öffentliches Interesse. Ich rief den Delegierten zu: »Dieter Althaus ist wieder da, und Dieter Althaus kehrt zurück.« Birgit Diezel verlas ein Schreiben von ihm aus Allensbach, in dem es hieß: »Ich weiß, dass ich mich auf Euch verlassen kann. Ihr sollt wissen, dass Ihr Euch auf mich verlassen könnt.« Wir bestätigten die mit Dieter Althaus abgestimmte und vom Vorstand beschlossene Liste mit ihm als Spitzenkandidat für die Landtagswahlen.

Ende März kehrt Althaus an seinen Schreibtisch in der Staatskanzlei zurück. »Ist Althaus wieder gesund oder doch noch krank?«, fragte die *Welt am Sonntag* nach seiner ersten, von Journalisten aus ganz Deutschland besuchten und kritisch kommentierten Pressekonferenz. Im Mittelpunkt des heraufziehenden Wahlkampfs standen die herrschende Wirtschaftskrise und die wieder zunehmende Arbeitslosigkeit. Unser Hauptgegner war Bodo Ramelow. »Am Ende wird die Wahl zwischen Althaus und Ramelow entschieden«, so unser damaliger Fraktionsvorsitzender Mike Mohring. Die SPD dagegen konzentrierte sich auf die Person unseres Spitzenkandidaten, auf die Ablösung der Regierung Althaus. Die vor allem in der Presse immer wieder vorgetragene Idee, ich sollte mich im Falle eines Falles für eine Übergangszeit erneut als Spitzenkandidat, als Parteivorsitzender, als Ministerpräsident zur Verfügung stellen, wies ich entschieden zurück. »Ich erkläre hiermit an Eides statt: Ich stehe für Rat, aber für keinerlei Amt zur Verfügung.« Im Wahlkampf unterstützte ich meine Partei nach Kräften und versuchte, Mut zu machen: »Unser Ziel, die absolute Mehrheit zu verteidigen, ist sehr hoch gesteckt, aber erreichbar.«

Der Unfall von Dieter Althaus und die Landtagswahl von 2009 sollten die Rolle der CDU in Thüringen nachhaltig verändern. Der Wahltag wurde für die Partei zum Desaster. Wir verloren 11,8 Prozent und ein Drittel unserer Mandate, blieben aber stärkste Partei. Den hohen Verlusten für die CDU standen erneut Gewinne für die Linken gegenüber, sie blieb zweitstärkste Kraft. Die SPD verlor vier Prozent und fiel weiter zurück. Grüne und FDP kehrten in den Landtag zurück. Zwei Koalitionsmöglichkeiten waren damit grundsätzlich gegeben: CDU/SPD oder Linke/SPD. Den Sozialdemokraten kam die Schlüsselrolle zu. Sie führten zunächst Sondierungsgespräche mit den Linken, die scheiterten, weil Letztere darauf bestanden, den Ministerpräsidenten zu stellen. SPD-Spitzenkandidat Christoph Matschie wollte zwar eine Koalition mit der CDU bilden, aber nicht mit Dieter Althaus als Ministerpräsident. Es ehrt Althaus, dass er die Verantwortung für das Wahlergebnis übernahm, die Koalitionsverhandlungen nicht durch seine Person belasten wollte und als Landesvorsitzender zurücktrat.

Am 7. September 2009, an einem Sonntagabend, verständigten sich Birgit Diezel und Christine Lieberknecht. Christine Lieberknecht sollte die Koalitionsverhandlungen führen und Ministerpräsidentin werden, Birgit Diezel Landtagspräsidentin bleiben. Noch ehe die Parteigremien getagt hatten, sprachen sich zehn CDU-Kreisvorsitzende und zwölf Landräte für diesen Vorschlag aus. Frau Merkel bat mich am frühen Montagmorgen, die Entscheidung zu unterstützen. Obwohl ich Bedenken gegen die sich anbahnende Lösung hatte, weil ich die Weichenstellung nicht allein den beiden Damen überlassen wollte, entsprach ich, wie häufig, aus Loyalität zur Bundesvorsitzenden diesem Wunsch. Schließlich kam es zu schwierigen Koalitionsverhandlungen, in deren Verlauf man der SPD außer Bildung, Soziales und Justiz auch noch das Wirtschaftsministerium zugestand. Am 30. Oktober 2009 wurde Christine Lieberknecht im dritten

Wahlgang zur Ministerpräsidentin gewählt – als erste Frau in den jungen Ländern und als erste CDU-Politikerin bundesweit. Sie übernahm auch den Landesvorsitz der CDU und bildete ein nach dem Verlust der absoluten Mehrheit deutlich verändertes Kabinett. Peter M. Huber, ein Professor aus Bayern, wurde Innenminister, der Direktor des Kieler Landtags, Jürgen Schöning, wurde Chef der Staatskanzlei, Jürgen Reinholz, der Bruder des langjährigen Landrats von Gotha, wurde Minister für Umwelt und Landwirtschaft. Von Anfang wurde die Regierungszeit von Frau Lieberknecht durch ein schädliches Spannungsverhältnis zwischen ihr und dem Fraktionsvorsitzenden der CDU, Mike Mohring, belastet, das schließlich nach 24 Jahren zum Verlust der Regierungsfähigkeit führen sollte.

Bei den Landtagswahlen im September 2014 verlor die CDU zwar an Stimmen, konnte aufgrund einer gesunkenen Wahlbeteiligung aber ihr Ergebnis von 2009 um 2,2 auf 33,5 Prozent verbessern und wurde noch einmal zur stärksten Landtagsfraktion. Die SPD büßte erneut ein Drittel ihrer Stimmen ein (von 18,5 auf 12,4 Prozent) und war die eindeutige Wahlverliererin. Die Linke gewann 0,8 Prozent hinzu und verteidigte ihren zweiten Platz. Die AfD zog zum ersten Mal in den Landtag ein und erreichte auf Anhieb 10,6 Prozent. Ihr Aufstieg begann. Die Grünen konnten sich mit 5,7 Prozent (minus 0,5) behaupten, die FDP verfehlte den Wiedereinzug ins Parlament.

Wieder kam der SPD bei der Regierungsbildung die Schlüsselrolle zu. Sie führte Sondierungsgespräche mit der CDU und der Linken. Auf einem Landesparteitag im Oktober wurde der Erfurter Oberbürgermeister Andreas Bausewein zum neuen SPD-Landesvorsitzenden gewählt, der sich schon fünf Jahre zuvor für eine Koalition mit den Linken eingesetzt hatte. Zugleich beschloss man eine Mitgliederbefragung über die Aufnahme von Koalitionsverhandlungen. Dabei sprachen sich fast 70 Prozent für die Aufnahme von Koalitionsverhandlungen mit dem Ziel einer rot-rot-grünen Landesregierung aus. Am 5. Dezember 2014 wurde der Vorsitzende der Linken, Bodo Ramelow, im zweiten Wahlgang zum Ministerpräsidenten der ersten rot-rot-grünen Landesregierung in Deutschland gewählt. Die Thüringer CDU musste zum ersten Mal auf den harten Bänken der Opposition Platz nehmen.

Bodo Ramelow war mir bei Gesprächen mit dem Deutschen Gewerkschaftsbund das erste Mal begegnet. Ich wusste, dass er aus Westdeutschland stammte, zuvor in Mittelhessen Gewerkschaftssekretär und in Thüringen Landesvorsitzender der Gewerkschaft Handel, Banken Versicherungen (HBV) gewesen war. Auch dass er meistens betont linke Positionen vertrat, war mir aufgefallen. Auf den Gedanken, dass er eines Tages als einer meiner Nachfolger Ministerpräsident werden könnte, bin ich damals nicht gekommen.

Ich begann ihn ernst zu nehmen, als er 1999 in den Landtag gewählt, stellvertretender Fraktionsvorsitzender und bald darauf Fraktionsvorsitzender und Oppositionsführer wurde. 2004 führte er die Landesliste seiner Partei an und gewann in Erfurt ein Direktmandat. Aber schon ein Jahr später kandidierte er für den Bundestag und wurde in Berlin Chefunterhändler der PDS mit dem Auftrag, seine Partei mit der Wahlalternative Soziale Gerechtigkeit (WASG) zu verschmelzen. In seinem Bundestagsbüro beschäftigte er einen früheren Mitarbeiter der Stasi. 2009 führte er als Spitzenkandidat seiner Partei in den Wahlkampf, gewann erneut einen Erfurter Wahlkreis und wurde erneut Fraktionsvorsitzender. Seit 2014 ist er Ministerpräsident.

Die Landtagswahlen vom Oktober 2019 sollten die politische Landschaft Thüringens verändern. Die Linke (plus 2,8 Prozent) und vor allem die AfD (plus 12,8 Prozent) nahmen zu. CDU (minus 11,8 Prozent) und SPD (minus 4,2 Prozent) verloren deutlich. Die Grünen zogen nur knapp wieder in den Landtag ein (minus 0,5 Prozent). Die FDP kehrte – mit 73 Stimmen über der Fünfprozenthürde – in den Landtag zurück. Ein Ergebnis, das es bisher bei Bundes- oder Landtagswahlen in der Bundesrepublik Deutschland noch nicht gegeben hatte: Linke und AfD waren zusammen stärker als die Parteien der demokratischen Mitte: 51 zu 39 Sitze. Die rot-rot-grüne Regierung unter Bodo Ramelow verlor ihre Mehrheit. Die lange sieggewohnte CDU belegte nur noch den dritten Platz. Ramelow erneuerte – als wäre nichts geschehen – seinen Koalitionsvertrag und stellte sich am 5. Februar 2020 im Landtag zur Wiederwahl.

Am Vorabend verständigten sich Vorstand und Landtagsfraktion der Thüringer CDU einvernehmlich darauf, in den ersten beiden Wahlgängen, in denen eine absolute Mehrheit der Mitglieder des Landtags erforderlich war, weder den Kandidaten der Linken noch den Kandidaten der AfD zu wählen, sondern sich der Stimme zu enthalten. Geplant war, im dritten Wahlgang aber, in dem nur noch die Mehrheit der abgegebenen Stimmen notwendig ist, die angekündigte Kandidatur des FDP-Fraktionsvorsitzenden Thomas Kemmerich zu unterstützen – auch wenn nicht auszuschließen war, dass auch AfD-Abgeordnete Kemmerich wählen würden. Aber warum sollte sich die CDU allein wegen dieses Verdachts von der Wahl eines Demokraten abhalten lassen? Eine erneute Stimmenthaltung hätte die Wahl Ramelows zur Folge gehabt. Nicht die Wahl Kemmerichs mit den Stimmen von FDP, CDU und AfD führte zum Tabubruch. Der Tabubruch erfolgte, weil Kemmerich die Wahl zum Ministerpräsidenten mit den Stimmen der AfD annahm. Im ersten Wahlgang entfielen 43 Stimmen auf Bodo Ramelow, 25 Stimmen auf den Kandidaten der AfD, 24 Enthaltungen. Im zweiten Wahlgang: 44 Stimmen Ramelow, 22 Stimmen für den Kandidaten der AfD, 24 Enthaltungen. Im dritten Wahlgang: Kemmerich 45 Stimmen, Ramelow 44 Stimmen.

Ein Sturm bricht los, ein politisches Beben erschüttert nicht nur Thüringen, sondern die ganze Bundesrepublik. Die Große Koalition in Bonn scheint gefährdet. Annegret Kramp-Karrenbauer reist nach Thüringen, die Bundeskanzlerin meldet sich aus Südafrika zu Wort: Das Ergebnis müsse rückgängig gemacht werden. Der Thüringer Bundestagsabgeordnete Christian Hirte tritt von seinem Amt als Beauftragter der Bundesregierung für die neuen Länder zurück. Der FDP-

Bundesvorsitzenden Christian Lindner zwingt Kemmerich zum Rückzug.

Die Thüringer CDU fühlt sich an den Parteitagsbeschluss und an ihr zentrales Wahlkampfversprechen gebunden und wird von der Bundespartei immer wieder deutlich daran erinnert, weder mit der Linken noch mit der AfD eine Koalition einzugehen. Nicht eine vermeintliche Äquidistanz, sondern gänzlich unterschiedliche Gründe bestimmen das Verhalten. Mit der AfD, einer nationalistischen, rückwärtsgewandten, geschichtsvergessenen Partei, kommt ein Bündnis nicht infrage. Aber die Partei der Wiedervereinigung kann auch nicht mit der Nachfolgepartei der SED, die am Sozialismus als Ziel festhält, die leugnet, dass die DDR ein Unrechtsstaat war, in der bis heute ehemalige engagierte Stasi-Mitarbeiter in führenden Funktionen tätig sind, koalieren – schon gar nicht in den jungen Ländern.

Nach der gescheiterten Ministerpräsidentenwahl beginnen Ramelow, aber auch SPD und Grüne umzudenken. Der Fraktionsvorsitzende der Grünen im Thüringer Landtag, Dirk Adams, äußert öffentlich: »In eine Wahl ohne Mehrheit zu gehen, war verwegen, war ein Husarenstück.« Ramelow ist bereit, sich nicht nur auf den Wahlerfolg seiner eigenen Partei zu berufen, sondern auch aus der Abwahl seiner Regierung Konsequenzen zu ziehen und das Gespräch mit der CDU zu suchen.

Aber auch die CDU muss zu Gesprächen bereit sein, will sie nicht an der Unregierbarkeit des Landes mitschuldig werden, sie muss Teil der Lösung und darf nicht Teil des Problems sein.

Es kommt zu mehrfachen tage- und nächtelangen Beratungen. Schließlich einigt man sich auf einen »Stabilitätspakt«, in dem vereinbart wird, im Landtag gemeinsam dringend notwendige Vorhaben ohne die Stimmen der AfD zu beschließen. Unter anderem den Haushalt 2021 zu verabschieden, den Kommunen finanziell zu helfen, den ländlichen Raum zu stärken, Lehrer einzustellen. Und danach Neuwahlen im April 2021 anzustreben.

Bodo Ramelow zum Ministerpräsidenten zu wählen, war die CDU auch jetzt nicht bereit. Durch ihre Enthaltung im dritten Wahlgang wollte sie allerdings nicht verhindern, dass er mit der Mehrheit der abgegebenen Stimmen wieder ins Amt kam. So geschah es am 4. März 2020. Im ersten und im zweiten Wahlgang entfallen auf Ramelow 42 Stimmen, auf Björn Höcke, den Kandidaten der AfD, 22 Stimmen, 21 Enthaltungen. Im dritten Wahlgang tritt Höcke nicht mehr an: 42 Stimmen für Ramelow, 23 Neinstimmen, 20 Enthaltungen. Die FDP nimmt an der Abstimmung nicht teil. Zu den avisierten Neuwahlen kommt es allerdings nicht.

Bodo Ramelow lobt mich bei jeder Gelegenheit. Am 2. Februar 2022 war er der Erste, der mir am frühen Morgen zu meiner Wahl zum Ministerpräsidenten vor 30 Jahren herzlich gratulierte und die Presse darüber informierte. »Was haben Sie gegen Bodo Ramelow, er behandelt Sie doch so freundlich?«, fragen mich viele meiner Freunde. Meine Antwort: »Genau das!« Denn unsere politischen Vorstellungen könnten unterschiedlicher kaum sein.

Wer wissen will, was die PDS wirklich beabsichtigt, kann etwa bei Benjamin-Immanuel Hoff, dem engsten Vertrauten Bodo Ramelows, nachlesen. In seinem Buch *Die Linke. Partei neuen Typs?* (Hamburg 2014) führt er aus, »dass Voraussetzung für eine linke Regierungsbeteiligung eine parlamentarische Mehrheit einerseits sein müsse und der gemeinsame Wille der betreffenden Parteien oder wenigstens Spielräume für DIE LINKE andererseits, tatsächlich spürbare gesellschaftliche Reformprojekte zu initiieren« (S. 41). Hoff zitiert mit Dieter Klein – zu DDR-Zeiten Professor an der Humboldt-Universität und Mitglied der SED-Bezirksleitung Berlin – einen weiteren Vordenker der Linken, für den ein solcher »transformatorische[r] Reformismus« den reformistischen Ansatz »mit den Stärken des revolutionären Ansatzes, mit dem Beharren auf der Konsequenz notwendiger Veränderungen, auf Umwälzung des Kerns der Eigentums-, Verfügungs- und Machtverhältnisse und auf der Öffnung von Reformen für ein Überschreiten der Grenzen des Kapitalismus« verbindet (S. 43).

»Ich will die Bundesrepublik als Ganze verändern«, erklärte denn auch Bodo Ramelow erneut in einem *Spiegel*-Interview im Juni 2022. Und in der Tat, nicht nur seine Partei, sondern er selbst will die Bundesrepublik verändern. Mit seiner Person, nicht mit seiner Partei will er Wahlen gewinnen. Deren Zustand beklagt er bei jeder Gelegenheit, und von ihrer Linie weicht er immer wieder ab, zum Beispiel wenn er sich für Waffenlieferungen an die Ukraine ausspricht. Er weiß, dass ihm die angestrebten Veränderungen nur gelingen können, wenn er dazu die Macht besitzt. Erst die Macht, dann die Veränderung!

Dabei handelt es sich um Veränderungen, die vieles von dem, für das ich mein Leben lang eingetreten bin und mich politisch engagiert habe, grundlegend infrage stellen. Daher meine Zurückhaltung gegenüber Bodo Ramelow und daher meine Überzeugung und mein Plädoyer, dass eine Zusammenarbeit mit seiner Partei für die Union nicht infrage kommt.

SCHLUSS

Ist die Wiedervereinigung gelungen?

Der 9. November 1989 und der 3. Oktober 1990 sollten für uns Deutsche zu den glücklichsten Tagen unserer Geschichte werden. Die Begeisterung und die Freude kannten keine Grenzen. In der DDR nicht, in der Bundesrepublik nicht. Der 17. Juni 1953 sollte sich nicht wiederholen. Das Aufbegehren der Bevölkerung wurde nicht mit militärischer Gewalt unterdrückt, Michail Gorbatschow ließ seine Truppen in den Kasernen. Aus dem Ruf der Demonstranten in Leipzig »Wir sind das Volk« wurde der gemeinsame Ruf »Wir sind ein Volk«.

Die Wiedervereinigung kam über Nacht, niemand hatte einen Plan. Anders als in Westdeutschland nach 1945, als das Ende der Weimarer Republik nur zwölf Jahre zurücklag, gab es in Ostdeutschland 1989 niemanden, der auf die Aufgaben in einer Regierung, in einem Parlament, in einem Landkreis oder in einer Stadt vorbereitet gewesen wäre. Viele haben aus dem Stand heraus Ungewöhnliches geleistet. Ihnen sollte man ein Denkmal setzen.

Bald sollte sich zeigen, dass der Weg zur deutschen Einheit mit dem 3. Oktober 1990 nicht an sein Ende kam, sondern dass er an diesem Tag eigentlich erst begann. Es sollte sich zeigen, dass es großer Anstrengungen bedurfte, die jahrzehntelange Trennung zu überwinden, dass eine lange, trockene Ebene mühsam durchschritten werden musste.

Wir alle – die Parteien, die Regierungen der Länder, auch die Bundesregierung, auch Helmut Kohl, der Kanzler der Einheit, auch die Medien – mussten erkennen, was es bedeutete, dass die Deutschen in Ost und West 45 Jahre in verschiedenen Welten gelebt hatten.

Heute – mehr als 30 später – lässt sich mit Fug und Recht sagen: Die Wiedervereinigung ist uns alles in allem gelungen. Es ist uns gelungen, den Auftrag der Präambel des Grundgesetzes zu erfüllen: »Das gesamte deutsche Volk bleibt aufgerufen, in freier Selbstbestimmung die Einheit und Freiheit Deutschlands zu vollenden.« So hatte es der Parlamentarische Rat im Mai 1949 festgestellt und im Artikel 146 hinzugefügt: »Dieses Grundgesetz verliert seine Gültigkeit an dem Tag, an dem eine Verfassung in Kraft tritt, die von dem deutschen Volk in freier Entscheidung beschlossen worden ist.«

Es war dennoch richtig, die Wiedervereinigung nach Artikel 23 des Grundgesetzes durch den Beitritt der wiedererstandenen Länder der DDR zum Geltungsbereich des Grundgesetzes zu vollziehen. Es war richtig, die Gunst der Stunde zu nutzen. Man denke an den Putsch konservativer Kräfte in der Sowjetunion gegen Michail Gorbatschow Ende August 1990, an die bald beginnenden bürgerkriegsähnlichen Zusammenstöße im Baltikum, die wachsenden Spannungen in Jugoslawien, die in einen entsetzlichen Bürgerkrieg münden sollten, oder die im Januar 1991 erfolgende irakische Invasion Kuwaits, die den ersten Golfkrieg auslöste. Man darf bezweifeln, ob angesichts dieser internationalen Entwicklungen der Abschluss der Abkommen, die der deutschen Vereinigung vorausgehen mussten, noch zustande gekommen wären. Die bis heute immer wieder vernehmbare Kritik am angeblich zu hektischen Tempo des Einigungsprozesses halte ich für völlig verfehlt. Es war richtig, die historische Chance zu nutzen und die Einheit Deutschlands schnell zu vollenden.

Aus den Bezirken der DDR sind wieder eigenständige und selbstbewusste Länder geworden. Im Zuge des Einigungsvertrages wurde die Präambel des Grundgesetzes der Verfassungslage angepasst: »Die Deutschen [...] haben in freier Selbstbestimmung die Einheit und Freiheit Deutschlands vollendet.« 1992 wurde der »Vereinigungsartikel« – Artikel 23 – zum »Europaartikel«: »Zur Verwirklichung eines vereinten Europas wirkt die Bundesrepublik Deutschland bei der Entscheidung der Europäischen Union mit [...].«

Es ist uns gelungen, viele Schäden, die der sozialistische Unrechtsstaat hinterlassen hat, aufzuarbeiten. Viele Unterschiede zwischen Ost und West sind überwunden. Nicht zuletzt dank der zu Unrecht viel gescholtenen Treuhand ist es gelungen, eine Deindustrialisierung Ostdeutschlands zu verhindern. Natürlich hat der Umbau der sozialistischen Planwirtschaft zur Sozialen Marktwirtschaft, hat die Herstellung internationaler Wettbewerbsfähigkeit der ostdeutschen Betriebe Opfer gekostet. Viele Menschen wurden arbeitslos, viele verließen Ostdeutschland. Inzwischen gibt es wieder einen leistungsfähigen und hoch qualifizierten Mittelstand, und neue Chancen für größere Investoren kündigen sich an. So wird in Magdeburg eine Chipfabrik mit 10 000 Arbeitsplätzen entstehen. Die Attraktivität Erfurts als Bahnknotenpunkt weckt die Aufmerksamkeit überregionaler Investoren.

Der Aufbau einer leistungsfähigen Verwaltung, eines gegliederten Rechtssystem, der Umbau des Bildungswesens, der Ausbau der Verkehrsinfrastruktur sind bewältigt.

Die meisten Menschen in der DDR hatten die Hoffnung auf die Wiedervereinigung nie aufgegeben. Natürlich nahmen sie Anteil an der Entwicklung der Bundesrepublik. Die »Tagesthemen« und »heute« vermittelten – außer im »Tal der Ahnungslosen« in Teilen Sachsens, wo kein Westfernsehen zu empfangen war – ihnen ein lebendiges, wenn auch nicht immer vollständiges und keineswegs immer korrektes Bild vom Leben im Westen. In der Bundesrepublik dagegen wusste man wenig von der Lebenssituation in der DDR. Wer wollte, konnte allabendlich die »Aktuelle Kamera«, die Nachrichtensendung des DDR-Fernsehens, sehen. Aber was hätte er dort erfahren?

Das Interesse an der DDR nahm in der Bundesrepublik von Jahr zu Jahr ab. Immer weniger Bürger hofften hier auf die Wiedervereinigung oder hielten sie auch nur für möglich. Noch am 10. November 1989, einen Tag nach dem Mauerfall, meinte Walter Momper, der Regierende Bürgermeister von Berlin, auf einer Kundgebung vor dem Schöneberger Rathaus sinngemäß: »Wiedersehen ja – Wiedervereinigung nein.« Nur die Union gab die Hoffnung nicht auf. Auch ich selbst war mir sicher, dass es eines Tages – vielleicht nach einer langen Übergangszeit – zur Wiedervereinigung kommen werde. Ob ich selbst sie noch erleben würde, schien mir allerdings zunehmend zweifelhaft. So hatte ich im November 1985 im Rahmen einer Fernsehdiskussion mit Studenten und Professoren der Pekinger Beida-Universität erklärt, wir hielten am Ziel der deutschen Einheit fest, und hinzugefügt: »Wir haben zwar keine Illusionen, und die Wiederherstellung der Einheit mag jenseits der Jahrhundertgrenze liegen.«

Auch nach der Wiedervereinigung hielt sich das Interesse des Westens am Osten in Grenzen. Man fuhr nach Italien, Spanien oder in die Türkei in den Urlaub. Wer reiste schon an die Ostsee oder in den Thüringer Wald? Deutschland war größer geworden. Auf dem Gebiet der ehemaligen DDR musste sich vieles ändern. Aber auch im Westen konnte nicht alles beim Alten bleiben. Die Ostdeutschen hatten es über Jahrzehnte schwerer als die Westdeutschen. Sie mussten härter arbeiten und konnten sich weniger leisten. Dass ihre Leistung im Westen oft nicht anerkannt wurde, hat mit dazu beigetragen, dass sie sich vielfach nicht als gleichberechtigt akzeptiert fühlten. Viele fühlen sich auch heute noch als Bürger zweiter Klasse.

Die jahrzehntelange Zugehörigkeit zu den Warschauer-Pakt-Staaten und 40 Jahre sozialistischer Unrechtsstaat haben bis heute Spuren hinterlassen, auch wenn die Härten des Umbruchs in den jungen Ländern Deutschlands weniger stark ausfielen als in den anderen Ländern des untergegangenen Ostblocks. In aktuellen Umfragen weisen die Beurteilung des von Putins begonnenen Angriffskrieges gegen die Ukraine und das Ansehen Russlands deutliche Unterschiede auf. Im »Großen Vaterländischen Krieg«, wie der Zweite Weltkrieg bis heute in Russland genannt wird, hat die sowjetische Armee große Teile Ostdeutschlands und Berlin erobert. Dass ohne den Beitrag der USA und ihre massive materielle Unterstützung auch für die Sowjetunion Hitler den Zweiten Weltkrieg nicht verloren hätte, war jahrzehntelang in den Schulbüchern nicht zu lesen. Man musste in der Schule Russisch lernen, nicht Englisch. Wer konnte, besuchte das russische Brudervolk oder machte

Urlaub in anderen osteuropäischen Ländern. Reisen in den Westen waren oft nur nach Erreichen der, wie es umgangssprachlich in der DDR hieß, »Grenzmündigkeit« möglich, das heißt im Rentenalter.

Nicht alle erlittenen Schäden konnten bisher behoben werden. Die privaten Vermögensverhältnisse zum Beispiel werden noch für längere Zeit sehr unterschiedlich bleiben. Nach 33 Jahren füllen Bücher über den Osten die Bestsellerlisten. Die Ergebnisse von Landtags- und Bundestagswahlen sind in Ost und West unterschiedlich. Die CDU erreicht in keinem der jungen Länder mehr absolute Mehrheiten, die SPD bleibt auch in ihren traditionellen Hochburgen – in Thüringen und Sachsen – weit hinter früheren Erfolgen zurück. Bündnis 90/ Die Grünen und die FDP überwinden häufig nur mit Mühe die Fünfprozenthürde. Die Linke hat – seit sie an mehreren Regierungen beteiligt ist oder wie in Thüringen sogar den Ministerpräsidenten stellt – den Charakter einer Protestpartei weitgehend verloren. Die AfD dagegen ist zum Auffangbecken für Verdrossene geworden. Ein Großteil ihrer Wähler speist sich aus Unzufriedenen und Enttäuschten. Die Gründe für den Erfolg eines AfD-Bewerbers bei der Wahl des Landrats im Landkreis Sonneberg im Juni 2023 muss man in Berlin suchen und nicht in Thüringen!

Auch nach 30 Jahren sollten wir stolz darauf sein und uns darüber freuen, dass uns die Wiedervereinigung gelungen ist. Was wenige für möglich gehalten haben, hat uns die Bewunderung der ganzen Welt eingebracht: Durch eine friedliche Revolution, bei der kein Tropfen Blut vergossen wurde, haben die Bürger der DDR eine Diktatur zum Einsturz gebracht und die Voraussetzung für die Wiedervereinigung unseres Vaterlandes geschaffen. Ein Volk, das zu solchen Leistungen fähig ist, besitzt die Kraft, die vor uns liegenden Probleme zu lösen und die Zukunft zu meistern. Wir sollten den heute Verantwortlichen Mut machen. Mit langem Atem, mit Entschlossenheit und mit Einsatzbereitschaft sind auch die Probleme, vor denen Deutschland und Europa heute stehen, zu bewältigen.

Dank

Ohne die Hilfe des Archivs für christlich-demokratische Politik der Konrad-Adenauer-Stiftung und ohne den hilfreichen Zuspruch seines Leiters Dr. Michael Borchard hätte dieser Text nicht entstehen können. Besonderer Dank für die Unterstützung bei der Abfassung dieses Buches gilt der aufmerksamen und kritischen Begleitung durch Dr. Christopher Beckmann. Nicht zuletzt durch sein Buch *Klares Ziel und langer Atem. Bernhard Vogel – Brückenbauer zwischen Ost und West* hat er wertvolle Vorarbeit geleistet. Ebenso danken möchte ich Dr. Patrick Oelze für die Aufnahme des Manuskripts in den Verlag Herder und das Lektorat sowie bei Frau Marie-Lisa Noltenius und Frau Anna Kim für die Unterstützung bei der Beschaffung der Bilder.

Anhang

Nachweise wörtlicher Zitate

S. 17: Bruno W. Reimann: Prof. Dr. Hermann Vogel (1895–1974) – vom Nationalsozialisten zum Aussteiger aus der SS. Biebertal 2014.

S. 100: Briefwechsel der polnischen und deutschen Bischöfe in: Dokumente der Deutschen Bischofskonferenz. Bd. 1. Hg. v. Sekretariat der Dt. Bischofskonferenz. Köln 1998, S. 1–37.

S. 103: *Spiegel* vom 1. September 1968 (»Mancher wird die Kirche jetzt verlassen«).

S. 104: *FAZ* vom 9. September 1968 (»Schroffere Fronten im Katholizismus«).

S. 105: Mitten in dieser Welt. 82. Katholikentag vom 4. September bis 8. September 1968 in Essen. Paderborn 1968, S. 154–156.

S. 110: Statut abrufbar unter: 22_Statut_und_GO.pdf (dbk.de), Abruf: 7. Februar 2024.

S. 112: Wilhelm Damberg: Die Gemeinsame Synode der Bistümer in der Bundesrepublik Deutschland (1971–1975). Eine historische Betrachtung, in: Pastoraltheologische Informationen 31 (2011), S. 7–23 hier 20.

S. 116: Für das Leben der Welt. 84. Katholikentag vom 11. September bis 15. September 1974 in Mönchengladbach. Paderborn 1974, S. 857–859 (Kühn), 865–869 (Vogel).

S. 121: Arkadiusz Stempin: Das Maximilian-Kolbe-Werk. Wegbereiter der deutsch-polnischen Aussöhnung 1960–1989 (Kommission für Zeitgeschichte. Reihe B: Forschungen 7). Paderborn u. a. 2006, S. 331.

S. 125: *Welt* vom 30. Juni 1972 (»Bernhard Vogel: Verständnis für Entscheidung des Vatikans«).

S. 126: Zit. nach Roland Cerny-Werner: Vatikanische Ostpolitik und die DDR. Göttingen 2011, S. 223f.

S. 127f.: *Deutsche Tagespost* vom 17. April 1973 (»Vatikan vor einseitigem Handeln bewahrt«); *Welt* vom 24. April 1973 (»Vogel warnt Vatikan vor Nuntiatur in Ost-Berlin«).

S. 163: Landtag Rheinland-Pfalz, Plenarprotokoll 9/38 vom 12. Juni 1981, S. 2056.

S. 180: BStU Archiv der Zentralstelle MfS HA II/6 Nr. 442, Bl. 11f.

S. 182.: Helmut Kohl: Erinnerungen 1982–1990. München 2005, S. 464f.

S. 183f.: Niederschrift des Gesprächs bei Heinrich Potthoff: Die Koalition der Vernunft. Deutschlandpolitik in den 80er Jahren. München 1995, S. 460–470.

S. 185: »Deutschlandpolitik aus Sicht eines Ministerpräsidenten«. Kommentarübersicht BPA vom 27. April 1984; Bernhard Vogel/Hans-Jochen Vogel: Deutschland aus der Vogelperspektive. Eine kleine Geschichte der Bundesrepublik. Durchges. u. erw. Neuausg. Freiburg i. Br. 2020, S. 194.

S. 187: Wortlaut der Rede bei Wolfgang Wiedemeyer (Hg.): Bernhard Vogel. Reden und Taten in drei Jahrzehnten. Bonn 1997, S. 94–102.

S: 188: Handschriftliche Notiz vom 13. September 1987.

S. 189: Rede vor dem Parteiausschuss der CDU Saar am 6. Juni 1988, ACDP 01-451-A513.

S. 199: *Spiegel* vom 1. Oktober 1979 (»Gefährlicher als Kernenergie«).

S. 212f.: Karl Martin Graß: Politischer Stil als Erscheinungsform einer Kultur der Politik. Die Darbietung politischen Handelns am Beispiel rheinland-pfälzischer Ministerpräsidenten. In: Ulrich Sarcinelli u. a (Hg.): Politische Kultur in Rheinland-Pfalz. München 2000, S. 430.

S. 215: Anne Martin: Dr. Bernhard Vogel, in: Hannes Ziegler (Hg.): Politiker in Rheinland-Pfalz. Unsere Ministerpräsidenten. Annweiler 2003, S. 71-86, hier 86.

S. 216: *die tageszeitung* vom 14. November 1988 (»Palastrevolution in der CDU«).

S. 223f.: Vorstandssitzung KAS 22. Juni 1989, ACDP 12-001-0104/1; Die Welt vom 13. Juli 1989 (»Adenauer-Stiftung richtet Blick gen Osten«).

S. 224: Generalsekretariat des Zentralkomitees der deutschen Katholiken (Hg.): Für Freiheit, Gerechtigkeit und Frieden in Europa. Erklärung deutscher und polnischer Katholiken zum 1. September 1989. Bonn 1989.

S. 229f.: Typoskript der Rede ACDP 01-451-K086.

S. 230: »Politische Bildung und Deutschlandpolitik«. Vortrag vor dem Kuratorium »Unteilbares Deutschland«, 3. Juni 1989, ACDP 01-451-K092.

S: 234: »Die Aufgaben der KAS im Zeichen der deutschen Einheit«, Mitarbeiterkonferenz Windhuk, 28. Januar 1991, ACDP 01-451-K097.

S. 244f.: Beiträge in: KAS (Hg.): 50 Jahre Konrad-Adenauer-Stiftung. Sankt Augustin/ Berlin 2006.

S: 248: 70 Jahre Friedrich-Ebert-Stiftung. Jubiläumsveranstaltung und Eröffnung der Konferenz »Hoffnung für das südliche Afrika – von der Konfrontation zum Dialog und zur friedlichen Entwicklung«. Bonn 1995.

S. 272: Regierungserklärung Thüringer Landtag 1. Wahlperiode, 45. Sitzung, 26. Februar 1992; Aussprache 46. Sitzung, 28. Februar 1992.

S: 280: Thüringer Allgemeine Zeitung, 24. Januar 1993.

S. 283: Kurt H. Biedenkopf: Ein neues Land entsteht. Aus meinem Tagebuch November 1990 – August 1992. München 2015, S. 255, 350.

S. 289: Kurt H. Biedenkopf: Ringen um die innere Einheit. Aus meinem Tagebuch August 1992 – September 1994. München 2015, S. 148 f.

S. 218: Thüringer Landtag 1. Wahlperiode, 76. Sitzung, 18. März 1993.

S. 301: Wortlaut der Rede in *Reutlinger Generalanzeiger* vom 5. Juni 2009.

S. 303: Brief in Privatarchiv Vogel.

S. 319: *Spiegel Spezial* 1/1994.

S. 321: Es gibt keine Alternative. Landtagswahlprogramm der CDU Thüringen 1994.

S. 322f.: Landtagswahlprogramm der SPD Thüringen. Beschlossen auf dem Parteitag in Gera 26./27.2.1994.

S. 334: Rede in: ACDP 3-051-025.

S. 335: Thüringer Landtag 2. Wahlperiode, 101. Sitzung, 15. Juli 1999.

S. 352: ACDP 03-051-

S. 360: Wortlaut Rede Rau: Der Bundespräsident – Reden und Interviews – Rede von Bundespräsident Johannes Rau zum Gedenken an die Opfer des Mordanschlages vor dem Dom zu Erfurt (bundespraesident.de), Abruf 7. Februar 2024; Rede Vogel in: *Kölner Stadtanzeiger* vom 3. Mai 2002.

S. 366: *Die Welt* vom 26. Mai 2003 (»Stabwechsel: Bernhard Vogel übergibt an Dieter Althaus«); *Süddeutsche Zeitung* vom 6. Juni 2003 (»Der letzte Mutmacher«).

S. 383: Handschriftliche Notiz des Verfassers.

S. 390: *Süddeutsche Zeitung* vom 15. Februar 2020 (»Grünen-Fraktionschef: Wahl ohne Eigenmehrheit ›Husarenstück‹«).

S. 400: Reinhard Appel: Mit Bernhard Vogel in Peking. In: Peter Haungs u. a. (Hg.): CIVITAS. Widmungen für Bernhard Vogel zum 60. Geburtstag (Studien zur Politik 19). Paderborn 1992, S. 41–46, hier 44.

Abbildungsnachweis

1. Seite 20: 20-031-0253_Privatarchiv_BVogel
2. Seite 30: © NS-Dokumentationszentrum Koeln
3. Seite 41 oben: © ullstein bild - Tita Binz
4. Seite 41 unten: © Ernst Herb / KNA
5. Seite 42: © Universitätsarchiv Heidelberg
6. Seite 61: ACDP, 03-026-1561
7. Seite 70: © picture-alliance / dpa | dpa
8. Seite 95: Agentur Sven Simon
9. Seite 106: © picture-alliance / dpa | Hans Bertram
10. Seite 122: Sondermarke der Deutschen Post 2023 | Gestaltung: Serge Rompza, NODE Berlin Oslo
11. Seite 134: © picture-alliance / dpa | Roland Witschel
12. Seite 142: © picture-alliance / dpa | -
13. Seite 154: © picture alliance / dpa | Heinrich Sanden
14. Seite 159: © picture alliance / Roland Witschel | Roland Witschel
15. Seite 171: © picture-alliance / dpa | dpa
16. Seite 179: © Bundesbehörde für die Stasi-Unterlagen (BStU)
17. Seite 186: © picture-alliance / dpa | dpa
18. Seite 188: 20-031-0052-76146-1_Bundesbildstelle
19. Seite 221: 20-031-0080_dpa
20. Seite 237: KAS - Maik Schuck
21. Seite 240: KAS - Harald Odehnal
22. Seite 246: © picture alliance / REUTERS | FABRIZIO BENSCH
23. Seite 247: KAS - Harald Odehnal
24. Seite 257: © picture-alliance / dpa | Bauer
25. Seite 262: © picture-alliance / ZB | Martin Schutt
26. Seite 269: © picture-alliance / ZB | Heinz Hirndorf
27. Seite 275: © picture-alliance / ZB | Ralf Hirschberger
28. Seite 283: © picture-alliance/ ZB | Bernd Settnik
29. Seite 310: © picture-alliance / ZB | Ralf Hirschberger
30. Seite 311: © picture-alliance / ZB | Martin Schutt
31. Seite 340: © picture-alliance / ZB | Ralf Hirschberger
32. Seite 359: © picture-alliance / ZB | Peter Endig
33. Seite 368: © picture-alliance / ZB | Martin Schutt
34. Seite 372: © picture-alliance / ZB | Ralf Hirschberger
35. Seite 376: © picture alliance / Sven Simon | Oryk HAIST / SVEN SIMON

Lebenslauf Bernhard Vogel

- 19.12.1932 geboren in Göttingen
- Volksschule in Gießen; humanistisches Gymnasium in Gießen und München
- 1953 Abitur in München
- Studium der Politischen Wissenschaft, Geschichte, Soziologie und Volkswirtschaft in Heidelberg und München
- 1960 Promotion zum Dr. phil. mit einer Arbeit zum Thema »Die Unabhängigen in den Kommunalwahlen westdeutscher Länder« bei Dolf Sternberger
- 1960–1964 Wissenschaftlicher Assistent am Institut für Politische Wissenschaft an der Universität Heidelberg
- 1961–1967 Lehrbeauftragter am Institut für Politische Wissenschaft der Universität Heidelberg, gleichzeitig Arbeit in der Erwachsenenbildung
- 1967–1976 Kultusminister von Rheinland-Pfalz
- 1972–1976 Präsident des Zentralkomitees der deutschen Katholiken (ZdK)
- 1976–1988 Ministerpräsident von Rheinland-Pfalz
- 1981/82 und 1996/97 Vorsitzender der Ministerpräsidentenkonferenz
- 1976/77 und 1987/88 Präsident des Bundesrates
- 1976–1988 Vorsitzender der Rundfunkkommission der Ministerpräsidenten
- 1979–1982 Bevollmächtigter der Bundesrepublik Deutschland für kulturelle Angelegenheiten im Rahmen des Vertrages über die deutsch-französische Zusammenarbeit
- seit 1979 Vorsitzender, 1992–2007 stellvertretender Vorsitzender des Verwaltungsrates des Zweiten Deutschen Fernsehens
- 1989–1995 Vorsitzender der Konrad-Adenauer-Stiftung
- 1992–2003 Ministerpräsident von Thüringen
- 2001–2009 Vorsitzender der Konrad-Adenauer-Stiftung
- seit 2010 Ehrenvorsitzender der Konrad-Adenauer-Stiftung

Parlamentstätigkeit

- 1963–1965 Mitglied des Heidelberger Stadtrates
- 1965–1967 Bundestagsabgeordneter für den Wahlkreis Neustadt/Speyer
- 1971–1988 Mitglied des Landtags von Rheinland-Pfalz
- 1994–2004 Mitglied des Thüringer Landtags

Parteiämter

- 1965–1967 Beisitzer im Bezirksvorstand der CDU Pfalz
- 1967–1975 Vorsitzender des Bezirksverbandes der CDU Pfalz (1967–1969) bzw. Rheinhessen-Pfalz (1969–1975)
- 1974–1988 Landesvorsitzender der CDU Rheinland-Pfalz
- 1975–2006 Mitglied des Bundesvorstandes der CDU Deutschlands
- 1985–2002 Vizepräsident der Europäischen Demokratischen Union (EDU)
- 1993–2000 Landesvorsitzender der CDU Thüringens, seit 2004 Ehrenvorsitzender

Literatur über Bernhard Vogel

Peter Haungs (Hrsg.), Civitas. Widmungen für Bernhard Vogel zum 60. Geburtstag (Studien zur Politik, Bd. 19), Paderborn 1992.

Wolfgang Wiedemeyer (Hrsg.), Bernhard Vogel. Reden und Taten in drei Jahrzehnten, Bonn 1997.

Ulrich Frank-Planitz (Hrsg.), Bernhard Vogel. Zwischen Aussaat und Ernte. Reden im wiedervereinten Deutschland, Stuttgart 1998.

Michael Borchard/Uwe Spindeldreier (Hrsg.), Bernhard Vogel. Sorge tragen für die Zukunft. Reden 1998–2002, Berlin 2002.

Bettina Deuter, Mit Herz, Humor und Verstand – Bernhard Vogel: eine Karriere in Bildern, Gudensberg-Gleichen 2003.

Günter Buchstab (Hrsg.), Vita activa – vita contemplativa. Politik denken und gestalten. Bernhard Vogel zum 70. Geburtstag, Düsseldorf.

Dieter Althaus (Hrsg.), Mut – Hoffnung – Zuversicht. Festschrift für Bernhard Vogel zum 75. Geburtstag, Paderborn 2007.

Hans-Gert Pöttering (Hrsg.), Politik ist Dienst. Festschrift für Bernhard Vogel zum 80. Geburtstag, Wien, Köln, Weimar 2012.

Christopher Beckmann: Hypertrophie und Banalität. Bernhard Vogel im Blickfeld des Ministeriums für Staatssicherheit der DDR, in: Historisch-Politische Mitteilungen 21 (2014), S. 391–408.

Christopher Beckmann: Klares Ziel und langer Atem. Bernhard Vogel – Brückenbauer zwischen Ost und West, Freiburg i. Br., Basel, Wien 2017.

Roland Koch: Lehrmeister mit innerem Kompass. Zum 85. Geburtstag von Bernhard Vogel, in: Politische Meinung 547 (2017), S. 115–118.

Christopher Beckmann: Toleranz und Grundsatztreue. Bernhard Vogel zum 90. Geburtstag, in: Politische Meinung 577 (2022), S. 113–120.

Publikationen Bernhard Vogels (Auswahl)

Die Unabhängigen in den Kommunalwahlen westdeutscher Länder, o. O., Heidelberg 1960 (Diss. phil.).

Wahlen und Wahlsysteme (Freiheit und Ordnung, H. 19), Mannheim 1962.

Mit Peter Haungs (Hrsg.), Wahlkampf und Wählertradition. Eine Studie zur Bundestagswahl von 1961 (Politische Forschungen, Bd. 7), Köln, Opladen 1965.

Unbehagen an der Bundesrepublik. Kritische Bemerkungen zu Karl Jaspers: Wohin treibt die Bundesrepublik?, in: Civitas Jg. 5/1966, S. 231–247.

Mit Dieter Nohlen und Rainer-Olaf Schultze, Wahlen in Deutschland. Theorie, Geschichte, Dokumente. 1848–1970, Berlin, New York 1971.

Wege in die Medienlandschaft der 80er Jahre, in: Markus Schöneberger/Dieter Weirich (Hrsg.), Kabel zwischen Kunst und Konsum. Plädoyer für eine kulturelle Medienpolitik, Offenbach 1985, S. 49–65.

Gibt es eine Außenpolitik der Länder? in: Hans Maier (Hrsg.), Politik, Philosophie, Praxis. Festschrift für Wilhelm Hennis zum 65. Geburtstag, Stuttgart 1988, S. 477–488.

Parteiensystem im Umbruch? Die Parteienlandschaft in Deutschland zu Beginn der neunziger Jahre, in: Manfred Mols (Hrsg.), Normative und institutionelle Ordnungsprobleme des modernen Staates. Festschrift zum 65. Geburtstag von Manfred Hättich, Paderborn 1990, S. 328–342.

Die neuen Länder, die neue Bundesrepublik, das neue Europa, in: Adolf M. Birke (Hrsg.), Föderalismus im deutsch-britischen Meinungsstreit. Historische Dimension und politische Aktualität (Prinz-Albert-Studien, Bd. 10), München 1993, S. 15–25.

10 Jahre deutsche Einheit. Zwischenbilanz und Momentaufnahme (Kirche und Gesellschaft, Nr. 274), Köln 2000.

(Hrsg.), Im Zentrum: Menschenwürde. Politisches Handeln aus christlicher Verantwortung. Christliche Ethik als Orientierungshilfe, zweite Aufl., Sankt Augustin 2006.

Zusammen mit Alois Glück/Hans Zehetmair (Hrsg.), Solidarische Leistungsgesellschaft. Eine Alternative zu Wohlfahrtsstaat und Ellbogengesellschaft, Freiburg i. Br., Basel, Wien 2006.

Zusammen mit Günther Nonnenmacher, Mutige Bürger braucht das Land. Chancen der Politik in unübersichtlichen Zeiten, Freiburg i. Br., Basel, Wien 2012.

Mit Hans Jochen Vogel, Deutschland aus der Vogelperspektive. Eine kleine Geschichte der Bundesrepublik, durchges. und erw. Neuausgabe Freiburg i. Br., Basel, Freiburg 2020.

Personenregister